SOUTH ASIA STUDY

南亚问题研究

管银凤·著

时事出版社
北京

前　言

　　南亚地区包括印度、巴基斯坦、孟加拉国、尼泊尔、斯里兰卡、马尔代夫和不丹七个国家，总面积约400多万平方千米。由于印度和巴基斯坦是南亚的两个大国，也为了研究的方便，本书所言的"南亚"范围主要是指印度和巴基斯坦两国。当然本书内容也涉及到阿富汗，严格意义上说，阿富汗不是南亚国家，而是亚洲中南部的一个内陆国家，位于西亚、中亚和南亚交汇处，与巴基斯坦接壤，两国在国家安全上相互依存，因而也将"阿巴安全环境中的大国因素"这一选题纳入本书范围。

　　南亚是第二次世界大战以来尤其是冷战结束后国际社会关注的热点地区之一。南亚的局势发展及其走向，一直吸引着国际社会的广泛瞩目。由于南亚地区与中国毗邻，南亚是中国睦邻外交的重点、和平崛起的西部依托带及边陲稳定与发展的联动区，具有重要的战略意义。当前，南亚格局进入大变革和大调整阶段，印度崛起、反恐战争、大国博弈等都对中国向南亚开放构成新的挑战。中国未来的南亚外交应多管齐下，稳中求进，促进南亚稳定与发展，以营造良好的周边环境，服务于国内经济发展大局，并带动南亚的稳定与发展。因而研究南亚的相关问题具有十分重要的现实意义。

　　本书探讨了与南亚印巴两国国家发展相关的四个重要部分，它们分别是：第一章，20世纪50年代末60年代初美国南亚政策的调整及失败；第二章，影响阿巴安全环境的大国因素；第三章，阿尤布·汗时期美巴关系演变的原因以及影响；第四章，20世纪60年代以来印度跨国移民探究。

在这四章中，第一章主要探讨的是20世纪50年代末60年代初美国南亚政策的调整过程及后果。第二次世界大战后初期，南亚在美国的全球战略中几乎忽略不计，但随着冷战的进行和国际局势的发展，南亚的局势发展及其走向，引起了美国的广泛关注，印度的作用显得举足轻重。20世纪50年代末60年代初，美国迅速调整南亚政策。与之前相比，美国的政策明显偏袒印度，美国对其提供大规模的经济军事援助，企图改变印度的外交政策，实现"以印制华"，促进印巴和解，拉其共同承担冷战责任，但美国的梦想与其努力的结果却大相径庭。印度不仅没有放弃其固守的中立主义外交政策而与美国建立长期的安全关系，反而向苏联靠拢，"以印制华"战略不攻自破。特别是美国的盟国巴基斯坦向中国靠拢，标志着美国南亚政策的彻底失败。紧接着分析了美国这一时期南亚政策失败的原因：一是印巴矛盾根深蒂固，使美国无法解决两者长期的敌对问题，实现美印巴在南亚的大联合。二是美国在南亚更加复杂的形势下却制定过高的冷战目标，缺乏战略眼光。三是英国和苏联因素。这两个因素迄今为止未受到研究者的充分关注。英国对印援助的消极态度及美国对中苏关系恶化的处理加速了美国南亚政策失败的进程。

第二章主要是探讨影响阿巴安全环境的大国因素。之所以选这一课题是由于阿富汗和巴基斯坦本身独特的地理位置，再加上民族宗教等因素，使得两国的安全关系紧密相连，阿富汗战争爆发更是给巴基斯坦的安全局势带来了很大风险，使得其他国家利用阿富汗对巴基斯坦国家安全造成的潜在危险成为可能。而且，阿富汗的混乱也使得巴基斯坦不得不高度重视和精心应对，客观上影响了处理印度事务的效率，使巴基斯坦处于事实上两面受敌的境地。该部分首先展现了阿巴安全形势现状，紧接着详细分析了影响阿巴安全环境的美国、俄罗斯、中国、巴基斯坦、印度、伊朗和国际组织因素，然后探讨了稳定阿巴安全环境的路径。最后预测了阿巴安全局势的未来走向。

第三章探讨了阿尤布·汗时期美巴关系演变的原因以及影响。认为阿尤布·汗第一阶段统治时期美巴关系降温的原因主要有包括美国在越南介入的加深、美巴两国战略利益大相径庭、美国的政党政治及印度、苏联和中国因素等。阿尤布·汗第二阶段统治时期美巴关系升温的原因主要包括美巴存在着比较重要的共同安全利益，来自美国国务院、国防部和国会的"巴基斯坦游说团"，以及国会的院外援巴集团的积极游说、美巴两国领导人良好的私人关系和美巴两国相似的民族性格。最后还阐述了其对未来美巴关系发展造成的影响。主要是使美巴两国制定彼此的外交政策更加审慎，而且间接导致了巴基斯坦研制核武器。

第四章主要是研究20世纪60年代以来的印度跨国移民问题。一开始探讨了20世纪60年代以来印度跨国移民简况；紧接着分析了印度跨国移民形成的缘由在于主要移民国家入境政策的调整、海湾国家经济的快速发展以及印度自身因素发展的结果和移民网络发挥的功效等；最后深入探讨了其积极影响与消极影响，它对于促进印度与世界各民族间的相互了解，加强彼此之间的对话与合作，维持双方的和平与稳定，具有十分重要的意义。

这些内容先后历经六个春秋，数易其稿，才得以最终完成。回想文稿的写作过程，从开始的无所适从到现在的万言长文，这是一个充满艰辛的过程，需要一个字一个字地慢慢推敲，一句话一句话地慢慢积累研究，但同时也是不断成长的过程，看到最终完成的书稿，有一种幸福满满的感觉。

需要说明的是，本书虽然汇聚了我六年的研究成果，但对一些问题的看法仅代表我个人意见，不代表任何机构和官方的观点。如有不妥之处，欢迎专家和读者提出宝贵的批评意见。尽管这是一本研究南亚问题的专门性著作，但由于南亚问题的复杂性、多变性、资料的缺陷以及本人有限的研究能力，未能涉及广阔的领域，研究的问题本身在深度和广度上也需进一步提升。

在整个写作的过程中，非常感谢四川大学南亚研究所张力教授、云南省社会科学院南亚研究所陈利君教授、西华师范大学李健教授和时事出版社编辑的细心指导和热心帮助，并提出了许多宝贵意见。同时感谢内江师范学院马克思主义学院和广大亲朋好友的大力支持。当然在书中还引用了不少同行的研究成果，在此一并表示最衷心的感谢。

作者
2017 年 12 月

目 录

第一章 20世纪50年代末60年代初美国南亚政策的调整及失败 (1)

第一节 1947—1959年美国的南亚政策 (1)
一、战后国际格局与美国的全球战略 (1)
二、美国在南亚的战略利益分析 (4)
三、1947—1959年美国的南亚政策 (8)

第二节 1959—1962年美国的南亚政策 (23)
一、1959—1962年前后美国对南亚的战略企图 (24)
二、1959—1962年美国的南亚政策 (26)

第三节 1959—1962年美国南亚政策失败的表现 (52)
一、力改印外交政策的失败 (53)
二、中巴关系的改善 (58)
三、美印关系的疏离及印巴和谈的破灭 (66)
四、"以印制华"的流产 (71)

第四节 美国南亚政策失败的原因 (75)
一、印巴矛盾根深蒂固 (76)
二、美国南亚政策的缺陷 (81)
三、英国消极态度的影响 (84)
四、苏联因素的作用 (88)

· 1 ·

第二章　影响阿巴安全环境的大国因素 …………… (97)

第一节　阿巴安全形势现状 ……………………… (97)
一、阿巴安全环境的整体属性 ……………………… (97)
二、阿巴安全形势现状 ……………………………… (98)

第二节　影响阿巴安全环境的大国因素 …………… (132)
一、影响阿巴安全环境的美国因素 ………………… (133)
二、影响阿巴安全环境的俄罗斯因素 ……………… (139)
三、影响阿巴安全环境的中国因素 ………………… (145)
四、影响阿巴安全环境的巴基斯坦因素 …………… (153)
五、影响阿巴安全环境的印度因素 ………………… (158)
六、影响阿巴安全环境的伊朗因素 ………………… (162)
七、影响阿巴安全环境的国际组织因素 …………… (167)

第三节　国际社会稳定阿巴安全环境的路径探索 …… (181)
一、美国实施美阿巴三边合作战略 ………………… (181)
二、其他各大国之间双边或多边对话和会谈 ……… (182)

第四节　阿巴安全局势的未来走向 ……………… (189)
一、阿巴安全局势将更趋复杂化和不稳定性 ……… (189)
二、多方和谈仍是最佳解决方案 …………………… (196)

第三章　阿尤布·汗时期美巴关系演变及影响 ……… (203)

第一节　1958—1965 年美巴关系降温的原因 ……… (203)
一、美国在越南介入的加深 ………………………… (204)
二、美巴两国战略利益大相径庭 …………………… (204)
三、印度因素 ………………………………………… (206)
四、苏联和中国的因素 ……………………………… (208)
五、与美国的政党政治有关 ………………………… (210)

第二节　1966—1969 年美巴关系回暖的原因 ……… (210)
一、美巴存在着比较重要的共同安全利益 ………… (210)

目 录

　　二、各方势力的积极游说 …………………………… (211)
　　三、美巴领导人良好的私人关系和美巴两国
　　　　相似的民族性格 ………………………………… (212)
　第三节　对未来美巴关系发展造成的影响 …………… (214)
　　一、美巴制定彼此的外交政策更加谨慎 ………… (214)
　　二、巴基斯坦研制核武器 ………………………… (215)

第四章　20世纪60年代以来印度跨国移民问题探究 …… (218)
　第一节　20世纪60年代以来印度跨国移民简况 …… (218)
　第二节　印度跨国移民形成的缘由 …………………… (220)
　　一、印度自身因素发展的结果 …………………… (220)
　　二、主要移民国家入境政策的调整 ……………… (224)
　　三、海湾国家经济的快速发展 …………………… (225)
　第三节　印度跨国移民带来的影响 …………………… (226)
　　一、印度跨国移民的积极影响 …………………… (226)
　　二、印度跨国移民的负面影响 …………………… (229)

第一章

20世纪50年代末60年代初美国南亚政策的调整及失败

第一节 1947—1959年美国的南亚政策

第二次世界大战结束后，以欧洲为中心的国际政治格局转变为以美苏对抗为特征的世界两极格局。战争及其结果加速了各国国内和国际政治力量的对比变化，改变了全球的权力分配。美国取代了英国在战前拥有的世界第一强国的地位，苏联则成为当时唯一有实力与美国相抗衡的国家。1947年杜鲁门发表铁幕演说，拉开了东西方冷战的序幕，东西方两大阵营严重对峙的局面开始形成。由于战后民族解放和民族斗争的兴起，1947年大英帝国被迫退出英属印度，承认其独立。英国不甘心自己的失败，为了维持其影响，推行"分而治之"的政策。同年7月，英国抛出"蒙巴顿方案"，将英属印度划分巴基斯坦和印度两个自治领，这标志着南亚政治格局的初步形成。而美国为了遏制共产主义在南亚的渗透，防止苏联南下印度洋，开始填补由于英国收缩而出现的权力真空，由此揭开了美国南亚战略的序幕。

一、战后国际格局与美国的全球战略

二战结束后，国际政治、经济秩序发生了深刻的变化。从国

际层面看，欧洲丧失了世界中心地位。西欧在国际事务中居支配地位的时代已成明日黄花。从国家层面来看，欧洲主要大国英、法、德、意在二战中遭到毁灭性打击，综合国力极大削弱。德、意和亚洲的日本在战争中一败涂地，不得不退出争霸的行列。英、法虽为战胜国，但在二战中被拖得筋疲力尽、遍体鳞伤、千疮百孔，无力争霸。当时只有苏联和美国保障和增强了各自的实力，可以在战后的国际舞台上一显身手。而战后国际政治的基本格局早在1945年雅尔塔会议上就已确立，其实质内容就是东西欧的划分和关于远东的秘密协定。雅尔塔体制"实际上是由美国牵头的集体安全原则和传统均势相结合的产物"，[①] 它体现了美苏势力范围的划分，基本奠定了战后美苏争霸天下的局面。

美国国内的外交走向在二战结束后曾有两种倾向：一种坚持"孤立主义"传统，要求美国外交收缩，反对过多承担对外义务；另一种倾向主张美国的利益和安全与全世界的每一个地区都有关，要求美国对外扩张，担负起"世界领袖"的责任。两种倾向斗争的结果，后者逐渐占了上风。杜鲁门政府在成立之初就提出"以实力求和平"的思想，并制定出美国"总体安全规划"，要求做到军事与外交完全一致。[②] 1947年3月12日，"杜鲁门主义"正式出笼，明确提出了资本主义和共产主义两种制度之争，并发明了"间接侵略"的概念，"不论什么地方，不论直接侵略或间接侵略威胁了和平，都与美国的安全有关"。[③] "杜鲁门主义"第一次把已经开始的冷战理论化、纲领化，是美国外交政策的转折点，表明美国已进入全球扩张的新阶段。1947年7月，美国参、

[①] 杨生茂：《美国外交政策史，1775—1989》，人民出版社，1991年版，第429页。

[②] 资中筠：《战后美国外交史——从杜鲁门到里根》（上册），世界知识出版社，1994年版，第48页。

[③] 杜鲁门：《杜鲁门回忆录》（第二卷），三联书店，1974年版，第121页。

众两院通过《国家安全法》，规定建立统一的国防部、建立参谋长联席会议、成立国家安全委员会和设置中央情报局（CIA），以利于集中决策，使外交与军事密切配合。1950 年 4 月 14 日，美国国家安全委员会出台名为《美国国家安全的目的和纲领》的第 68 号文件（NSC68），文件长达数十页，从当时世界危机的背景、美国的宗旨、苏联的基本设想、美苏在意识形态领域的根本矛盾、原子武器、美国可能采取的行动和方针等九个方面分析了美苏两国在军事、经济、政治、文化、制度上的强势和弱点，将美苏两国在各方面的力量和潜力做了详细对比。两极思想贯穿了整个文件的始终，认为共产主义和"自由世界"势不两立，"自由社会就这样不由自主地发现自己面临苏联制度的殊死挑衅。没有一种别的信念和制度，会跟我们那样完全势不两立，会那样专心致志地要消灭我们"。[①] 美国要做好长期的、全球性的斗争准备，"通过迅速而持久地增强自由世界的政治、经济和军事实力，以及制定积极的纲领，从苏联手中夺取主动权"。[②] 最后文件耸人听闻地呼吁，美国政府和人民以及所有"自由世界"的人民，"都必须认识到，冷战事实上是关系着自由世界生死存亡的一场真正的战争"。[③] 该文件很快得到了总统的批准，成为美国冷战时期整个全球战略的蓝图。杜鲁门时期为维护美国国家安全而制定的对外政策和遏制战略也成为战后 40 多年中美国外交政策的总模式，虽然以后各届总统在其外交政策中不断地冠以"某某主义"，但美国外交的基调始终未变。

[①] 刘同舜：《"冷战"、"遏制"和大西洋联盟，1945—1950》，复旦大学出版社，1993 年版，第 274 页。

[②] 刘同舜：《"冷战"、"遏制"和大西洋联盟，1945—1950》，复旦大学出版社，1993 年版，第 329 页。

[③] 刘同舜：《"冷战"、"遏制"和大西洋联盟，1945—1950》，复旦大学出版社，1993 年版，第 330 页。

在两极格局和冷战思维的指导下，遏制苏联以及整个共产主义世界成为冷战时期美国全球战略的根本目标和核心。美国的"遏制战略"在冷战时代的不同时期，侧重点和内容有所不同，但其实质却是不变的，即在军事上实行对抗，政治上争夺势力范围，思想上进行"和平演变"，经济上实行封锁和限制。在具体的战略构想中，欧洲成为美国全球战略的重中之重。"马歇尔计划"的推行、北大西洋公约组织的建立、对西德的扶持，都是为了在欧洲大陆组成弧形包围圈，遏制苏联和东欧，使欧洲"成为美国防御的最前线"。[①] 亚洲是美国全球战略中仅次于欧洲的地区，而亚洲的重中之中又在东亚。南亚在美国的亚洲战略中虽然居于次要地位，在冷战时期的美国政府和美国人心中，"南亚的战略地位无法与欧洲、东亚甚至中东同日而语"，但在美国的五六十年代的全球战略中，南亚被视为"亚洲内陆非共产主义的心脏地区"和阻止苏联南下印度洋地区的防御前线。

二、美国在南亚的战略利益分析

美国是在二战以后才开始卷入南亚的。虽然美国与南亚地区的最初接触是1792年，即乔治·华盛顿（George Washington）担任总统三年后，他任命本杰明·乔（Benjamin Joy）为当时英属印度首府加尔各答（Calcutta）的领事。[②] 但因为当时印度是英帝国一部分，在以后的一个半世纪，美印两国并不存在实质性的政治关系。在英国统治印度期间，至少直到第二次世界大战前，美国

[①] John Spanier, *American Foreign Policy since World War II*, New York, 1965, p. 51.

[②] Gary Hess, *America Encounters India*, 1941—1947, Baltimore, 1971, p. 6.

并没有对印度的官方政策①，美国与南亚之间双方的官方和民间往来都极少。美国与印度的联系主要通过东印度公司这样的贸易机构、教会组织和文化机构进行。在"珍珠港事件"之前，印度在美国人眼中是大不列颠帝国一个"可悲的实例"，但又被当作"大不列颠帝国的独有责任"。②

战后初期，美国把南亚当作边缘地区来对待，认为南亚地区在战略上的重要性远不及西欧、中东、远东等地区。在美国重要的安全决策中，国际体系的稳定、核平衡的维持以及战争与和平问题等方面，南亚都不是"决定性的因素"。③ 这是因为：第一，在战略上，它没有生命力，不能提供美国工业所必须的"主要资源"。第二，南亚地区落后的政治经济发展水平未能使美国建立起关于次大陆的积极印象。美国人对南亚地区特别是对印度的印象仍然定位于是否对美国有利。美国前任驻印大使切斯特·鲍尔斯（Chester Bowles）把印度描绘成一个集"眼镜蛇、君主、猴子和饥饿"于一体的混杂之地④。这一印象牢固地印在许多美国高级官员的脑海中。第三，美国对由于英国在南亚的撤离所带来的变革后果的领悟很迟缓。在美国人的头脑中，该地区仍保留着英国的利益。对此，前印度外交官 M. J. 德赛（Desai）指出，直到1952年，美国、苏联和中国都没考虑到南亚地区权力的转移对全球政治的重要性后果。⑤ 美国认为，它多年来在南亚地区的利益是慈善利益高于商业和战略利益。从这一角度来看，南亚地区尤

---

① Ajoy Sinha, *Indo-US relations: from the emergence of Bangla Desh to the assassination of Indira Gandhi Janaki Prakashan*, New Delhi, 1994, p. 5.
② Guy Hope, *U. S. Role in India*, Washington, 1968, p. 58.
③ Roman. D. Palmer, *South Asia and the US Policy*, New York, 1965, pp. 2–11.
④ Chester Bowles, *America and Russia in India*, Foreign Affairs, July 1971.
⑤ Shivaji Ganguly, *U. S. Policy toward South Asia*, Westview Press, 1990. p. 23.

其是印度被美国看成是一个勇敢而又徒劳地与贫穷做斗争的地区，美国的目的是试图通过民主机构来管理国家。美国人出于人道主义的考虑，倾向于对印度予以帮助。20世纪50年代末，在中印关系受挫时，一位美国学者在就美国人对中国和印度的印象进行研究之后，得出这样一个结论：美国对中国的印象远比其对印度的印象清晰明确。[1]

至此，我们可以对美国在南亚的整体利益勾勒出一幅简单的轮廓：首先，虽然南亚地区也是冷战角逐的战场之一，但美国的战略重点是在西欧、东亚和中东，南亚只是一个战略次重点，即冷战的边缘地带。尽管如此，由于该地区的不稳定性、社会进程的进行、经济和政治上的变动与全球权力关系的变化相关连，因此，美国实际上也不能忽视这一地区。一方面，印度是一个社会制度、意识形态、价值观念等诸多方面都与美国一致或相近的国家，但在另一方面差异和矛盾也多的惊人，按照美国前总统尼克松的说法，印度既有"有效的民主制"，又有"惊人的不平等"，既取得了"显著的经济进步"，又集中了世界三分之一的穷人。印度既是"世界上最大的民主国家"，又实行"亲苏的对外政策"，成为20世纪地缘政治的怪事之一。[2] 美国要扶植和经营这一"有着巨大希望和巨大痛苦的国家"[3] 势必付出难以想象的巨大代价。何况，对印度的"投入"还受制于美国对外战略的轻重缓急顺序的安排与资源分配的比例。因此，在权衡全球力量在该地区的分布以后，美国认为它在南亚地区战略利益是"以最小的

---

[1] Harold Issaacs, *Scratches on Our Mind: American Images of China and India*, New York, 1958, p.24.
[2] [美]理查德·尼克松：《1999，不战而胜》，世界知识出版社，1997年版，第319页。
[3] [美]理查德·尼克松：《1999，不战而胜》，世界知识出版社，1997年版，第321页。

承诺获取最大限度的安全"①。

其次,美国很重视对南亚地区进行经济援助。从经济发展水平看,南亚历来被视为世界上最平穷、落后的地区之一。美国在该地区进行人道主义关注的同时,也关注"人力和资源"的发展,帮助南亚国家开发丰富的人力和自然资源。美国积极鼓励和帮助南亚国家特别是印度实现自力更生,尤其是在改进农业生产方式和提高粮食自给方面,更是提供了大量的支持。当然,美国对南亚的经济援助,是受其在该地区的广泛利益所支配的。它标榜以人道主义的眼光关注南亚的发展,以促进该地区物质文明和人文精神的进步,美国最终是想把南亚地区纳入其战略体系之中。1960年2月7日,《纽约时报》透露,美国政府由于认识到亚洲民主制度的命运,将取决于印度和中国之间的经济发展竞赛的结果。美国就决定把对印的经济援助增加50%,甚至可能增加一倍,并将力求其他方面给印度更多的援助。②美国同时还设立了文化宣传项目,以对抗苏联的宣传攻势。美国新闻处开展了许多工作,除了在许多地方性报纸上为美国宣传外,还成立了"基督教青年运动"和"保卫亚洲自由协会"等组织来进行反共活动。美国新闻处除了在新德里有一个总处之外,还在孟买、加尔各答和马德拉斯等大城市设有分处。美国国务院每年拨款1.2亿卢比作为活动经费。早在1950年,美国驻孟买总领事丁伯莱克倡导成立了民主调查局,下设苏联组、中国组、军事组、新闻组和通讯组,针对中国和苏联进行了大量活动。1952年,民主调查局还在印度南部城市马德拉斯建立分局,进一步加强情报工作。

---

① Stephen Kerteiz, ed, *American Diplomancy in a new Era*, Notre Dame, 1961, p. 173.
② 赵蔚文:《印美关系爱恨录——半个多世纪的回顾与展望》,时事出版社,2003年版,第17页。

最后，综合以上两点的考虑，美国最终意识到，在南亚国家保持独立和安全的基础上，建立和维持该地区的军事与和平稳定是战略利益所在。这样不仅可以使区内国家在没有外来干涉的情况下自主解决区内的冲突，而且可以保证卷入南亚的主要区外大国的"活动"能建立某种平衡。美国在南亚实行的遏制政策，目的是帮助印度和巴基斯坦防御外来侵略和抵御来自内部（通常来自于共产党）的反叛与颠覆以及为美国在这一地区寻找可用以直接打击苏联的军事基地与设施[①]。由此可知，美国一方面希望南亚具有足够的力量防范想象中的或真实的共产主义渗透，也就是美国认知的对南亚国家独立和安全的威胁；另一方面又同样关心在主要的南亚国家之间和卷入南亚的主要大国之间维持某种平衡。

三、1947—1959年美国的南亚政策

美国的南亚政策是以国家利益和国家目标为出发点，根据对国家安全环境和安全威胁的判断，在处理重大安全关系和安全问题时所采取的外交对策。笔者认为所谓的1959—1962年的美国南亚政策，其实就是美国为了实现其国家利益和目标，根据中印边界争端发生后南亚地区的安全形势和安全威胁的判断，处理美印、美巴、中苏、印苏及印巴之间的克什米尔争端等问题采取的外交对策。争端发生之前主要是在处理美印、美巴关系及克什米尔争端时所采取的政策。在具体分析1947—1959年美国南亚政策之前，首先来探讨一下影响美国南亚政策制定的因素。

---

① ［美］斯蒂芬·科亨：《印度与大象——解读印度大战略》，新华出版社，2002年版，第293页。

（一）影响美国南亚政策制定的因素

一个国家外交政策的制定受多方面因素的影响。美国在制定南亚外交政策时也不例外。具体言之，美国的南亚政策包括对南亚的地缘政治、美国的国家安全观和美国人对南亚的了解和认识等等。

1. 南亚的地缘政治

"国际关系的现实主义者常常认为，国家地理位置制约着——如果不说是决定着的话——其政治行为。"① 这是美国学者詹姆斯·多尔蒂和小罗伯特·普法尔茨格拉夫在《争论中的国际关系理论》中的著名论断。可见，地缘政治是影响国家外交政策的一个重要因素。1917 年，瑞典地理学家鲁道夫·契伦（Rudolph Charan）（1864—1922 年）在其《论国家》一书中，首次提出"地缘政治"一词，用它来形容国家力量的地缘政治基础。19 世纪末 20 世纪初，欧美出现了许多著名的地缘政治学说。马汉（美）的"海权论"、麦金德（英）的"大陆心脏"学说、斯皮克曼（美）的"边缘地带"理论、豪斯霍夫（德）的"泛区域"理论等曾在 20 世纪上半叶盛行与欧洲并传遍全球。

战后美国外交政策的制定也深受地缘政治理论的影响。"美国人重视同西欧、日本建立联盟，并为保证欧亚大陆边缘地带的其它地区的安全防卫作出承诺，包括中东在内。美国的外交便出自于（麦金德的'大陆心脏'学说）这一概念。"② 麦金德将欧亚大陆视为"世界岛"，将欧亚腹地（苏东地区）视为"心脏区"。"心脏区"被由德国、土耳其、印度和中国所组成的"内新月"地区包围，"内新月"地区反过来又被由英国、南非和日本

---

① [美] 詹姆斯·多尔蒂、小罗伯特·普法尔茨格拉夫：《争论中的国际关系理论》，世界知识出版社，1987 年版，第 64 页。
② [美] 詹姆斯·多尔蒂、小罗伯特·普法尔茨格拉夫：《争论中的国际关系理论》，世界知识出版社，1987 年版，第 72 页。

等国家组成的"外新月"地区包围。他认为,只要英、法、美联合起来,就有足够力量来防止德国东山再起和对抗苏联。斯皮克曼的"边缘地带"理论构成了乔治·凯南(Kenan George Frost)"遏制政策"的理论基础。斯皮克曼提出,如果在欧亚大陆的周围建立起新的工业力量和交通中心,那么欧亚大陆的"边缘地区"在战略上会比"大陆心脏"更为重要。战后美国在欧亚地区构筑的弧形包围圈与麦金德的"内新月"区和斯皮克曼的"边缘地带"可谓如出一辙。

南亚地区又称"南亚次大陆",泛指喜马拉雅山南侧到印度洋的广大地区,由于它是亚洲大陆的一部分,又与亚洲其他地区之间被一条难以穿越的自然边界分隔开来,所以被称为"次大陆"。这一地区面积不大,但人口却相对集中,资源相对匮乏,故很容易成为矛盾的多发地带。此外,该地区人口与资源的矛盾突出,生态资源也遭到严重破坏。经济落后、宗教和民族矛盾尖锐,以及社会不稳定成为长期困扰南亚国家的主要问题。

从地缘战略角度看,南亚介于东南亚和西亚之间,北面有中国和俄罗斯两个大国,其他三面为海洋所包围:东部濒临孟加拉湾,西部连接阿拉伯海,南部面对印度洋。南亚位于浩瀚的印度洋中心,伸入印度洋纵深达1600千米,是贯穿东西方交通的枢纽,战略位置十分重要。马汉在其名著《海上强国对历史的影响》中,阐述了印度洋在世界政治中的地位:谁控制了印度洋谁就控制了世界,谁控制了南亚谁就在印度洋上有战略主动权。[①]200多年来,英国在其殖民体系中一直把印度看作"皇冠上宝石",南亚的地位由此可见一斑。

[①] 高鲲、张敏秋:《南亚政治经济发展研究》,北京大学出版社,1995年版,第347页。

第一章 20世纪50年代末60年代初美国南亚政策的调整及失败

美国对南亚地缘政治重要性的认识随着美国全球战略的调整而变化。由于南亚与美国本土相隔万里，曾有许多美国人认为，美国在南亚没有多少直接利益，他们把南亚看作"都是一些贫穷、'懦弱可欺的'国家，技术落后，在组织上和生产上都有一大堆老大难问题"。① 在美国人看来，南亚在战略条件上不如地中海之于欧洲那么重要，它所拥有的自然资源也没有波斯湾那么丰富，因而对美国及其欧洲盟国、日本的经济发展和社会生活没有决定性的意义。也有一些美国人认为，虽然南亚的地位不能与地中海和波斯湾地区相比，但由于其面积、人口，其横跨印度洋、位于波斯湾和马六甲海峡东侧的地理位置以及一些拥有核力量的国家处于该地区，使南亚具有先天的战略重要性。同时，南亚的战略重要性也是后天形成的。20世纪五六十年代，南亚对美国战略重要性的形成与美国对共产主义的遏制政策紧密相关。当代地缘政治学大师布热津斯基（Brzezinski Zbigniew）把南亚比作人的"软腹部"，把巴基斯坦当作美国地缘政治中的"要害国家"。② 1958年，美国国务卿福斯特·杜勒斯（Foster Dulles）说："从人力、资源、战略地位、国际威望等方面来看，我们相信，从美国的利益考虑，对印度以足够的重视、支持其第二个五年计划是正当的。我们认为这一努力对于印度保持在共产主义之外是一个不可缺少的组成部分。"③ 美国国防部长罗伯特·麦克纳马拉（Robert S. McNamara）认为："由于地理与环境因素的结合，南亚在目

---

① [美] 科特雷尔、伯乐尔：《印度洋：在政治、经济、军事上的重要性》，上海人民出版社，1976年版，第456页。

② [美] 兹比格涅夫·卡济米尔兹·布热津斯基：《竞赛方案——进行美苏竞争的地缘战略纲领》，中国对外翻译出版公司，1988年版，第58页。

③ U. S. House of Representatives, Committee on Appropriations, Mutual Security Appropriation for 1959 (Hearings before the Subcommittee on Foreign Operations Appropriations, 85th Congress, 2nd session), p. 313.

前的扩张主义和非扩张主义的权力斗争中已成为至关重要的战略地区。……美国需要南亚国家的独立和稳定,目前美国的战略正担当此任。如果印度和巴基斯坦陷入共产主义之手或者陷于混乱之中,美国在南越的战争就会失去战略作用。"[1] 由此可见,由于南亚的地理位置,在20世纪五六十年代,南亚既被美国看作亚洲政策的目标,也被视作实现目标的唯一工具。"南亚次大陆被美国当作抵抗共产主义南下的'防御前线'。"[2]

2. 美国的国家安全观

保护国家安全是一国外交政策首要和最根本的目的。所谓"安全",是指免于受任何侵害和威胁的状态。所谓"国家安全",最低限度上是指"一个国家与其他国家之间有保障的无战争状态"。[3] 国家安全是国际战略研究和决策的基础,也是国家指定对外政策的基本依据、基本目标和基本原则。国家安全利益是一个国家政治、经济、军事和资源方面基本利益的总和,也是引起国与国冲突甚至战争的根源。

各个国家对"国家安全"的概念有不同的理解,一国在不同的时期对"国家安全"的理解也不同。美国前国防部长温伯格(Weinberg)认为,美国的国家安全利益是指那些被认为对美国及其盟国的生存和繁荣具有重大意义的价值观念、条件和地理上的利益,以及一些诸如政治上的"民主自由"、人权和经济繁荣等宏大的理想成分。[4] 中国学者认为,由于美苏争夺是在全球范围

---

[1] U. S. House of Representatives, Committee on Foreign Affairs, Foreign Assistance Act of 1966 (Hearings before the committee on Foreign Affairs, 89th Congress, 2nd session), p. 268.

[2] Baldev Raj Nayar, *American Geopolitics and India*, Columbia, U. S. A, 1976, p. 37.

[3] 王逸舟:《当代国际政治析论》,上海人民出版社,1995年版,第313页。

[4] 息曙光:《世界大格局》,四川人民出版社,1992年版,第10页。

内进行，美国把本国的"安全"边界划到远离本土之外。"世界任何地区都与美国的'安全利益'有关，任何地方发生美国认为对它不利的革命、政变或某国政府的重大政策措施，美国均可能以其威胁了自己的'安全'，而以某种方式进行干涉。"[①] 具体而言，美国的国家安全是以地理考虑为基础，通过经济、军事、外交和宣传等实力手段，谋求建立一种美国式的鼓励自决、民主体制、经济发展和人权的国际秩序，其最终目的是要保持"美国民主"的根本价值。

  冷战时期，南亚在美国的国家安全观中的地位也是动态的，随着美国全球战略的调整而变化。美国在南亚所追求的安全目标就是建立南亚地区的力量平衡，维持南亚地区的稳定，以实现阻止共产主义国家南下的最终目的。这种平衡可能是区域内部的，也可能是跨区域的。不管是区域内部还是跨区域的平衡，美国都寻求通过结盟的方式来实现。如果达不到结盟的目的，则寻求使获得独立而又不合作的国家中立，然后试图保持这种平衡。为了达到结盟并保持南亚地区平衡的目的，美国对南亚的两个主要大国印度和巴基斯坦实施经济和军事援助的措施。对这一措施，美国政界要人都有较深刻的认识。1964 年，美国国防部长罗伯特·麦克纳马拉称："对国防而言，首要考虑的范畴包括对共产主义带的南部和东部 11 个周边国家和地区实施大量的军事援助计划。其中包括：希腊、土耳其、伊朗、巴基斯坦、印度、泰国、越南、老挝、菲律宾、韩国和中国台湾地区。这些地方加上西欧的北约国家和太平洋西部的日本是真正的

[①] 资中筠：《战后美国外交史——从杜鲁门到里根》（上册），世界知识出版社，1994 年版，第 6 页。

'自由世界'和我们国家抵抗共产主义的防御前线。"[1] 美国国务院负责近东事务的助理国务卿菲利浦·塔尔博特（Phillips Talbot）也在国会听证会上说："近东和南亚是维护世界和平的前线防御地区。我们对这一地区的军事援助重点集中在五个国家——希腊、土耳其、伊朗、巴基斯坦和印度——每个都是共产主义国家的边界国。军事援助对于维持这些具有决定作用的重要国家的防御力量是必不可少的。""总之，近东和南亚地区与我们的国家利益密切相关，我们的军事和经济援助计划对于美国政策在该地区的实现具有重要的意义。"[2]

从根本上说，南亚地区在冷战时期是与美苏之间的全球竞争联系在一起的，它被深深地卷入了美国所寻求的势力均衡的中心。20世纪五六十年代美国把南亚看作"亚洲内陆非共产主义的心脏地区"，"南亚重要国家在该地区的防御力量事关我们的国家利益"，[3] 因而给予了南亚更多的关注。

另外，美国人对南亚的了解和认识也是影响美国南亚安全政策制定的重要因素，这点我们在前文已有详细分析。这里不再赘述。

（二）1947—1959年美国的南亚政策

1947—1959年，美国政府的南亚政策可分为两个阶段：第一阶段是从1947年至1954年。这个时期美国的南亚政策是以遏制苏联、防止共产主义渗透为主要目的，在印巴之间寻求相对平

---

[1] U. S. House of Representatives, Committee on Appropriations, Foreign Operations Appropriation for 1965 (Hearings before the Subcommittee on Foreign Operations Appropriations, 88th Congress, 2nd session), p. 302.

[2] U. S. House of Representatives, Committee on Appropriations, Foreign Operations Appropriation for 1965 (Hearings before the Subcommittee on Foreign Operations Appropriations, 88th Congress, 2nd session), p. 627.

[3] Baldev Raj Nayar, *American Geopolitics and India*, Columbia, 1976, p. 36.

衡，力图通过提供经济援助与印巴均建立良好的关系，并进而让两国加入美国主导的反共军事集团。但美国试图与印巴两国均建立良好关系的愿望逐步破灭后，美国与巴基斯坦结成了军事同盟，而美印关系则进入低谷。

自印巴分治后，美国南亚政策的核心问题便是妥善处理印巴两国竞相争取自己好感的要求。而美国早期南亚政策的目标之一就是努力维持印巴之间的平衡。1947年末，刚赢得独立的印巴两国就因克什米尔归属问题而爆发了第一次印巴战争。[①] 从美国开始卷入南亚次大陆起，便面临着印巴两国在克什米尔问题上的激烈对抗。美国对克什米尔的归属并无成见，只希望印巴两国能够通过和平的方式解决问题。因此，美国不得不在印巴之间斡旋，希望克什米尔问题能够得到和平解决。1948年初，印度将与巴基斯坦有争议的克什米尔问题提交联合国讨论，力图得到美国的同情和支持，但美国与英国站在一起，否决了印度提交的议案，且对印巴双方采取平衡的政策，这使得印度极为不满。随着冷战的进行，美国国家安全委员会出于遏制和防止苏联南下与印度亲近的考虑，开始拉拢印度加入反共军事联盟。为了实现这一目标，杜鲁门政府在政治、经济、军事上采取了一系列的措施。虽然印度非常需要美国提供的援助，但并未因此就倒向美国。虽然美印都是民主国家，但两国领导人在对待中国、中印关系、遏制共产主义等方面缺乏共识。由于不同的政治经济利益，印度不愿按美国的要求来治理国家，不愿为了得到美国的援助而放弃自己的立场。如在国际事务方面，印度没有同美国采取同一步调：拒绝参加美国打着联合国旗号进行军事干预的朝鲜战争；不参加对日媾和的对日和平条约；支持新独立的民族民主国家等等。美国人非

---

① Ajoy Sinha, *Indo-US relations: from the emergence of Bangla Desh to the assassination of Indira Gandhi Janaki Prakashan*, New Delhi, 1994, p. 13.

常痛恨印度所推行的中立的、不结盟的政策。他们用冷战的两极观点来看待印度的中立主义，杜勒斯认为中立主义是"不道德的和目光短浅的"①，是反美主义，是推行遏制战略的障碍，是美国亚洲政策的严重挑战，称尼赫鲁是"一位极不现实的政治家"②。美国对印度软硬兼施，希望印度毫无保留地站到西方一边，与美国结盟，但尼赫鲁的不结盟政策未能使美国如愿以偿。

美国在失望之余将南亚政策的重心从印度转向一贯对西方态度友好的巴基斯坦。地处战略要冲的巴基斯坦由于鲜明的亲西方色彩和坚定的反共立场最终成为美国结盟的对象。其实在寻求南亚的军事联盟过程中，美国的安全战略思想在很大程度上受到英国对地区安全问题的认识的影响。观察家们认为，美国与巴基斯坦结盟的决定受到了英国的奥拉夫·卡罗尔（Olaf Caroe）爵士战略思想的影响。卡罗尔为前大不列颠印度的内政官员，后为西北边境省（现划归巴基斯坦）的总督。他认为在印巴分治以前，世界上主要石油的储备地区西亚，是由英国通过英属印度军队和皇家海军陆战队所控制的。在英国退出印度以后，如果没有一股政治力量采取适当的行动，就不能阻止苏联向海湾油田前进。随着社会经济的发展，西方各国对于石油的需求可能剧增，考虑到印度的中立主义、不结盟政策，卡罗尔提出让巴基斯坦充当决定性的角色以确保西亚和南亚的稳定。在其战略棋盘中，巴基斯坦是保卫西南亚的关键和屏障。他指出："一项在波斯湾获取大量资源和建立一批富有国家以反抗共产主义在西南亚活动的明智政

---

① M. Srinivas Chary, *the Eagle and the Peacock*: *U. S. Policy toward India since Independence*, Greenwood Press, 1995, p. 57.

② U. S. Department of State, ed, Foreign Relations of the United States (FRUS) 1952—1954, vol.11, Minutes of June 1, 1953, NSCmeeting , Washington D. C: U. S. Government Printing Office, 1984, p. 382.

第一章 20世纪50年代末60年代初美国南亚政策的调整及失败

策，真正需要由巴基斯坦来实施。"① "巴基斯坦位居该地区的前线。"② 而巴基斯坦自分治以来一直采取亲西方立场，支持美国的外交决定，其中最为突出的就是坚决支持美国在朝鲜战争中的立场，这与印度拒绝参加美国打着联合国旗号对朝鲜战争进行军事干预的独立立场形成了鲜明的对比。而且从真纳时代开始，巴基斯坦就致力于推进美巴结盟的努力之中。③ 美国十分赞赏巴基斯坦的亲西方色彩，尤其是在对比了印巴两国对朝鲜战争的各种不同的态度后，更加强烈地感觉到巴基斯坦很可能成为自己忠实的朋友。1950年5月，巴基斯坦总理里阿夸特·阿里·汗（Liaqat Ali Khan）访问美国，并完成了在印巴对峙中确保巴基斯坦安全的考察使命。正在浮现中立主义、不结盟外交政策的印度和渴望结盟的巴基斯坦之间存在着很大的差异，这种差异在1949年印度访美和1950年巴基斯坦访美之后愈发显得突出。④ 尽管巴基斯坦名义上也实行不结盟政策，但与印度相比，几乎没有什么因素可以阻碍巴基斯坦与美国建立"更紧密的联系"。而巴基斯坦优越的战略地位也确实令人心动。在经过长期研究之后，华盛顿认为只有巴基斯坦而非印度具有抵抗共产主义激流的能力，正式决定将其纳入反共军事联盟。因此，早在正式结盟之前的1951年，美国政府便宣称："我们确实有动力去帮助巴基斯坦，因为巴基斯坦与我们美国和其他西方国家非常合作。在一些基本问题上，巴基斯坦态度坦率。虽然巴基斯坦没有派军队去朝鲜战场，但它以

---

① Olaf Caroe, *Wells of Power: The oilfield of South-western Asia*, London, 1951, p. 192.
② Olaf Caroe, *Wells of Power: The oilfield of South-western Asia*, London, 1951, p. 193.
③ Ashok Kapur and A. Jeyaratnam Wilson, *Foreign Policies of India and Her Neighbours*, Guildford, 1996, p. 73.
④ Selig S. Harrison, *The widening Gulf: Asian Nationalism and American Policy*, New York, 1978, p. 260.

别的方式表明了与我们共同参与世界事务的愿望。"① 同年，美国开始认真考虑巴基斯坦提出的建立军事联系的建议，并开始进行关于巴基斯坦加入主导的反共军事联盟的非正式谈判。1952 年 3 月，在杜鲁门第二届政府的末期，华盛顿得出结论，认为巴基斯坦已具有抗衡共产主义扩张的能力，于是美巴军事条约的协商工作先后在华盛顿、卡拉奇进行。在艾森豪威尔入主白宫后，国务卿杜勒斯初期外交政策的反中立主义腔调和其对一个可能的"北层"防御条约（即后来的《巴格达条约》）的兴趣为美巴结盟创造了一个比以往更为有利的氛围②。1953 年，杜勒斯提出在南亚防御计划安排方面的意识形态理论和长远目标。在对西方和包括埃及、伊拉克、伊朗、巴基斯坦和印度等十一国访问后，杜勒斯发表了一份《关于近东问题的报告》。在报告中，他提出称为"北层屏障国家"（Northern Tier States）的防御安排计划和苏联相邻国家的大安全观。美国打算同巴基斯坦、伊朗和土耳其等"北层屏障国家"建立集体安全体系，作为它所精心编织的对共产主义包围圈的重要一环。③ 巴基斯坦训练有素的职业军队以及对伊斯兰思想的坚守（这一思想与共产主义信念相对立）强化了其作为同盟伙伴的潜在作用。1953 年 8 月 12 日，苏联爆炸氢弹，成功打破了美国在核领域的垄断，这加速了美巴结盟的步伐。针对苏联的核威胁，美国立即决定在苏联周边建立军事基地。由于印度的不合作，美国只能依靠巴基斯坦来完成针对苏联"软腹部"

---

① U. S. Assistant Secretary of State, George Mcghee, in the U. S. House of Representatives, Committee on Appropriations, Mutual Security Appropriations for 1952 (Hearings before the Subcommittee on Foreign Operations Appropriations, 82th Congress, 1st session), p. 648.

② Selig S. Harrison, *The widening Gulf*: *Asian Nationlism and American Policy*, New York, 1978, p. 26.

③ Speech by Foster Dulles, May 29, 1953. Documents on International Affairs 1953, Royal Institude of International Affairs, London, 1956, p. 266.

第一章　20世纪50年代末60年代初美国南亚政策的调整及失败

中亚的战略防务带。1954年11月，巴基斯坦总督古拉姆·穆罕默德（Ghulam Mohammed）在华盛顿拜会了艾森豪威尔和杜勒斯，美巴双方对南亚地区的安全做出了互惠、互利的军事安排，依照杜勒斯的"北层屏障"概念和巴基斯坦加强防御的需要，巴基斯坦在美国政府的指导下，于1954年4月2日与土耳其签订了进一步加强防御和经济、政治合作的协定——土巴协定。这一建立在区域合作基础上的协定是美国向巴基斯坦提供军事装备并为其训练军事人员的先决条件。在土巴协定的基础上，美巴最终于1954年5月19日签订《美国和巴基斯坦共同防御援助协定》（Mutual Defense Assistance Agreement）。它标志着美巴正式建立军事同盟，进一步把美印关系推向低谷，并在世界上最强大的"民主国家"和人口最多的"民主国家"之间埋下了几十年不和的种子。

美国的决策者相信，向巴基斯坦提供大量军事援助所获取的全球利益将大于地区代价。因为巴基斯坦西接中东、东邻东南亚，北靠中国，从巴阿边境越过狭窄的"瓦罕走廊"便可以进窥苏联的中亚部分，战略位置特别重要。为了遏制共产主义，美国希望把东南亚、南亚和中东连接起来，建立一条完整的战略防务带，美国不顾对印美关系可能造成的负面影响，进一步加强与巴基斯坦的军事关系。美国决策者认为巴基斯坦的战略重要性应该足以补偿印度的短期不悦带来的可能损失[1]。丹纳·亚当斯·施密特（Dana Adams Schmidt）在1954年2月14日的《纽约时报》上也谈到："现在已经做出决定，把巴基斯坦纳入中东防御之内比同尼赫鲁先生保持愉快的关系重要得多。"[2] 可以说美国与巴基

---

[1] Shivaji Ganguly, *U. S. Policy toward South Asia*, Boulder, 1990, p. 36.
[2] ［印］纳塔拉詹：《从广岛到万隆——美国亚洲政策的考察》，世界知识出版社，1956年版，第140页。

斯坦结盟本质上是以下两个因素的产物：首先是对苏联对中东威胁过分夸张的恐惧；其次是对于巴基斯坦可能对西方保卫中东这个重要地区的努力做出的贡献，美国做出了一系列不牢靠的预测①。美国把巴基斯坦看作是可以部署远程轰炸机的国家和美国在中东遏制苏联的潜在盟友。作为对巴基斯坦提供军援的交换，美国得到了收集信息的便利，这不仅有苏军的战备情况，而且也包括苏联境内潜在目标（如军事和工业目标）的明确种类和准确位置②。当然，美国在支持巴基斯坦的同时，也注意维持南亚地区的战略平衡，不让印巴任何一方取得压倒性优势。然而，1954年春，美国正式宣布向巴基斯坦提供军事援助时，尼赫鲁认为美国将冷战带到了"次大陆的门坎上"③。美印关系进入低潮，而美巴关系的发展则因军事结盟而渐入佳境。

第二阶段是从1954年至中印边界争端前，美巴结盟导致苏印关系日益密切，因而美国开始加大对印度经济援助的力度以抵消苏联的影响。虽然美国的南亚战略没有实质性的大调整，但美印关系有所改善，部分抵消了由于美巴结盟带来的消极影响，但这反过来又形成了一股冲击美巴关系的暗流。

1954年美巴签订共同防御援助后，美国继续加强与巴基斯坦的军事同盟关系。当年9月8日，巴基斯坦加入东南亚条约组织（The South East Asia Treaty Organization，简称SEATO）成为美国支持的军事联盟体系中的一个正式伙伴。1955年11月又加入了

---

① Robert J. Mcmahon, *The Cold War on the Periphery: the United States India and Pakistan*, 1947—1965, Columbia, New York, 1994, p. 338.

② Testimony of U.S Defense Secretary Thoms Gates, U.S. senate, Congress85, session2, Committee On Foreign Relations Hearings, Events Incident to the Summit Conference, Washing D.C. 1960, p. 126. cited in Shivaji Ganguly, *U.S. Policy toward South Asia*, Boulder, 1990, p. 38.

③ [美] N.R. 皮耐：《美俄之间的中间地带：印度观》，载《外交事务32》，1954年1月，第259—260页。

中近东"北层"军事集团——巴格达条约组织（1959年改为"中央条约组织"，Central Treaty Organization，简称 CENTO），从而把东南亚及中东防御体系连为一体。至此，按照阿尤布·汗的话来说，巴基斯坦成为"美国最亲密的盟国"（American's most allied ally in Asia）①，美国把巴基斯坦拉进抗苏同盟。在美国看来，这是通过在苏联周围加强集体安全防御链从而推行遏制共产主义政策的重要一步。美国国家安全委员会的第二份南亚政策正式文件认为，美国武装巴基斯坦将加强这一地区对付共产主义威胁的防御，而不是想"使巴基斯坦成为南亚地区的主导国家"。②但美国的行动极大地打击了印度的中立和不结盟政策。尼赫鲁对此做出了愤怒的反应，认为美国对巴基斯坦的军事援助等于是对克什米尔问题产生直接的影响。他还要求立即停止美国在联合国克什米尔停战观察小组的成员资格。

针对美巴结盟，印度选择与苏联建立紧密的关系。1955年6月，尼赫鲁访问苏联，并且作为第一位非共产主义国家的领导人在电视上向苏联人民发表演说。同年底，苏联领导人赫鲁晓夫在回访时，宣布支持印度在克什米尔的地位，即克什米尔是印度的"一部分"，支持印度对果阿的收复要求，并向印度出售两架伊尔－14运输机③。最突出的是经济上的援助，苏联同意提供1.12亿美元的低息贷款以帮助印度建立比莱钢铁厂。同时，双方还决定扩大教育和文化交流以及加强双边贸易。尼赫鲁也由于美国推行的南亚政策和苏联在政治上、经济上对印度的支持和援助而决心加强同苏联的友好关系。这样苏印关系有了实质性的转变与发

---

① Muhammed AyubKhan, *Friends Not Masters*, London, 1967, p. 130.
② FRUS, 1952—1954, vol. 5, National Security Council Document 5409, "United States Policy Toward south Asia," February19, 1954, pp. 1094-1095.
③ 张敏秋：《中印关系研究（1947—2003）》，北京大学出版社，2003年版，第255页。

展。美国对苏联在印度取得的进展感到忧虑。1955年11月,中央情报局指出,苏联在东南亚、南亚和中东地区的活动是要扩大共产主义在这些地区的影响。发展中国家对苏联工业化的成果影响极为深刻,认为这是凭借社会主义制度取得的成就,因此推行社会主义制度也能成功实现他们国家的工业化。针对这种状况,杜勒斯在国家安全委员会议上指出:"'自由世界'与共产主义的竞争舞台正在变化,美国与'自由世界'必须应付更为严峻的苏联经济竞争。"美国开始关注如何赢得这场生死攸关的竞争。1956年,美国驻印大使约翰·库柏(John S. Cooper)认为,苏联正在挑战西方,争取印度的友谊。而印度认为美国态度冷淡、摇摆和前后不连贯,除非美国政府改变不向印度提供经济援助的政策,否则苏联就会填补这一真空。艾森豪威尔认为,经济援助对西方来说是一种最廉价的保险。美国过去对印度关注不够,现在应该改变只向军事盟友提供经济援助的方针,加紧援助奉行中立主义的印度。他指出,即使只是让印度这样的大国保持一种倾向美国的中立,对西方来说也是很有利的[1],而且根据经济增长同政治稳定和民主之间有着直接关系的理论,美国也应该对印度提供经济援助。1956年12月,尼赫鲁对美国的第二次正式访问取得成功,标志着两国关系实质性改善。1957年1月,美国政府通过第三份南亚安全政策文件。该文件认为,苏联正在南亚地区开展外交和经济攻势,而印度是苏联的主要目标。美国的对印政策正面临困境,印度的中立主义、不结盟政策与美国的立场经常发生冲突。如果由于美国的经济援助使得印度的力量得到加强,印度可能会成为中立主义更有力的代言人,而中立主义却与美国的利益存在冲突,但"一个脆弱和易受攻击的印度对美国安全的威

---

[1] FRUS, 1955—1957, vol. 10, Foreign Aid and Economic Defense Policy, Washington D. C: U. S. Government Printing Office, 1988, p. 37.

胁比一个稳定和有影响力的印度要大得多，一个强大的印度是亚洲不去选择共产主义的成功范例"①。这个文件表明，美国准备调整对印政策，重点是要利用印度来削弱中国的影响。为此，政府还提议建立75亿美元的发展基金②。因此，出于与苏联争夺印度的考虑，美国重新开始平衡与印巴两个国家的关系，并对印巴两国不同的外交政策都表示赞赏。可以发现，正是苏联于50年代中期开始对印度提供的经济援助导致了美国重新评估自己的对印政策。因此，在艾森豪威尔的第二届任期内，美国开始了众多的对印提供诸多经济援助项目。经济援助从此成为美国对印政策的基本方面。

总的来说，这一阶段美国的南亚政策着重于对巴基斯坦提供军事援助，对印度提供经济援助。

第二节 1959—1962年美国的南亚政策

从20世纪50年代末60年代初开始，国际政治局势发生了显著的变化，各主要政治力量发生了分化和重新组合。美苏作为两个对立军事集团的首领，经过十多年的努力，军事实力大为增强，核武器及其他毁灭性武器的发展和完善，双方力量达到了某种平衡。而且，大力发展军事力量，耗费巨大的资金和技术力量，势必给发展国民经济带来负面影响。因此，双方都有试图在某种程度上缓和剑拔弩张的对峙局面的愿望。1959年戴维营会谈，双方在一系列问题上达成了谅解，从而缓和了美苏争霸的冷战局势。

---

① FRUS, 1955—1957, vol. 8, "Statement of Policy toward South Asia", NSC5701, January10, 1957", p. 36.
② FRUS, 1955—1957, vol. 8, "Statement of Policy toward South Asia", NSC5701, January10, 1957", pp. 29 – 43.

与此同时，两个阵营内部潜伏着的矛盾却日益尖锐并公开化。西欧、日本的经济实力显著增强，它们要求在国际政治事务中享有更大的发言权；另一方面，社会主义阵营内部分歧和矛盾激化。中苏之间从政治路线和意识形态的分歧发展到国家利益的冲突。中苏关系恶化使苏联寻找新的支持力量，印度被当作首选。而且，一大批新摆脱殖民主义统治的民族独立国家奉行不依赖任何大国集团的中立政策。因此，不结盟运动应运而生并得到迅速发展。印度作为不结盟运动的一个发起国，似乎觉得它的一切外交政策和行动都会获得众多的支持者。

20 世纪 50 年代末 60 年代初中印关系恶化后，美国乘机积极调整对印巴的政策，并与苏联一起在经济和军事上援助印度，从而开始了美国南亚安全政策的新阶段。

一、1959—1962 年前后美国对南亚的战略企图

战后初期，美国并不认为南亚能在东西方对抗中起多大的外交作用，在美国决策者的眼中，南亚的重要性只是提供原料，在遏制苏联的全球战略中的战略地位并不重要。美国认为选择美英联盟比发展与南亚的关系更为重要。因此在处理印巴克什米尔争端中，美国和英国统一立场，印度指责这是美国干涉内政。克什米尔问题从此成为美印关系发展的沉重包袱。

中国新民主主义革命胜利后，特别是新中国的成立及其推行的外交政策和社会意识形态，使美国感到国家利益中的亚洲战略安全利益受到极大的威胁，因而美国致力于对新中国全面封锁，在中国周边设置包围圈，实行遏制战略。冷战迅速从欧洲扩展到远东，美国调整亚洲政策，扶持日本作为亚洲的稳定力量，并且开始重视南亚特别是印度在冷战中的作用。美国指望印度通过对美国和西方国家开放贸易、投资发挥在亚洲的稳定作用。《纽约

第一章 20世纪50年代末60年代初美国南亚政策的调整及失败

时报》的文章披露美国将在亚洲寻找"民主中心"的希望寄托于亚洲第二大国及其领导人尼赫鲁。美国国务院1950年12月的一份声明写道:"希望印度继续作为非共产主义国家的一员,奉行与美国友好的合作政策,自愿同美国及盟国携手反对共产主义。"美国竭力阻止印度同苏联接近、进入苏联集团。1951年1月24日,经杜鲁门批准的美国国家安全委员会文件指出:"印度纳入共产主义势力范围意味着美国在亚洲所有的实际目标全部丧失,必将对美国的安全态势构成严重威胁。"[①] 这样在美国的南亚安全体系中,印度占有了十分重要的地位。

为了确保在南亚的战略安全利益,美国试图以一切可能的手段使印度放弃中立主义、不结盟政策,加入到西方集团中来,同时力促印巴和解以安定南亚局势,使共产主义无可乘之机,进而使两国团结起来承担起冷战的重任。因此,美国要让印度充分认识到中国的"威胁"成为政府的重要任务,任何遏制中国的冷战方式都值得欢迎,为构建拒绝承认新中国的联合防线,美国曾向印度总理尼赫鲁施加压力。在1959年5月28日的国家安全会议上,一部分美国官员就认为,中印交恶可以为进一步密切美印关系提供良机,可以通过在中印分歧和争端中加大对印援助。借此把印度拉入西方冷战阵营,从而捞到战略上的好处。"从美国的观点来看,印度政府对赤色中国在边境的活动"以及中国工业化的速度超过印度等情况"感到有些惊慌,这是一个有希望的征兆"。[②] 1959年5月和次年1月,美国煽动巴基斯坦领导人穆罕默德·阿尤布·汗（Mohammed Ayub Khan）两次向印度提出共同

[①] A. G. Noorani, *India, the Superpower and the Neighbors*; *Essays in Foreign Policy*, South Asian Publishers, 1985, p. 43.

[②] [英]内维尔·马克斯韦尔:《印度对华战争》,生活·读书·新知三联书店出版社,1971年版,第156—157页。

防御中国的建议。① 也就是说其希望使更多的国家,特别是南亚印巴两国恶化与中国的关系,力促印巴和解,巩固和扩大冷战集团,从而更好地遏制中国。

20世纪50年末60年代初,美国决策者感到有可乘之机,企图借此良机达成以下目标:第一,大大强化美印关系,尽一切可能使印度放弃中立主义、不结盟政策,加入到西方为首的西方阵营中来,防止印度在经济上进一步依赖苏联;第二,以中国"威胁"为幌子促使印巴解决克什米尔争端,在"以印制华"的同时,希望印巴联合遏制中国;第三,避免巴基斯坦倒向中国。然而由于中国有理有节的对印政策,巴基斯坦对美国援印的强烈反应,美国对复杂的南亚形势缺乏了解以及调解克什米尔谈判的失败等因素,决定其南亚战略企图失败的命运。

二、1959—1962年美国的南亚政策

这一时期,美国的南亚安全政策也可分为两个阶段。第一阶段是从1959年8月到1962年。这个时期,美国以中印争端为契机,在不疏离巴基斯坦的前提下,慢慢向印度倾斜,美印关系大为加强。但由于美国在克什米尔争端及援印等问题上未使印度满意,美印关系发展受阻,美巴关系也渐渐走向冷淡,美国南亚安全政策陷入困境。

随着1959年中印边界争端的发生,矛盾的激化,中印关系的不断恶化,美国渐渐推行接近印度的政策。出于拉拢印度、遏制中国的需要,美国开始改变其对"麦克马洪线"的一贯政策。在此之前,美国在全球战略和冷战思维的指导下,虽然在亚洲采取敌视中国的政策,但在持续多年的中印边界争端中,还是采取不

---

① Mohammed Ayub Khan, *Friends Not Masters*, London, 1967, pp. 125 – 128.

卷入态度。一方面，战争地点过分遥远，地形又非常复杂，美国很难从交战地点获取准确情报，因而难以做出判断从而制定相应的政策。另一方面，美国不得不考虑中国在中印边界争端中的地位。因此，艾森豪威尔政府曾在不同的场合宣称，美国并不能肯定中印之间的边界现状。在一次记者招待会上，艾森豪威尔称，"我认为没有哪个能确切地知道'麦克马洪线'所划定的确切地点。"① 他认为重要的问题是双方是否愿意通过谈判的方式解决争端。但1959年11月12日，即中印关系因朗久事件再次恶化之后，尽管深知中国从未承认过"麦克马洪线"，美国国务卿克里斯琴·赫脱（Christan A. herter）却在记者会上公开声明，美国政府没有足够的事实对中印争端中的是非发表意见，但他又声称："我知道我们以前没有承认它，我仅仅认为它一直就是那个样子，而且我认为它一直就在地图上那样印着，但是我不认为它以前以任何方式被提出或者遭到质疑。"② 由此可见，美国是在为以后彻底改变有关政策创造条件，目的是鼓励印度与中国进行对抗。

1959年12月，艾森豪威尔访问印度。在访问期间，艾森豪威尔对印度给予了赞赏与同情。他在印度议会说，这个国家怀着伟大的信念同世界其他国家讲话，而人家则怀着极大的崇敬倾听印度。印度的胜利把过去十年来世界上所有失败都抵消了，这种胜利在今后的一个世纪中也许能把世界上所有的失败都抵消掉。艾森豪威尔答应增加对印度的经济援助。这表明美国对印度的看法和态度发生了变化。③ 据统计，1947—1959年的12年中，美国给予印度的援助共17亿美元，而在1959—1962年的四年中，美

---

① Shivaji Ganguly, *U. S. Policy toward South Asia*, Boulder, 1990, p. 63.
② R. K. Jain, *US-South Asian Relations*, 1947—1982, vol. 1, New Delhi, 1983, pp. 236–238.
③ ［英］内维尔·马克斯韦尔：《印度对华战争》，生活·读书·新知三联书店出版社，1971年版，第156页。

国答应和给予印度的援助增加到40亿美元。① 美国希望通过政治上和经济上对印度的支持和援助捞取战略上的优势。不过，虽然美国和印度在反对中国方面有着共同利益，逐步走到了一起，但艾森豪威尔政府对印度在一些问题上的立场及采取的行动继续持批评态度，如在克什米尔问题上，美国并没改变原来的支持巴基斯坦的立场。

1961年1月，肯尼迪入主白宫，与前任政府相比，肯尼迪及其政府对印度给予了特别的注意，亦即许多论者所称的"向印度的倾斜"（tilting toward India）。在肯尼迪看来，印度在亚洲中占有举足轻重的地位，能够发挥特别重要的作用，尤其是在印度和中国之间所展开的竞赛，关系到西方的可信度以及美国的安全利益。但对冷战的考虑决定了这种"倾斜"只能在维持印巴均势的框架内运行。而且，巴基斯坦强化了美国对它的承诺。与艾森豪威尔政府相比，肯尼迪政府由于其雄心及国际形势的变化大大深化了对南亚的介入程度。然而，美国的南亚安全政策不仅没有改善，反而更趋于恶化。

"向印度的倾斜"源于肯尼迪政府全球冷战战略下的第三世界政策。

与前任相比，肯尼迪更加重视第三世界。这是因为他看到民族解放运动在蓬勃发展、一系列新兴国家独立、不结盟运动正在兴起，苏联和中国在第三世界的影响不断扩大，冲击了美国的利益。因此，他希望美国通过在政治上和经济上拉拢和援助新独立国家，来铲除共产主义在那里的影响和根源，而印度作为第三世界的"领袖"，自然得到了肯尼迪政府的最大重视。早在1958年1月，作为参议员的肯尼迪给《进步者》（*The Progressive*）杂志

---

① ［英］内维尔·马克斯韦尔：《印度对华战争》，生活·读书·新知三联书店出版社，1971年版，第156页。

第一章 20世纪50年代末60年代初美国南亚政策的调整及失败

撰文时就称，印度是民主体系之下迈向经济繁荣发展最为成功的第三世界国家，"如果印度由于内部分裂势力的原因而解体或加入共产主义阵营，整个亚洲将步其后尘，而自由世界也将不会是现在这个样子了"。那么，"'自由世界'将不再成为其'自由世界'了"。① 肯尼迪进一步要求美国对印度的建设提供援助，因为这关系到印度的走向，如果民主秩序能够在一个发达的印度保存下来，它将成为所有亚洲国家的榜样。② 关于利害关系，肯尼迪认为印度和中国两种不同社会制度的竞争的结果不但影响全亚洲的前途，影响两种社会制度国家力量对比，还必然影响美国的"安全和地位"。"我们希望印度与中国在这场竞争中获胜，我们希望印度成为一个自由繁荣的亚洲的领袖。"③ 他还强调，印度在竞争中的成败关系到印度的地位，印度"自由民主"社会的优越性以及整个'自由世界'的命运，"除非印度能同中国势均力敌；除非它能显示它的方式同样有效，甚至要更好一些；除非它能从经济停滞转变到经济繁荣，从而解决人口激增问题，否则，整个'自由世界'就会遭到严重失败。印度本身也会遭到挫折和政治的不安定，它在亚洲和中国抗衡的作用就会消失，而共产主义就会赢得最伟大的不流血的胜利"。④ 大选时，他一再重申大选后将寻求一项更加积极和强有力的对印政策。1960年9月22日，他在接受斯克雷普斯—霍华德报系（Scripps-Howard newspapers）采访的时候说："美国应当集中致力于建立一个

---

① Robert J. Mcmahon, "Choosing Sides in South Asia", in Thomas G. Paterson, ed, *Kennedy's Quest for Victory: American Foreign Policy*, 1961—1963, New York, 1989, p. 200.
② American News and World Report, July16, 1962.
③ John. F. Kennedy, *The Strategy of Peace*, New York, 1960, pp. 141–143.
④ Kennedy Speech, May 4, 1959, Holburn Files, India, PrePP, JFKP, Kennedy Library.

强大的日本和印度,并推进广泛的东南亚联盟来反对共产主义入侵。外交承认并非美国对华政策的症结所在,关键的问题是我们应该对一个强大的中国采取何种政策。眼下的危险局势只有通过强大成功的印度和日本才能得到修正、改观。"① 可见,印度在肯尼迪的亚洲甚至全球冷战政策中占有相当重要的地位。尼赫鲁于是投肯尼迪所好,不遗余力地在各种场合鼓吹"中国威胁",借机利用美国的这种政策思想,使印度在对华、对苏、对巴关系上赢得先手。

因而,美印关系在肯尼迪上台后迎来了一个良好的开端。1961年3月,美国著名外交活动家艾夫里尔·哈里曼(Averell Harriman)访问印度。在与尼赫鲁的长谈中,哈里曼转达了肯尼迪对印度的理解与支持,表示要大力帮助印度解决经济困难,尼赫鲁对此深为感谢。② 为了加强美印关系的有利势头,使印度的外交朝有利于遏制中国的方向转变以及发展与尼赫鲁更为密切的私人关系,肯尼迪上台之初与尼赫鲁数次交换信件,对后者进行吹捧。在5月8日的信中,肯尼迪写道:"我希望你知道,我对你坚持不懈创建一个和平国际社会的努力是多么地赞赏。贵国经济发展成就不仅为印度的未来打下了良好基础,而且也为整个世界迈向自由社会的可能之路树立了很好的榜样。"③ 尼赫鲁则回信说:"我们如此伟大的任务由于得到美国友好慷慨的援助而大有希望,总统先生,对美国人民,特别对您,我表示深深的谢

---

① UPI Report in New York Herald Tribune (European Edition), September 23, 1960.
② FRUS, 1961—1963, vol. 19, South Asia, Washington D. C: U. S. Government Printing Office, 1996, pp. 30 – 32.
③ Kennedy to Nehru, May 8, 1961, Box 112, National Security Files, Kennedy Library.

第一章 20世纪50年代末60年代初美国南亚政策的调整及失败

意。"① 5月，副总统林登·B.约翰逊（Lyndon B. Johnson）访问印度，加尔布雷思向肯尼迪报告："这次访问取得了最圆满的成功。它使印度人对美国新政府留下了深刻的印象，觉得肯尼迪政府是自由主义的，对印度富有同情心，也对印度所面临的问题感兴趣。"② 8月，美国国会拨款5亿美元支持印度的经济发展，在加尔布雷思任大使的两年内，美国对印度的经济援助（包括粮食援助）达到每年约6.7亿美元，远远超过前任政府的援助规模。与此同时，经济技术人员大量涌入印度后大搞其"绿色革命"。可以说，肯尼迪执政初期，美印关系达到了一个高潮。③ 印度的重要作用以及美印关系的良好状态又激起部分官员的冲动。鲍尔斯甚至建议肯尼迪抛弃巴基斯坦完全支持印度。④ 1962年1月，罗伯特·科默尔上书肯尼迪称，如果必须在印巴之间做选择，他赞成选择印度。⑤ 正因为如此，印度在反华的道路上越走越远。1961年底尼赫鲁在议会发表讲话时说："从军事观点及其他国家支持我们的态度来看，中印边界的局势已大为改观，我们应当继续采取措施来巩固业已获得的东西。"⑥ 考虑到上述言论是尼赫鲁在访美后不久做出的，不难看出，肯尼迪私下里在对华道路

---

① FRUS, 1961—1963, vol. 19, South Asia, Washington D. C: U. S. Government Printing Office, 1996, pp. 39 - 40.

② Galbraith to the Stase Department, May 20, 1961, Box 242, National Security Files, Kennedy Library.

③ ［美］加尔布雷思著，祁阿红等译：《我们时代的生活》，江苏人民出版社，1999年版，第456—460页。

④ Dennis Kux, India and the US: Estranged Democracies, 1945—1991, Washington DC National Defense University Press 1992, p. 182.

⑤ FRUS, 1961—1963, vol. 19, South Asia, Washington D. C: U. S. Government Printing Office, 1996, pp. 189 - 190.

⑥ Speech of December 6, 1961, in Parliament "Prime Minister on Sino-Indian Relations", vol. 1: Indian Parliament: Part II, New Delhik: Ministry of External Affairs, 1963, p. 59.

上给了他不少的支持和保证。印政府清楚地表示，他们没考虑中印边界条约的想法，除非中国撤出印度声称的所有"边界地区"。

值美印关系大力发展之际，美巴关系却呈现越来越大的危机。

1959年巴基斯坦正值阿尤布·汗执政初期，美巴关系在此前结盟的基础上继续深化。1959年1月，巴基斯坦与美国再次订约，条约规定美国向巴基斯坦提供"非常规性"武器和援建导弹发射基地①。该年3月5日，双方又签订了《双边（军事）合作协定》，进一步加深了两国关系。美国在这个协定中承诺，在巴基斯坦受到侵略时，将会采取包括武力在内的手段来保护巴基斯坦。尽管这个协定没有直接提到印度，但是美国私下向巴基斯坦保证：在印度对巴基斯坦进攻时，美国一定会对巴基斯坦给予支持。但此时美国对东南亚条约组织和中央条约组织等地区防务条约组织的热情已经渐趋降温，所以对巴基斯坦的需求和支持都有所下降。1959年8月后，美国出于遏制中国的考虑，希望借此机会拉拢印度对抗中国，同时防止印度全面倒向苏联，因而大幅度增加对印度的经济援助，并公开支持印度的对华立场。自美国加强援印力度始，巴基斯坦就有一种被出卖的感觉，尽管当时没有做出强烈的反应，但阿尤布·汗开始反思对美政策。长期与美国亲近把中苏两国特别是苏联推到了自己的对立面。不仅中巴两国关系一直不振，而且苏联不仅不支持巴基斯坦，反而改变了在克什米尔争端上的中立立场，转而支持印度。巴基斯坦领导人认为这种局面需要改变。②而且巴基斯坦开始考虑提升与中国的关系，

---

① 张力：《尼赫鲁的克什米尔政策与印巴关系》，《南亚研究季刊》，1996年第4期。

② Mohammed Ayub Khan, *Friends Not Masters*, London, 1967, pp. 129 – 131.

既要以之制衡印度又希望借此向美国施压。1960年2月，在接受中国新任驻巴大使丁国钰的国书时，阿尤布·汗表示愿意与中国友好，盼望与中国谈判解决巴基斯坦吉尔吉特地区与中国新疆的边界问题。①1960年5月，自巴基斯坦起飞的U-2高空侦察机在苏联被击落后，苏联对巴基斯坦进行了猛烈的谴责。尽管在公开场合下仍与美国口径一致，但阿尤布·汗却在私底下考虑：巴基斯坦作为一个落后的第三世界国家，与美国结盟是出于对付印度的考虑，至于遏制共产主义，其实是美国的诉求，并非自己核心的国家利益，而现在为了与美国的友谊，遭到苏联这个近在咫尺的超级大国的指责、攻击和全方位的打压。同时与美国结盟的好处也在日益减少，美国逐渐"向印度的倾斜"危及了巴基斯坦极力谋求借助外力达到与印度力量的平衡。因此，巴基斯坦应该及时调整外交政策，以获得最大的国家利益。对此动向，美驻巴大使已有所察觉。②U-2事件后，巴基斯坦开始逐渐减少它所认为的对美国近乎危险的过分依赖。6月，阿尤布·汗向苏联发出第一个改善关系的信号。他说，巴基斯坦没有理由不与苏联搞好关系。随后，两国就苏联3亿美元的技术援助和石油勘探贷款展开谈判。③

1961年，肯尼迪上台。巴基斯坦人非常失望，担心肯尼迪上台后会淡化美巴同盟并更努力支持印度，因而推动了与中苏两国改善关系的进程。1961年3月，即肯尼迪上台刚刚一个多月，巴基斯坦外交部就向中国提出举行边界谈判的建议。尽管有些官员主张在印巴之间做出选择，尽管巴基斯坦

---

① 王泰平：《中华人民共和国外交史》，第二卷（1957—1969），世界知识出版社，1998年版，第85页。

② FRUS, 1958—1960, vol. 15, Washington D. C: U. S. Government Printing Office, 1992, p. 810.

③ S. M. Burke, *Pakistan's Foreign Policy*, Karachi, 1990, pp. 266-267.

在肯尼迪心中——无论是物质还是精神方面——都远逊于印度,但肯尼迪显然不愿走得那么远。巴基斯坦仍然是美国南亚政策不可或缺的另一环,是西方在亚洲两个军事集团的成员及美国在亚洲的主要军事援助对象,美国在巴基斯坦还有重要的军事基地和情报监听站。所以,无论如何重视和亲近印度,肯尼迪也不敢冒巴基斯坦倒向社会主义阵营的危险。他只希望在不疏离巴基斯坦及损害美巴关系的前提下加强与印度的关系,国务院和国防部的主流看法也是希望找出一条在印巴之间不冒风险的道路。[①]

巴基斯坦改变对外政策的不祥预兆使肯尼迪只能小心地处理对巴关系,但两国关系一开始就不顺利。1961年3月,肯尼迪派哈里曼访问巴基斯坦并递呈肯尼迪给阿尤布·汗的亲笔信,信中解释了美国新领导的对巴政策并邀请阿尤布·汗访美。哈里曼保证说,美国将继续对集体安全条约予以强有力的支持,愿与巴基斯坦保持密切的合作关系。谈到援印问题,哈里曼认为美国的援助只是使印度保持独立和避免共产党上台的必要手段,接着他又表达了美国对巴基斯坦与中苏接近的担忧。对此,阿尤布·汗解释说,尽管他希望与中苏实现关系正常化,但巴基斯坦外交政策的核心仍然是与美国保持友好的关系。最后,阿尤布·汗又提出了那个使美国领导人头痛的克什米尔问题,要求美国向尼赫鲁施加压力,以求早日解决争端。5月,副总统约翰逊在巴基斯坦又深刻体会到阿尤布·汗等人对克什米尔问题的强烈关注。阿尤布·汗不同意约翰逊认为巴基斯坦过高地估计了美国对尼赫鲁有影响力的说辞,他争辩说,印度如此地依赖美国的经济援助,而中印关系的恶化只能强化这种依赖关系,因此就增强了美国对印

[①] FRUS, 1961—1963, vol. 19, South Asia, Washington D. C: U. S. Government Printing Office, 1996, "Preface".

度的影响，他声称美国对该问题的反应将成为巴基斯坦估价新政府可信度的试金石。①

在1961年7月访美之前，阿尤布·汗开始向美国施加压力。他一面鼓动国内媒体反对美国对印度日益增长的援助，一面亲自上阵批评美国，声称由于美国对印度的援助直接威胁了巴基斯坦的安全，他要重新考虑巴基斯坦在东南亚条约组织中的成员资格，强调美国对形势的严重程度还没有清楚的认识，而且他还挖苦说，美国在克什米尔争端的解决上之所以没有行动是因为它害怕印度。7月1日，驻巴大使威廉·朗特里（William Rountree）在报告上述情况后警告说，如果美国还对巴基斯坦关于克什米尔的立场充耳不闻，"特别是在巴基斯坦认为美国政策开始向亲印方向转移并对此感到恐惧时，美国应对克什米尔问题有所反应"，否则，美巴关系前景堪忧。②

尽管鲍尔斯等官员对克什米尔争端取得的突破的可能表示悲观，但鉴于巴基斯坦的坚决态度，肯尼迪在7月11日与阿尤布·汗会谈时做出了让步。阿尤布·汗强调说，克什米尔争端的解决对巴基斯坦来说非常重要，如果问题得不到妥善解决，则次大陆将永无和平可言。他要求肯尼迪以对印不断增长的影响为杠杆迫使印度打破目前的僵局。肯尼迪辩解说，美国的援助是为保持印度的自由而非迫使其追随美国，但他答应在11月尼赫鲁访问时商谈克什米尔问题。如果印度置之不理，美国将在联合国支持巴基斯坦关于克什米尔的立场。阿尤布·汗接着对中印边界形势日益紧张情况下美国可能向印度提供军援感到担忧，并认为那将使克什米尔问题更难以解决。肯尼迪称美国

---

① FRUS, 1961—1963, vol. 19, South Asia, Washington D. C: U. S. Government Printing Office, 1996, pp. 27 - 30.
② FRUS, 1961—1963, vol. 19, South Asia, Washington D. C: U. S. Government Printing Office, 1996, pp. 63 - 65.

不会向印度提供军援。如果印度向美国求助,那么他将在做决定之前与巴基斯坦政府磋商。在克什米尔和对印军援上对巴基斯坦做出以上承诺后,肯尼迪还答应加速交付上界政府承诺提供的12架F-104战斗机。

按照对阿尤布·汗的承诺,肯尼迪在11月尼赫鲁访美时向他提出了克什米尔问题,肯尼迪向尼赫鲁强调了和平公正地解决克什米尔问题对美国的极端重要性。他问尼赫鲁是否有一种印巴两国都能接受的解决办法。尼赫鲁先是激动地对该问题的起源和发展做了长篇累牍的介绍,然后得出结论说:除在微小的边界调整基础上对现状的正式承认外,不可能有其他的解决方法。印度不能接受巴基斯坦之穆斯林居多的地区应归并巴基斯坦的理论,因为它将分裂有4500万穆斯林的世俗制印度。肯尼迪只好在承认失败后向阿尤布·汗传递这个坏消息。这次会见使肯尼迪对尼赫鲁和印度大失所望。事后,尼赫鲁对其密友、总统的特别助理阿瑟·施莱辛格称,这次会见是"一场灾难"和他"所遇到的最糟糕的首脑会谈"。[①] 施莱辛格回忆说:"在尼赫鲁访美之前,肯尼迪对印度曾抱有很大的幻想,此后就再不会那样了。尼赫鲁显然是在走下坡路,而印度呢,总统现在断言,将会为本身的问题纠缠不休,越来越自顾不暇。虽然总统仍然相信有必要帮助印度完成它的经济目标,但在见到尼赫鲁之后,他却不再指望印度会在今后几年之内成为全世界或南亚的一个强大的积极力量了。"[②]

印巴领导人访美之后,美国的南亚安全政策困境不仅没有丝毫减轻反而在不断强化。尼赫鲁不仅不愿意对巴基斯坦做任何让

---

① Dennis Kux, *India and the US: Estranged Democracies*, 1945—1991, Washington, 1992, p. 186.

② [美]阿瑟·施莱辛格著,仲宜译:《一千天——约翰·菲·肯尼迪在白宫》,三联书店,1981年版,第406页。

第一章 20世纪50年代末60年代初美国南亚政策的调整及失败

步,他还在12月18日不顾美国的阻挠对葡萄牙迟迟不愿放弃的果阿实施了军事占领。这一事件遭到美国部分官员的抨击。美国驻联合国大使艾迪莱·史蒂文森(Adlai Stevenson)在联合国大会上以激动的语气反对印度,认为在这个问题上联合国已经名存实亡。"如果联合国不希望像国际联盟那样不体面地寿终正寝,我们就不能默许在这种情况下使用武力并为使用武力解决其他争端铺平道路。"[①] 史蒂文森的"尖刻"态度让印度人听着觉得冷漠无情。印度行事方式的变化使巴基斯坦领导人大为不安。在1962年1月2日给肯尼迪的信中,阿尤布·汗特别强调了印度占领果阿后国防部长梅农等人要收回巴占克什米尔的有关言论,他担忧地说:"对果阿的强行占领已经证明我们巴基斯坦人从未对印度抱有幻想是正确的,如果感到符合自己的利益或感到其邻居无力抵抗,那它就会毫不犹豫地进攻。"鉴于肯尼迪在1961年曾答应一旦尼赫鲁不接受调解,美国就将在联合国支持巴基斯坦的要求,巴基斯坦决定将问题提交联合国。形势的发展使美国颇感为难。罗伯特·科默尔于1月6日上书肯尼迪指出这种窘境:"如果我们必须在印巴之间做出选择,毫无疑问印度因其面积和资源应是我们依靠的对象,但与印度的中立相比巴基斯坦更'亲西方'。显然我们两个都不想放弃。"他接着指出,美国的政策目标是使南亚成为一个制衡共产主义在亚洲影响的强大和稳定的地区,这个目标要求改善和消除次大陆国家之间的紧张关系,它不仅服务于美国的长远利益而且有利于这些国家在反对更大的外来威胁中更好地生存。所以,美国必须解决诸如在克什米尔和普什图尼斯坦这样的问题。[②] 9日,在给麦乔治·邦迪的备忘录中,科默尔预

[①] [美]阿瑟·施莱辛格著,仲宜译:《一千天——约翰·菲·肯尼迪在白宫》,三联书店,1981年版,第408页。

[②] FRUS, 1961—1963, vol. 19, South Asia, Washington D. C: U. S. Government Printing Office, 1996, pp. 179–181.

言印中关系的不断恶化将导致美国最终向印度提供武器而且巴基斯坦将会极其不满。唯有克什米尔问题的解决，或至少在该问题上取得重大进展，才能减轻巴基斯坦因美国援助印度武器产生的不安和增进美国利益所依赖之地区稳定。然而，由于对印度在果阿行动的担忧及由于美国调解失败产生的挫折感，巴基斯坦威胁要把克什米尔问题再次交到联合国。看来只有美国干预才能阻止这个毫无希望的解决办法和次大陆不断上升的对抗。①

经过几天的讨论，肯尼迪在1月2日的国家安全会议上采纳了科默尔的建议，决定在克什米尔问上再做努力。1月15日，肯尼迪同时致信尼赫鲁和阿尤布·汗，提出愿意帮助调解克什米尔争端。在给尼赫鲁的信中，肯尼迪鼓励尼赫鲁在该问题上振作起来。他提议让1960年印度河河水分配协定的调解人、负责重建和发展的世界银行高级官员尤金·布莱克（Eugene Black）赶赴次大陆。阿尤布·汗回信表示接受并感谢肯尼迪的努力，但尼赫鲁强调印巴双边谈判是唯一可行的解决途径，第三方的介入不仅与事无补，反而会使争端更趋复杂，印度对此表示不能接受。② 美国官员尽管对尼赫鲁毫不妥协的态度既失望又恼怒，但只能承认现实。

虽然美国官员对印度无可奈何，但巴基斯坦方面仍然不依不饶。为向美国施压，巴基斯坦一方面致力于与中国改善关系，另一方面加快了在联合国的行动。1961年3月之后，巴基斯坦一直要求与中国谈判边界问题并抱怨中国对改善关系不感兴趣。鉴此，中国副总理兼外长陈毅于12月13日指出了影响两国关系的三个障碍。巴基斯坦权衡利弊之后，于15日在第16届联大表决

---

① Robert J. McMahon, *The Cold War on the Periphery: the United States India and Pakistan*, 1947—1965, Columbia, New York, 1994, p. 283.
② FRUS, 1961—1963, vol. 19, South Asia, Washington D. C: U. S. Government Printing Office, 1996, pp. 194 – 195.

第一章 20世纪50年代末60年代初美国南亚政策的调整及失败

恢复中国合法席位时，改变八年来追随美国的态度，对苏联的提案投了赞成票。1962年2月，中国同意就边界问题进行谈判，但考虑到两国边界牵涉到第三国，中国提出一个临时方案。巴基斯坦对此表示同意，为了推动谈判进程，巴基斯坦应中国要求于3月就参加军事条约的目的正式向中国做了书面澄清。与此同时，巴基斯坦还改变了在"印巴联防"及在西藏问题上的态度，在联大总务委员会再次讨论西藏问题时，巴基斯坦投了弃权票。另外，巴基斯坦还拒绝参加东南亚反共外长会议。两国关系的障碍基本消除后，中巴在5月发表载有中国谈判原则的公报，10月正式开始谈判。1962年6月23日，安理会对以公民投票决定克什米尔归属的议案进行表决，美国因有言在先只得投票支持，但苏联却予以否决。9月下旬，阿尤布·汗再次访美与肯尼迪继续讨论克什米尔问题，他要求肯尼迪利用紧急援助向印度施压，迫使其软化立场。肯尼迪答复说，美国的援助不能用作压迫印度的武器。然后他反守为攻，警告巴方不要与中国人太过接近。阿尤布·汗辩解说，他只是与中国实现关系正常化，美国没有什么好担心的。这次会见没有出任何成果。①

阿尤布·汗对美国失望之时，印美关系也显著恶化。首先是印度对美国的不满与日俱增。尼赫鲁对美国在果阿和在克什米尔问题上的态度本来就已非常不满。1962年6月23日，美国在联合国对巴基斯坦的支持更使他恼火。尼赫鲁在人民院公开对美英两国"几乎一成不变地"攻击印度的果阿和克什米尔政策感到"深深的遗憾和悲哀"，宣称印度所受到的"痛苦和伤害"使他在心底对美英两国所说的友谊产生了怀疑。他把美国在克什米尔、果阿及购买苏联战机等事情上的压力谴责为对印度所珍视的主权

---

① FRUS, 1961—1963, vol. 19, South Asia, Washington D. C: U. S. Government Printing Office, 1996, pp. 326-331.

的干涉，与此相反，他对苏联的立场则表示欣赏和感激。① 其次，印度屡不合作的态度、与苏联的亲近及其计划经济模式使美国国会对肯尼迪大规模援印政策非常不满。1962年5月，赛明顿得到同僚的支持，对肯尼迪的援外法案进行修正，把对印度的援助削减了1/4，用他的话讲，美国以数十亿美元援助一个采用苏联计划体制、威胁我们的盟国而且其国防部长不断抨击我们的国家，真是不合逻辑。②

当肯尼迪为恢复被削减的对印度援助竭力向国会游说时，印度在5月初爆发了一个引起美印关系紧张的事件。作为对肯尼迪交付艾森豪威尔许诺的向巴提供12架战斗机的反应，印度决定购买苏联的米格-21战斗机，这标志苏联在替代英国成为印度空军的主要装备者的道路上取得了突破。国会反援印分子因此向肯尼迪施加更大的压力。五角大楼要求肯尼迪直接对印施压以阻止这笔交易。亲印官员认为美国可以以补贴或赠款的形式向印度提供美制飞机作为替代。5月8日给国务院的电文中，亲印的加尔布雷思认为印苏交易表明在国内外挑战面前尼赫鲁控制能力的削弱和印苏关系进一步加强，这将打击印度内的亲西方力量，最糟糕的是可能会出现印苏之间的结盟。鉴于与印巴两国关系的现状、保留在巴军事基地的需要和国会可能的反应，肯尼迪采纳了加尔布雷思的判断和建议：在以国会反对援助向印度施压的同时，促使英国出面向印度提供研制的"闪电式"战机。他决心不让苏联的影响在次大陆进一步扩大。6月13日，英国首相哈罗德·麦克米伦（Harold Macmillan）复函同意了肯尼迪的请求。鉴于印度声称无力购买英国飞机，肯尼迪要加尔布雷思告诉尼赫鲁，美国将

---

① FRUS, 1961—1963, vol. 19, South Asia, Washington D. C: U. S. Government Printing Office, 1996, p. 291.

② Dennis Kux, *India and the US: Estranged Democracies*, 1945—1991, Washington, 1992, p. 200.

为此提供至少一半的费用，印度还可以用卢比购买它一直想得到的 C-130 大型运输机。但如果印度坚持原意，那将是对美国援印法案的致命打击。然而印度最终只是答应推迟与苏联的这笔交易。①

尼赫鲁对美国的表现感到忿忿然而且大肆批评，肯尼迪对印度极为不悦。如上所述，经过年初的会见，肯尼迪就已对印度由无限的希望转为失望，现在他甚至觉得印度不值得信任和依靠。而且，尼赫鲁在美苏之间左右逢源平衡的手段也使他恼火。不管怎样，反正美印关系在此后的几个月直到 1959 年都一直处于低迷状态。与此同时，由于在印度拒绝让步的情况下美国仍不愿以停止援助相威胁，美巴关系也没有什么起色，巴中关系继续得到提升，所有这些都表明美国的南亚安全政策已陷入举步维艰的困境之中。

第二阶段是 1962 年后，美国对印度重新燃起希望之火，认为可以借此摆脱在南亚的困境，全面加强美印关系，实现"以印制华"战略，因而大规模向印度提供经济、军事援助，同时也适当考虑巴基斯坦要求，希望以此解决印巴争端，使之联合起来共同对抗和遏止中国，避免巴基斯坦倒向中国。

（一）1962 年前美国对印度军事冒险政策的支持

自 1959 年，中国一直想通过和平谈判解决领土争端，并提出了很好的方案。但尼赫鲁政府为了使印度做一个"有声有色"的大国，进一步推行"前进政策"，在企图以武力迫使中国接受印度划定的"边界"。尼赫鲁认为，印度的行动不会遭到中国的反击。正如印度历史学家哈里希·卡柏（Harish Kapur）所指出的，"根据不同的情况和外交报告，他（尼赫鲁）使自己相信，中国

---

① FRUS, 1961—1963, vol. 19, South Asia, Washington D. C: U. S. Government Printing Office, 1996, pp. 240-284.

同美苏两个超级大国的关系已越来越紧张,加之国内的经济局面。这些因素使中国不能对印度采取任何军事行动。"① 再加上在印度占领果阿后对自己军事能力的盲目相信,使印度领导人认为中国会随印军的前进而自动后撤。② 这使得印度政府一再拒绝中国合情合理的谈判解决建议,最终走向军事冒险的道路。

美国政府知道,印度在中印边界地区采取的是军事冒险政策,但美国从不反对,反而却怂恿印度对中国使用武力。早在1961年,美国军方就认为应该尽快向印度出售军事装备,"对于印度加强自己以对付中共日益增强的军事力量的努力。美国是表示同情的,美国准备考虑印度得到某些具有双重用途的军事装备的要求,如运输机、高纬度地区使用的直升机、雷达和工程装备等。如果印方愿意,美国准备在情况允许的条件下,尽可能优惠地提供这些装备"。③

1962年3月,副国务卿鲍尔斯去印度评估形势。在同印军参谋长、积极鼓吹"前进政策"的考尔(B. M. Kaul)将军会谈时,考尔问鲍尔斯,如果发生冲突,美国是否会向印度提供军事援助。鲍尔斯回答说,他认为美国会这样做。1962年夏,当中印边界的紧张局势进一步加剧的时候,美国参议院外交委员会代主席斯帕克曼就说:"我们知道印度在东北边境正在对中国施加很大压力。我们早就希望它这样干。现在它正在朝着这个方向做。"如果此时减少对它的援助,给它泼冷水,这是不明智的,同时也

---

① Harish Kapur, *India's Foreign Policy*, 1947—1992: Shadows and Substance, New Delhi, 1994, pp. 25 – 26.

② Steven A. Hoffmann, *India and the China Crisis*, Berkeley, 1990, p. 114.

③ FRUS, 1961—1963, vol. 19, South Asia, Washington D. C: U. S. Government Printing Office, 1996, pp. 97 – 98.

第一章　20世纪50年代末60年代初美国南亚政策的调整及失败

有损美国的国家利益。① 9月上旬,印度决定采取代号为"来克亨"(Leghorn)的军事行动。在决定采取军事行动后,印度多次要求美国尽快出售美制装备的零配件及运输通信装备。10月2日,印度要求紧急购买美制C-119军用运输机的零配件。4日,印度又提出紧急转购加拿大订货的"驯鹿"运输机,同时,印方还提出购买250台防空雷达用于中印边界地区。美国军方不仅要求政府立即批准印度所有的要求,而且还为印度提出进一步要求做了准备。②

10月12日,考尔将军向加尔布雷思提出美国提供援助的要求。他认为只有在美国的帮助下,印度才能取胜,虽然加尔布雷思说美国希望避免卷入中印边界问题,但他没有反驳考尔的估计③。18日,尼赫鲁从锡兰回国,加尔布雷思立即赶到官邸同他会谈。尼赫鲁说,印度已决定把中国赶走,印度不会使用所有力量,主要是"用地面部队保持对中国的长期压力",而且这一措施也将扩大到西段边界地区。加尔布雷思对尼赫鲁这一方针继续表示支持。④ 与在果阿问题上的立场相比,美国对印度的"前进政策"显然是全力支持的。美国政府不仅从政治上鼓动印度进行军事冒险,而且为印度的军事行动提供了实质性的援助。但是,美国对这一军事冒险政策的结果却估计不足。中央情报局原来认为"印度军队的战斗效率在自由亚洲是最高的",但战争结果却完全出乎美国的预料。加尔布雷思后来辩解

---

① [英]内维尔·马克斯维尔:《印度对华战争》,生活·读书·新知三联书店出版社,1971年版,第275—276页。
② FRUS, 1961—1963, vol. 19, South Asia, Washington D. C: U. S. Government Printing Office, 1996, pp. 340-343.
③ John Kenneth Galbraith, *Ambassador's Journal: A Personal Account of the Kennedy Years*, New York, 1969, p. 429.
④ FRUS, 1961—1963, vol. 19, South Asia, Washington D. C: U. S. Government Printing Office, 1996, pp. 346-347.

说:"我们知道那儿(指中印边界地区)的情况如何,我们以为印度人知道他们在干什么,但很明显的是,实际上他们不知道他们在干什么。"①

(二)美国政府的紧急援助和应急措施

美国决策者认为,中印边界争端使美印两国有了共同对付中国的利益汇合点,只要美国处理得当,将最终使印度与西方结盟,从而完成对华遏制的宏伟外交政策目标。国家安全委员会官员罗伯特·科默尔更是把中印边界争端列为"20世纪60年代对美国外交最为关键的事件之一",并预言这将是美印关系大有崭获的黄金时期②。肯尼迪深信中国军事行动会彻底击碎印度对共产主义"威胁"完全无动于衷的心态,认为如果及时向印度提供慷慨的军事援助,不仅能够使印度相信美国是可以依靠的,而且还可证明其不结盟政策的愚蠢性。尽管处理古巴导弹危机占去了大部分时间和精力,但这丝毫没有削弱美国(肯尼迪)在南亚地区构筑对华遏制包围圈的兴趣和努力。同时,肯尼迪政府相信中印冲突有可能使中苏关系加速恶化,使美国坐收渔人之利。"苏方官员向美国一再表示,苏联对中印争端异常担忧。一方是盟国,而另一方则是友邦,坦率地说,这使苏联处于一种十分困难的境地,希望美国能够发挥作用,使冲突得以尽快解决。"③肯尼迪等人认为,中印争端的持续将使苏联在苏中同盟和苏印友谊两者间做出艰难选择,他们据此分析苏联很有可能会保持中立,并敦促双方进行谈判。"但只要争端继续下去,莫斯科就不可能摆脱上面提到的两种困境。争端

---

① Dennis Kux, *India and the US: Estranged Democracies*, 1945—1991, Washington, 1992, p. 202.

② Komer to Carl Kaysen, Novermber 16, 1962, NSC History of South Asia, vol. I, Box 24 National Security Files, Lyndon B. Johnson Library.

③ FRUS, 1961—1963, vol. 5, Washington D. C: U. S. Government Printing Office, 1992, p. 75.

越激烈,持续的时间越长。它对中苏关系就会产生决定性的不利影响。"[①] 美国政府官员深信,中印边界争端即是巩固美印关系的契机,也是"裂变"中苏的有效手段。另外,美国敏感地联想到中国和巴基斯坦有联合起来的可能性。这种可能一旦出现,不仅印度会在战争中遭遇失败和毁灭性打击,而且其内部也将出现专制。因此,美国认为首要任务是在帮助印度的同时,确保印巴之间和平,避免巴中过分亲近。

随后,美国立即做出紧急反应支持和援助印度。10月21日,美国务院公报首次表明美国的官方立场:"印度向美国提出的请求将被同情地予以考虑。"[②] 22日,美国驻巴大使受命劝导阿尤布·汗做出友好姿态,以减轻印度军队在西线的压力,使印度能尽可能多地把军队调往东部战场。[③] 23日,印度外交秘书M.J.德赛(Desai)告知加尔布雷思,印度将向美国请求较大的援助。加尔布雷思向德赛阐明了美国的立场,重申美国政府既不会迫使印度加入西方同盟,也不会不顾印度的主权强迫印度接受其安全检查。作为回报,加尔布雷思从印度方面得到保证,印度愿意支持美国争取联合古巴导弹基地进行检查的努力。25日,加尔布雷思敦促肯尼迪制订紧急计划,为印度空运军事装备和人员。美国国家安全事务副特别助理凯森(Carl Kaysen)次日建议:第一,如果印度提出具体要求,则在军援基础上向其提供武器装备;第二,通过加尔布雷思公开发表声明,美国承认"麦克马洪线"是

[①] Roger Hilsman to Rusk, "The Five-Fold Dilemma: The Implications of the Sino-indian Conflict," Novermber 11, 1962; Sino-Indian Border Clash folder, Box I, Roger Hilsman Papers, kennedy Library.

[②] John Kenneth Galbraith, *Ambassador's Journal: A Personal Account of the Kennedy Years*, New York, 1969, p. 353.

[③] FRUS, 1961—1963, vol. 19, South Asia, Washington D. C: U. S. Government Printing Office, 1996, p. 349.

中印之间的"边界线";第三,寻找阿尤布·汗的支持,让他做出一些明确的对印友好姿态,比如公开宣布中断同中国的边界谈判。① 肯尼迪也密切注视着事情的发展,他的心腹助手索伦森(Theodore C. Sorensen)说:"尽管总统在全神贯注于美国和西半球更为直接的威胁,但却在思考哪一个危机从长远看将具有更重要的意义……从长远的意义上看,世界上这两个人口最多的国家之间的一场全面战争,是可以与加勒比海地区的对抗相匹敌的。"② 所以,当肯尼迪收到尼赫鲁26日向美国发出求援信("在此危机关头,我自信将能得到您的同情与支持",但希望美国不要以印度加入军事同盟作为前提条件,是在"同情"而非"联盟"的基础上,向印度提供"支持"而不是"军事援助"。)的时候,立即毫不犹豫地给他回了一封热情洋溢的信:"我知道,我能代表我的国家所说的是,值此危机时刻,我们的同情是全心全意、真心真意的。我想在给予您同情的同时,给予您支持,如果您愿意,我们的驻印大使可以同您和您的官员们商谈我们所能提供的有关事宜。"③ 27日,美国甚至不顾台湾当局的一贯立场,授权加尔布雷思发表了关于承认"麦克马洪线"的第一份官方声明:"'麦克马洪线'是一条已被广为接受的国际边界线,为现代习惯所认可,因此,我们把它当作'中印边界线'。"④ 加尔布雷思评论说:"这将消除所有的不明确立场,从而成为支持印度的

---

① FRUS, 1961—1963, vol. 19, South Asia, Washington D. C: U. S. Government Printing Office, 1996, pp. 350 – 352.

② [美]西奥多·索伦森著,复旦大学世界经济研究所译:《肯尼迪》,上海译文出版社,1981年版,第502页。

③ Kennedy to Nehru, October 28, 1962, Box118, President's Office Files, kennedy Library.

④ John Kenneth Galbraith, *Ambassador's Journal*: *A Personal Account of the Kennedy Years*, New York, 1969, p. 386.

第一章 20世纪50年代末60年代初美国南亚政策的调整及失败

巨大动因。"① 同时肯尼迪指示加尔布雷思与尼赫鲁讨论了印度面临的形势、印度的需求和愿望以及美国提供军事援助的特别途径。②

自11月3日起,美国开始紧急空运武器装备给印度,第一批军援物资从美国在西德的军需库中运抵加尔各答。此后一周中,10架容量为20吨美式喷气式飞机不分昼夜地把武器和弹药从美国和欧洲的军需库中运往印度,前后达60次。③ 这些巨额物资适合山间地形使用,它们包括轻型步兵武器、迫击炮、榴弹炮、火药、通信器材、小型飞机备用件、除雪设备及御寒衣物等。同时向印度提供有关中国军事行动的情报。到10日,美国国务院宣布紧急的武器空运阶段已经完成。为了使西部印军能前往东部作战,美国再次劝说巴基斯坦利用该机会减轻对印度的压力,以便为印巴和解奠定基础。④ 11月14日,美印两国在华盛顿交换了外交照会,从而奠定了美国向印度提供军事援助的正式法律基础。

中国政府在10月24日发表声明,为寻求停止冲突、重开和平谈判、解决中印边界问题的途径,提出了如下建议:双方尊重1959年11月7日的实际控制线;双方军队各自后撤20千米,脱离接触;举行和平谈判。为此,周恩来两次致函尼赫鲁,但印度

---

① John Kenneth Galbraith, *Ambassador's Journal: A Personal Account of the Kennedy Years*, New York, 1969, p. 386.
② [美]西奥多·索伦森著,复旦大学世界经济研究所译:《肯尼迪》,上海译文出版社,1981年版,第502页。
③ U. S. Congress, House and Related Agencies Appropriations, for 1966 (Hearings, 89th Congress, 1st session) p. 267.
④ FRUS, 1961—1963, vol. 19, South Asia, Washington D. C: U. S. Government Printing Office, 1996, pp. 366 – 367.

政府仗着有美国撑腰，公然进行战争动员，继续向中印边境增兵。① 由于印度拒绝中国的停战协定并继续采取军事行动，中国军队被迫再次予以反击，印军全线溃败。震惊中的尼赫鲁几乎丧失了判断大局的能力，印度政府向美、英、苏等国请求全面援助。印度新任能源合作部长 T. T. 克里斯南马查里向加尔布雷思请求美国派拦截机来保护加尔各答，以阻止中国空军可能的进一步进攻，他还请求美国向印度提供 5 亿美元的贷款，甚至请求美国空运其军队到前线去。19 日，他在未同内阁磋商的情况下两次致信肯尼迪，称"印度局势真令人"绝望。他建议美军直接参加战斗，请求肯尼迪立即派遣至少 12 个中队的战斗机及通信设施和人员赴印，以保护印度城市，直至印度人能够独立支撑为止。此外，他还请求肯尼迪派遣两个 B-47 轰炸机中队赴印，以备对中国的基地和机场进行袭击。尼赫鲁深知美国担心巴基斯坦对此的激烈反应，他保证所有这些援助将只用于对付中国。② 如果说之前还沉得住气的话，这次他是真的稳不住了。肯尼迪接到尼赫鲁的求援请求后，召开国务院、国防部及白宫官员会议，专门讨论中印问题。肯尼迪最后决定接受国防部长罗伯特·麦克纳马拉的建议，派遣一个军事代表团赴印，实地考察并评估印度的军事需求的种类、数量以及援助方式。他也采纳了国务卿腊斯克的提议，向印度提供 12 架 C-130 大型运输机赶赴印度帮助把克什米尔前线的军队运往东部。③ 20 日，尽管印度没有提出请求，华盛顿应加尔布雷思的提议从太平洋舰队派出一艘航空母舰驶向孟加拉湾，只是在尼赫鲁提出请求四小时后危机已经渡过，因而该舰

---

① 中共中央文献研究室：《周恩来年谱（1949—1976）》（中卷），中央文献出版社，1997 年版，第 504—505 页。

② FRUS, 1961—1963, vol. 19, South Asia, Washington D. C: U. S. Government Printing Office, 1996, pp. 397 -402.

③ Department of State Bulletion, 3 December, 1962, p. 838.

第一章 20世纪50年代末60年代初美国南亚政策的调整及失败

在抵达孟加拉湾前又返航了。① 12月10日，肯尼迪批准向印度提供6000万美元军援。美英两国首脑16日在巴哈马首都拿骚举行会谈时同意并批准了总值为1.2亿美元的两国一揽子对印军援计划，并建议世界援印财团和国际重建和发展银行另加6亿美元②。之后，美国又答应每年向印度提供1亿美元的援助。印美两国领导人还发表联合公报，宣布双方要分担对中国的共同防御事业，接着双方又签订了防空协定。对于印度来说，美国的援助虽然未能帮助他们取得战争的胜利，但反共反华的共同利益却在此时将他们与美国仅仅联系在了一起。"许多印度人告诉美国人现在他们知道了谁是他们真正的朋友，他们不会忘记是美国在紧急关头提供了迅速的援助。"③ 在这一时期，美国对印经济援助基本上呈上升趋势，其具体数据如下表：

美国对印度的经济援助表（1959—1963年）（单位：千美元）

年度	对世界的援助	对印度的援助	印度占美对世界援助的比例
1959	1918545	136991	7.14%
1960	1886194	194615	10.42%
1961	2010398	200781	9.98%
1962	2508190	464467	18.55%
1963	2296400	397200	17.29%

资料来源：根据美国国务院统计局《美国统计摘要》有关各期材料编制。转引自《巴基斯坦的地平线》，1979年第1、2期合刊，第25页。

① John Kenneth Galbraith, *Ambassador's Journal*: *A Personal Account of the Kennedy Years*, New York, 1969, p.424.
② FRUS, 1961—1963, vol.19, South Asia, Washington D.C: U.S. Government Printing Office, 1996, pp.434-438.
③ Chester Bowles, *Promises to keep*, New York, 1971, p.439.

对于美国没有恪守承诺，在 1962 年后大规模向印度提供经济、军事援助的行动，巴基斯坦大为震惊和愤怒，全国爆发了激烈的反美示威游行，报刊社论也对美国的政策进行了无情的抨击。虽然美国国务院 1962 年 10 月 37 日发表声明强调解释说："我们将向印度提供援助，是响应一种不仅对这个国家而且对我们的盟国有利害关系的情况所引起的迫切需要。"① 但是巴基斯坦仍然很恐惧，巴基斯坦认为由于地形限制，中印边界争端的规模受到了限制。印度才是真正的威胁，而美国对印度的军援就构成了对盟国巴基斯坦安全的威胁。如果美国一定要这么做，那就必须以印度同意解决克什米尔问题作为交换条件。为了维持与巴基斯坦的友好关系，担心在印巴未取得和解的情况下，美国向印度提供的援助越多，巴基斯坦倒向中国的可能性就越大，因此限制了对印军事援助的幅度。其实，当时美国最为头疼的问题就是如何在拉拢印度的同时维持与巴基斯坦的关系。

1962 年 11 月 21 日，肯尼迪派遣了一个由哈里曼率领的政治军事使团前往印度，对印度的需要进行评估。哈里曼在次大陆停留的大约十天中，既考察了印度的防务需要。同时也对印度政府施加影响，要求它同巴基斯坦解决克什米尔问题。美国把印巴和解看作是建立南亚次大陆防务的先决条件，而印巴联合防务体系则是南亚次大陆能反对中国"威胁"的唯一有效途径。哈里曼告知印度政府，假如印巴两国不是合作反对它们共同的敌人而是利用其资源力量互相敌对的话，那么任何美国总统都不能劝说国会大量拨款来援助美国在次大陆的这两个朋友。从美国的立场出发，次大陆的有效联合防御体系是理想目标。为敦促印巴和解，共同遏制共产主义，11 月 25 日，肯尼迪指示哈里曼说，访巴是

---

① 《泰晤士报》，1962 年 11 月 1 日。转引自 [英] D. C. 瓦特编：《国际事务概览，1962》，上海译文出版社，1983 年版，第 550 页。

第一章　20世纪50年代末60年代初美国南亚政策的调整及失败

要让阿尤布·汗清楚地知道美国的立场，"次大陆已经成为'自由世界'与共产主义进行对抗的新领域"。印度已不得不承认这一事实，巴基斯坦也必须这样做，承担起它与西方的联盟义务。肯尼迪还威胁说："如果巴基斯坦在我们帮助印度对抗共产党中国时进一步靠近中国，它就会损害对整个'自由世界'的严肃承诺。"[①] 尽管美国软硬兼施，但由于美国违背了1961年7月肯尼迪在华盛顿会见阿尤布·汗时做出的事先磋商的承诺，独自决定了向印度提供军援，加之美国没有再坚定地支持巴基斯坦在克什米尔问题上的立场，因此拒绝了美国的要求。由于对日益改善的中巴关系非常恼火，因此美国继续削弱对巴基斯坦的援助，不过也明白不能太冷落巴基斯坦。按照民族性格、宗教传统和纪律，美国认为巴基斯坦和中国走不了太远，但如果过于轻视巴基斯坦，必然会将其推向中国一边。为了将巴基斯坦拉回来，必须对其做些安抚。为了消弥印巴之间的敌视，撮合两国联合反华，美国敦促巴基斯坦与印度在1962年12月到1963年5月之间，就克什米尔问题进行了六轮会谈，并与英国一起提出了一个"解决要点"（elements of a settlement），包括：同时给巴基斯坦和印度在山谷地带的实质性地位；保证能顺利通过山谷地带以防卫北部和东部；保证巴基斯坦在奇纳布河（Clenab River）源头的利益；保证山谷地带的地区自治和当地居民自由地来往印度和巴基斯坦，加强经济发展的努力。[②] 但由于巴基斯坦和印度的意见相左；巴基斯坦建议在全民公决之前山谷地带实行六个月的国际化，而印

[①] Robert J. McMahon, *The Cold War on the Periphery: the United States India and Pakistan*, 1947—1965, *Columbia*, New York, 1994, p. 294.

[②] "*Kashmir: Tactics for Fifth Round*", memorandum from Rusk to kennedy, March 31, 1963, and "*Elements of a Settlement*" attachment to that Memorandum, FRUS, 1961—1963, vol. 19, South Asia, Washington D. C: U. S. Government Printing Office, 1996, pp. 529 – 534.

· 51 ·

度建议双方不以改变克什米尔现状，谈判没有取得进展。美国试图撮合印巴和解共同反华的阴谋最后流产。肯尼迪及其政府官员非常懊恼。在9月9日的白宫会议上，心灰意冷的肯尼迪对印巴都把克什米尔看得比反对共产主义的斗争更重要感到异常沮丧，认为只要巴基斯坦不退出东南亚条约组织和中央条约组织，只要还能继续使用在巴基斯坦的军事基地和情报监听站，美国就不必在乎"巴基斯坦与中国的关系"。[①]

此后，巴基斯坦继续改善同中国的关系，12月26日中巴宣布双方在边界问题上已基本达成一致意见，随后又签订边界条约。美国对此深感震惊和恼怒，对阿尤布·汗不再抱有幻想，并减少了对巴基斯坦的援助。巴基斯坦也觉得美国是靠不住的盟友，从而削弱了对东南亚条约组织和中央条约组织的支持。美巴两国的战略利益发生冲突，双边关系日益紧张。同时，由于美国把印度对其援助的依赖作为解决克什米尔争端的一种手段而不断向印施压，并在援印上采取拖延战术。最后，印度投向苏联的怀抱，美印并未建立长期的安全关系。美国的南亚政策被证明完全失败。1965年印巴因克什米尔发生第二次战争，美国同时停止对印巴的援助。这一行动表明美国南亚政策的调整，并逐渐退出这一地区。美国决策者认为在短期内没有必要继续在政治上和安全上深度卷入南亚事务。随着美国越来越卷入越南事务，南亚在美国战略议程中的重要性开始下降。

第三节 1959—1962年美国南亚政策失败的表现

1959年前，美国为了遏制苏联、防止共产主义南下，在印巴

[①] FRUS, 1961—1963, vol. 19, South Asia, Washington D. C: U. S. Government Printing Office, 1996, p. 678.

第一章　20世纪50年代末60年代初美国南亚政策的调整及失败

之间寻求相对平衡，企图两国都能加入其领导的反共集团，希望破灭后，美巴建立了牢固的军事同盟，而美印关系发展却困难重重。中印边界争端的发生，为美国南亚政策的调整带来了契机，美国明显向印度倾斜，对其提供大量经济军事援助，在南亚事务和印巴争端中采取较为偏袒印度的立场，希望使印度放弃不结盟政策，加入到西方阵营中来，实现"以印制华"的目的，同时力促印巴和解，团结起来承担冷战的重任。但美国的企图和努力的结果却完全出乎美国意料，其南亚安全政策被证明完全失败。印度不仅没有放弃不结盟政策，与美国建立长期的安全合作，反而向苏联靠拢，"以印制华"战略也完全失败。同时，美国的盟国也向冷战对手中国靠拢，印巴联合反华构想不攻自破。

一、力改印外交政策的失败

1947年，印度独立后面临着严峻的国际环境。此时，冷战在欧洲已经开始，美苏形成了两个对立的政治军事集团，在欧洲、特别是围绕德国问题展开了激烈的争斗。作为新独立的国家，印度外交优先考虑的问题是维护自己的独立和主权，巩固印度的完整。在冷战和两个阵营的对抗中，以尼赫鲁为首的印度国大党政府采取中立立场，即不依附于任何大国，不参与任何军事集团，在两个超级大国间推行平衡外交，以保留自己的战略主动权；同时主张刚摆脱殖民压迫的亚洲新兴国家和睦团结，以共同抗衡大国特别是西方大国的强权势力。这就是印度的中立不结盟、亚非团结和世界和平的外交政策。

1947年12月4日，尼赫鲁在印度国会讨论外交政策时提出独立和不结盟。自此，不结盟成为尼赫鲁外交政策的基本选择，强调"印度遵循独立政策，独立于大国结盟彼此对立的政策，坚持民族独立的自由原则，反对任何种族歧视"①。1949年3月8日，尼赫鲁对不结盟原则及其合理性做出了明确的表述："印度是一个富有生气的国家，具有悠久的历史、文化和文明。印度没有理由放弃自己固有的思考问题和采取行动的方式，并将以自己的方式来处理国内和国际问题。"②

在这种外交政策的指导下，1947年，印度倡导召开了亚洲关系会议，1955年与印尼共同召开亚非会议，中印关系也经过了一个"蜜月"时期。1950年，印度承认刚刚成立的中华人民共和国，成为第一个与新中国建立外交关系的非共产主义国家，此后印度始终主张恢复中国在联合国的合法席位。1954年，印度与中国共同倡导了"和平共处五项原则"，并以"不结盟领袖"和"第三世界代言人"的身份周旋于国际舞台，在全球推行灵活的有效的不结盟外交政策。

印度的不结盟树立了道义上和政治上的大国形象，客观上也顺应了当时蓬勃兴起的亚非民族独立运动的世界潮流，因而获得了第三世界国家普遍的响应和支持及较高的国际声誉。同时，不结盟政策维护了印度的独立地位，并从世界各国特别是美、苏、西欧各国得到较多的经济、技术和军事援助。

然而，美国却非常痛恨蔑视印度的中立主义、不结盟政策，因为印度的不结盟政策与美国的立场经常发生冲突。美国人认为不结盟运动有明显的"亲共"倾向，而且印度实行不结盟政策还是制约冷战和促进缓和的一个因素，从战后国际关系全局的宏观视角看，它是在两极格局下否定两极世界、推动世界多极化发展的因素之一。它也反映着一种历史的趋势，是对大国冷战集团政

---

① M. Srinivas Chary, *The Eagle and the Peacock: U. S. Foreign Policy toward India since Independence*, Greenwood press, 1995, p. 72.

② Sita Gopalan, *Inda and Non-alignment*, New Delhi. 1986, pp. 5 – 6.

治、强权外交的一种否定,这种政策获得越来越多的支持者,终于汇成强大的不结盟运动,在反帝反殖反霸斗争中发挥了积极作用,也冲击着两极格局,推动着世界走向多极化。美国国务卿激烈地斥责中立主义是"邪恶的和不道德的",国会中的保守势力也不愿意向印度提供任何援助。不过,20世纪50年代末中印关系逐步恶化,成为美印关系加强的新动力。美国虽然对印度的独立自主不满,但在冷战中需要支持"温和的民族主义"以抵制"共产主义"。它要把印度作为新兴国家实行西方民主的"试验场"和不通过共产主义而实现现代化的榜样。肯尼迪上台后,更是主张对中立主义采取更为宽容的态度,因为他觉得,只要政策得当,具有耐心,多提供些美元,印度及其他不结盟国家最终会被西方争取过去的,至少共产主义在上述国家将会得到遏制;同时为美国的政策赢得越来越多的支持。正如他在国家安全委员会上所说:"我们不能允许所有自称为中立主义者的人加入共产主义集团。如果那样,世界力量平衡就会发生不利于我们的转向。"[1] 所以美国开始加大对印援助的力度。

1962年10月20—24日,尼赫鲁在议会受到了来自本党的前所未有的反对。他首先向一贯支持印度的苏联寻求援助,然而赫鲁晓夫却因"古巴导弹危机"需要中国支持,因而拒绝印度的援助要求并建议尼赫鲁接受中国的建议。而此时中立主义集团的其他领袖也不愿支持印度,有的甚至只建议调停这场争端。大失所望的尼赫鲁被迫向国人承认:"我们越来越远离了现代世界的现实而生活在我们自己制造的虚幻的氛围之中。"[2] 在此情况下,尼赫鲁开始转变政策,向美、英、加、法等西方国家求救。按照美

---

[1] Remarks of kennedy to NSC, January 22, 1963, Box 314, National Security Files, kennedy library.

[2] Sarvepalli Gopal, *Jawaharlal Nehru: A biography*, Dehli, 1979, p. 233.

国务卿腊斯克所说的,印度愿意在抵抗中国上与美国结为没有任何先决条件的军事伙伴。这实际上背离了中立主义不结盟的实质。对此,美国感到非常满意,觉得这是提升美印关系的天赐良机。1962年11月3日,美国务院、国防部和中央情报局的一份得到肯尼迪批准的文件认为:印度在中国"威胁"的现实面前惊醒之后将要求美国提供军事援助。印度被一个倡导和平共处的伙伴攻击使尼赫鲁等人已被迫重新检讨其基本政策的前提,不结盟政策的效力显然已深受怀疑。我们要迅速、大力地向印度提供军事援助,以树立印度人心中的美国形象并证明不结盟的欺骗性。而且,苏联对中共提出的谈判的支持也使得印度重新检讨其政策假设,即印度可以依赖苏联抗衡中国共产党人并可获得苏联军事上的支持。所以,美国应尽一切可能鼓励印度改变外交政策,为把它拖入西方阵营创造有利的条件。[①] 11月16日,总统国家安全事务助理帮办卡尔·凯森在给总统的备忘录提议,把印度尽可能地向前推,给予足够的援助,确保它不按中国的条件达成谈判解决,并使之难以再回到中立主义立场上去。"战争的持续将服务于美国的重要政策目标:完全拒绝把'积极的中立主义'作为外交政策,极大地提升印巴关系,这对中国在亚洲的威望和权势而言是一个挫折。"[②]

正当美国满怀乐观情绪,对提升美印关系寄予厚望时,中国的政策排除了印度倒向西方的可能。就在尼赫鲁准备抛却中立主义不顾一切向美国发出求救信的同时,中国政府从长远目标来看,采取主动积极步骤,于11月21日零时宣布在24小时后单方面全线停火,从12月1日起,把军队撤到1959年11月7日的双

[①] FRUS, 1961—1963, vol. 19, South Asia, Washington D. C: U. S. Government Printing Office, 1996, pp. 363 - 368.

[②] FRUS, 1961—1963, vol. 19, South Asia, Washington D. C: U. S. Government Printing Office, 1996, p. 387.

方实际控制线以北20千米,以脱离军事接触为谈判创造条件。11月21日零时20分左右周恩来和陈毅约见印度驻华使馆临时代办班纳吉(P. K. Banerjee),通知印方中国政府以上声明的主要内容,希望印度政府做出积极响应的措施。① 对于中国政府的行动,《泰晤士报》评论说,全世界与其说是松了一口气,还不如说是大吃一惊。② 但上述行动却最充分地表明了中国坚定不移地致力和平解决争端的一贯政策。它既源于建国以来中国既定的对印政策,也是国际形势的客观要求。在中苏关系恶化、中美更加敌对及美苏共同支持印度的时候,把印度推进美国的怀抱显然会使战争继续进行下去,使中国长期在此消耗大量的人力、物力、财力,这对当时中国的处境极为不利。而且中国领导人对于美国的遏制企图及印度加入西方阵营的可能也有极为清醒的认识和判断。"尼赫鲁越是投靠帝国主义,就越要适应美帝国主义的需要坚持反华,他越是坚持反华,就越要投靠美帝国主义。这是一种恶性循环。尼赫鲁一步一步地丢掉'不结盟'政策,正是他投靠美帝国主义和坚持反华的必然结果。"③ 因此在尼赫鲁慌忙求援和倒向美国的关键时刻宣布停火撤军,这就在很大程度上给了尼赫鲁政策选择的自由,而本来极不愿意抛却中立主义外衣的尼赫鲁于是就立刻又将其外交政策的钟摆慢慢向居中的方向复归。因为不到国家陷于危难时,尼赫鲁是不想扔掉这块给印度和他自身带来巨大荣耀的招牌的。尽管印度存在亲美仇华势力,但其国内仍旧有许多人相信美国对共产主义的恐惧是病态的。他们认为:"一方面有必要获取美国的援助;另一方面又必须保持中立国家

---

① 中共中央文献室研究室:《周恩来年谱(1946—1976)》(中卷),中央文献出版社,1997年版,第513—514页。
② [英]内维尔·马克斯维尔:《印度对华战争》,生活·读书·新知三联书店出版社,1971年版,第471页。
③ 《人民日报》,1961年11月11日。

的身份。美国在同印度的关系中扮演的是恳求者角色，对印方的要求总是有求必应，而不提及美国自身的要求，这种关系是不健康的，它贬低了美国的大国身份。"① 当美国不再对印有求必应时，印度对美国的态度就会发生惊人的变化。11月22日，匆忙抵达印度的美国军事代表团就充分感受到了尼赫鲁前后态度的大相径庭："尼赫鲁给肯尼迪请求援助的信把现实描绘得险恶万分，但当面对面地谈话时，他似乎极力回避谈论这一点。"② 25日，当谈到印军的军援请求时，尼赫鲁表示他现在已不那么着急，他相信中国人至少几个月不会再展开军事攻势。③ 可以说，中国领导人对形势的审时度势和精辟判断，以及有关政策的高超运用及时地制止了美印结盟的可能性。在这场角逐中，表面上看对印度，实际却是中美两国进行的斗争。中国一方面既打击了印度的扩张主义倾向，使之回到和谈轨道，使中国西南边疆得以安定；另一方面又相当精妙地掌握了打击的力度和时间，从而使印度的中立主义得以保存，而印度国内的不结盟传统则从内部保证了其最终没能倒向西方。

二、中巴关系的改善

中国政府在边界争端中军事行动的短期性和有限性，不仅有效地制止了美印可能的结盟，而且为巴基斯坦向美国施压创造了条件。巴基斯坦并未因印度与共产党国家的问题而

---

① FRUS, 1961—1963, vol. 19, South Asia, Washington D. C: U. S. Government Printing Office, 1996, p. 293.

② Roger Hilsman, *To Move a Nation: The Politics of Foreign Policy in the Administration of John F. Kennedy*, New York, 1967, p. 331.

③ FRUS, 1961—1963, vol. 19, South Asia, Washington D. C: U. S. Government Printing Office, 1996, p. 414.

接受美国援印的现实。美印关系的加强给巴基斯坦人民带来了巨大伤害。因而巴基斯坦向中国发出了改善关系的信号，中国对此做出积极反应，加速了美巴的分离和中巴关系的改善。

其实，早在新中国之初，中巴就已建立外交关系，只是比较疏远和冷淡。因为中国对于新独立的前殖民地国家缺乏了解，受到苏联"两大阵营"的影响，中国一开始将这些国家归入西方阵营之内，视其为帝国主义走卒，而巴基斯坦是根据伊斯兰教义建立国家的，对一个刚从革命中诞生的新中国政权也没有多少了解。由于巴基斯坦不愿看到印度与中国形成密切的关系，而自己却被晾在一边，而且巴基斯坦认为中国将获得联合国常任理事国席位。所以巴基斯坦在印度承认新中国不久后也于1950年1月承认了中华人民共和国，但由于美巴关系密切，中巴正式建交还是拖了一年多。

1952年以后，中国对新独立的民族国家的态度有了重大的变化。中国逐渐认识到，这些国家有可能采取和平与中立的国际立场。从1954年起，谋求与亚非民族主义国家的和平共处成为中国对外政策中的重要方针。尽管中国强烈批评美国通过军事集团包围中国的图谋，而且巴基斯坦政府从这一年起追随美国利用投票程序反对新中国得到联合国席位。但是，中国看到巴基斯坦对外政策中的某些特殊性，所以并没有向巴基斯坦提出外交抗议。1955年在万隆会议期间，中国总理周恩来与巴基斯坦总理穆罕默德·阿里·波格拉（Mohammed Ali Bogra）进行了两次会谈，波格拉强调，巴基斯坦加入东南亚条约组织不是反对中国，只是保护自己不受印度的侵略。巴基斯坦也不会参加美国发起的针对中国的战争。中国接受了巴基斯坦的这一解释。三天后周恩来在记者招待会上说：尽管我们原则上反对军事集团，但是中巴"达成了互相谅解"，"在集体和平与合作方面存在和谐一致的相互理解"。波格拉当场确认了这一点。①

1956年，中巴两国总理互访，但关系仍保持不太密切的状态。20世纪50年代末60年代初，中印关系急剧恶化，美苏双方为了自身的利益，竟相支持与扶持印度。巴基斯坦本来指望美国为其安全提供保障，但是这种局面使巴开始意识到，它依靠美国来取得对印度的力量平衡的想法已不容易实现了。美国奉行的是实用主义外交政策，是靠不住的。因此需要调整对大国的政策，于是采取措施改善与中国的关系。1959年10月，巴基斯坦政府提出了划分巴占克什米尔与中国边界的可能性。中国政府没有立即同意与巴基斯坦讨论边界问题。在中国的联合国席位问题上，巴基斯坦一直跟随美国的立场投票，在1959年加入了中央条约组织，并在很多国际场合采取反对的立场，指责中国。但是在1961年12月，巴基斯坦不顾美国的压力，在联合国大会对美国阻挠恢复中国在联合国的合法权利的提案投了弃权票，对要求恢复中国合法席位的提案投了赞成票。在西藏问题和中印边界问题上，它也采取了支持中国的立场。对巴基斯坦政府的友好表示，中国做出了积极反应，并采取相应的措施改善和发展两国关系。1962年5月，中国和巴基斯坦政府宣布，两国同意将就边界问题进行谈判。同一个月，巴基斯坦总统阿尤布·汗召开了一次高层次内阁会议，军队与政府官员参加了这次会议，会议对巴基斯坦的对外政策进行全面的回顾。不久后召开的国民大会上，一些与会者也批评西方没有支持其在国际事务上的立场，还有人提出应当与中国和平共处。②

巴基斯坦之所以调整政策是因为尽管美国为其提供一些军事

---

① Nohn W. Garver, *Protracted Contest, Sino-Indian Rivalry in the Twentieth Century*, University of Washington Press, Seattle and London, 2001, p. 191.

② P. L. Bhola, *Pakistan-China Relations*, RBSA Publishers, S. M. S. Highway, Jaipur, 1986, pp. 82 – 90.

和经济援助,但是它并没有帮助它实现对外政策的主要目标——解决克什米尔争端,而且自中印关系恶化后,美国大规模援助印度,使巴基斯坦更加害怕,认为西方与印度关系的强化已危及巴基斯坦的安全。美国政府也认识到这一点,所以当印度在1962年向美国求援时,美国政府决定一面要求巴基斯坦做出保证:减轻对印度的军事压力,使印度能够集中全力应对中国,以此取得印度的好感和改善印巴关系,为以后的谈判奠定基础;一面针对巴基斯坦对美国援印的不满,保证不允许援助印武器用来攻击巴基斯坦,并承诺在克什米尔问题上对印度施加影响。10月27日,阿尤布·汗总统对美国大使说,巴基斯坦不会采取阻碍印度的行动,但是他不会接受对尼赫鲁做出书面保证的要求,因为这对印度改变军事局势毫无意义。巴基斯坦还指出:中国的行动不像要挑战印度的基本国家安全。① 就在阿尤布·汗向美国表示不满的同时,巴基斯坦国内反美情绪高涨,游行示威接连不断。对此负责南亚问题的美国国家安全委员会官员科默尔在11月17日告诉美国国务卿腊斯克,巴基斯坦的反应表明,"巴基斯坦正在考虑从东南亚条约组织及中央条约组织撤出,同时与共产党国家建立更亲密的关系。"②

  科默尔的判断非常正确。正当印巴就克什米尔问题展开正式谈判时,中巴双方于12月28日宣布,两国关于边界划分的谈判已经取得完全一致的意见。实际上双方从6月份已开始谈判,巴方加快谈判速度并要求在此时宣布这一消息是有重要原因的。巴基斯坦政府一方面感到美国已不足恃,需要争取中国对抗印度,另一方面也希望巴中友好促使美国加强对印度的压力,使它在克

---

① FRUS, 1961—1963, vol. 19, South Asia, Washington D. C: U. S. Government Printing Office, 1996, p. 353.
② FRUS, 1961—1963, vol. 19, South Asia, Washington D. C: U. S. Government Printing Office, 1996, pp. 398 - 399.

什米尔问题上妥协。① 巴方知道，为了得到西方援助，印度才不得不同意举行双边谈判，而刚刚蒙受军事失败的尼赫鲁此时不大可能接受巴方的条件，但是以中巴协议作为后盾，巴基斯坦在谈判中自然具有战略上的相对优势地位。如果印度拒绝接受巴方的条件，巴基斯坦不仅可以将谈判失败的原因归咎于印度，而且可以阻止美英两国向印度进一步提供军事援助。从中国方面看，中国也愿意早日签订中巴协议。否则，中国认为，在内外交困的压力下进行谈判，"印度把肥沃的克什米尔给巴基斯坦，转而抢夺我们贫瘠的不毛之地"的可能性也不能排除，早日结束谈判可以堵住印度利用巴基斯坦的路，② 所以巴中关系获得了迅速发展。1963年3月2日，巴基斯坦外长布托赴北京正式签署了《关于中国新疆和由巴基斯坦实际控制其防务的各个地区相接壤的边界协定》。在与周恩来和陈毅副总理兼外长的会谈中，布托说，由于巴基斯坦采取不介入反华的立场，东南亚条约组织已经失灵了，而且这种状况还将继续下去。他还说，巴格达条约组织也在起着类似的变化。③ 此后，巴基斯坦在台湾问题、西藏问题、中印边界以及禁止核试验等问题上全面支持中国的立场。对于中巴关系的进一步加强，加尔布雷思感触颇深，并在日记中写道："历史有时真能同人开玩笑。美国昔日坚定的反共盟友现在正和中国谈判，而这一切仅仅是出于对过去曾坚持中立主义的印度的不满。美国只能非常遗憾地看到自己的盟友受到了中国'蒙蔽'。"④

巴基斯坦与中国的亲近及其对印巴谈判的影响，使肯尼迪越

---

① Zulfikar Ali Bhutto, *The Myth of Independence*, London, 1969, p.60.
② 《前苏东国家新披露的有关1959—1962年中印关系的文献》，《党史研究资料》，1998年第8期，第28—29页。
③ Mohammed Ayub Khan, *Friends Not Masters*, London, 1967, pp.152-153.
④ John Kenneth Galbraith, *Ambassador's Journal: A Personal Account of the Kennedy Years*, New York, 1969, p.457.

来越对它失去耐心。早在1963年2月21日会议上，肯尼迪认为巴基斯坦深知克什米尔问题不能达成妥协，所以就把该问题作为要挟美国停止援印的筹码。随着谈判僵局的形成和巴基斯坦寸步不让，肯尼迪越来越坚信上述看法，但他不希望因巴基斯坦的反对就抛弃对印度的政策目标。在肯尼迪的推动下，援印的步伐显著加快。在1963年5月9日的美国国家安全委员会会议上，肯尼迪批准了冲突再次出现时加强印度空防及提供空中支持的计划。经过磋商，肯尼迪和麦克米伦在英国发表公报，宣布克什米尔谈判的破裂不可能阻止美英对印度的援助。

然而，肯尼迪的上述政策受到了内外强大的压力。作为对肯尼迪这次严重对印"倾斜"的反应，阿尤布·汗在1963年年中开始逐渐从与西方联盟中脱身。巴基斯坦顶住美国的压力，加快了《中巴航空运输协定》的谈判的进程。驻巴大使沃尔特·P.麦康瑙（Walter P. McConnaughy）在6月22日警告说，阿尤布·汗已认定不能在美国这一棵树上吊死。对美国来说，"事情还有救之前时间已经不多了"。国防部长及情报部门官员要求肯尼迪慎重行事，他们认为巴基斯坦仍然具有很大价值，特别是在巴基斯坦的情报监听站仍然是美国一个重要的情报源。腊斯克警告说，过分偏向印度最终将走向愿望的反面。[①] 在军方、情报局和国务院的压力下，肯尼迪从7月起试图恢复此前在印巴之间的平衡政策。为修补已经恶化的关系，肯尼迪一面遣使出访巴基斯坦，一面试图劝说尼赫鲁重开克什米尔问题的谈判。于是肯尼迪1963年8月底9月初派遣哈里曼、副国务卿乔治·鲍尔前往巴基斯坦，试图扭转美巴关系进一步恶化的趋势，保持美国在白沙瓦的军事和情报基地；并确保次大陆安全与稳定，寻求巴基斯坦对

---

① FRUS, 1961—1963, vol. 19, South Asia, Washington D. C: U. S. Government Printing Office, 1996, pp. 611-612.

美国在南亚封锁包围中国战略的理解和支持①。哈里曼直截了当地告诉阿尤布·汗:"巴基斯坦不可能抵御强大的印度。中国不会支持它,支持巴基斯坦的唯一源泉是美国。"②

9月3—5日,鲍尔与阿尤布·汗会谈,双方都反复强调了对方早已耳熟能详的立场。鲍尔解释说,西方对印度的军事援助已成为美国遏制共产主义全球战略的关键部分,此举并不针对巴基斯坦,巴基斯坦完全可以相信在受到印度和其他国家攻击时美国对其的许诺。鲍尔同时称,美国对目前美巴关系现状很不满意,他警告巴方领导人,如果再进一步靠拢中国有可能使美巴同盟归于无效。阿尤布·汗不为所动,坚持发展与中国的关系。他认为,自然条件的限制及中国军事目标的有限性决定了中印之间的冲突只能是短期和小规模的,美国援印的武器大大超过了它的基本需要。而且,在获得了美国大量的经济援助后,印度就可以把原用作经济发展的资源投入到军事扩张之中。所以,美国对印度的军事和经济援助只能危及巴基斯坦的安全。他坚决要求停止这种援助,并强调说,巴中关系的正常化只是为了平衡美国大规模援印对巴基斯坦所构成的严重威胁。如果美国把巴基斯坦逼到墙角,那它就不得不从两个军事组织中退出转而寻求与中苏更为密切的关系。③ 此外,阿尤布·汗对美国的屡次保证也深表怀疑。他后来写道:"自那时起(即1962年10月下旬肯尼迪违背在援印前与巴基斯坦磋商的承诺时),我们越来越认识到,一旦遭到

---

① Instructions for Mr Ball's mission, Rusk to the Embassy in Pakistan, july 7, 1963, Box123, President's Office Files, Kennedy Library.
② FRUS, 1961—1963, vol. 19, South Asia, Washington D. C: U. S. Government Printing Office, 1996, p. 631.
③ FRUS, 1961—1963, vol. 19, South Asia, Washington D. C: U. S. Government Printing Office, 1996, pp. 661 – 668.

印度侵略，美国十有八九是不会承诺援助巴基斯坦的。"① 从鲍尔的角度看，美国根本没有在会谈中取得多少实质性成就，美国对此十分失望。1962年开始，巴基斯坦积极支持中国在联合国安理会的代表权，这些举措使美国深感不安。② 鲍尔刚回到华盛顿就获悉阿尤布·汗决定邀请周恩来访问巴基斯坦，而此前双方已签署一系列贸易、航空、边界、文化交流协定，特别值得一提的是1963年8月，巴基斯坦不顾美、英、印、日等国的反对和刁难，与中国正式签订《中巴航空运输协定》。1964年4月底，两国开通了这条航线，这条航空线的开通是中国当时的主要的对外空中通道。肯尼迪政府官员相信，巴基斯坦决定同中国关系正常化是巴方外交政策的核心部分，也很有可能是其不可逆转的外交选择。③ 为证实这一点，1963年12月2日，美国新任总统约翰逊与巴基斯坦外长布托会谈时向其施加压力说："据信，中共领导人有可能访问巴基斯坦，如果巴中关系强化，将在美国公共领域引发严重的问题。"④ 不久后的1964年2月，周恩来如期抵达巴基斯坦，美国的担忧得到证实。

1964年2月，布托访问印尼时公开声明，美国向印度提供军事支持"揭示了现实与美巴已建立起特殊关系的设想之间实际上还存在不可调和的矛盾"⑤。由于巴基斯坦的反对已使《东南亚条约》基本上失去了效力。与此同时，中国也采取了更明确的态度支持巴基斯坦，对巴基斯坦积极改善巴中关系做出回应，特别邀

---

① Mohammed Ayub Khan, *Friends Not Masters*, London, 1967, p.153.

② Ayub to Kennedy, July 26, 1962, Box123, President's Office Files, Kennedy library.

③ CIA Special Rebort, "Pakistan's Foreign Policy under ayub and Bhutto," April 16, 1965, Box151, National Security Files, Lyndon B. Johnson Library.

④ FRUS, 1961—1963, vol.19, South Asia, Washington D.C: U.S. Government Printing Office, 1996, p.694.

⑤ Zulfikar Ali Bhutto, *The Myth of Independence*, London, 1969, p.105.

请巴总统访问中国。1965年3月，阿尤布·汗访问中国，标志着两国关系进入新的发展阶段。1965年第二次印巴战争期间，中国向印度发出最后通牒，有力地维持了南亚力量平衡和巴基斯坦的独立与安全。可以说，巴基斯坦向中国靠拢是美国最不愿意看到而又必须面对的现实，是美国南亚安全政策的一大败笔。

三、美印关系的疏离及印巴和谈的破灭

20世纪50年代末60年代初，美国就企图利用这黄金时机来达到大大加强美印关系，使之放弃中立主义政策，加入到西方阵营，并能够促使印巴和谈，共同联合遏制中国，同时防止巴基斯坦倒向中国的战略企图。可是由于中国的政策排除了印美结盟的可能，巴基斯坦也由于美国经济、军事援助印度逐渐疏离美国并倒向其遏止对手中国。那么美印关系呢？诚然，战争期间的美印关系是建国以来发展最好的时期，但是由于美国为印巴和解解决克什米尔争端，利用各种机会向印施压，而且拖延军援使印度非常不满，逐渐向苏联靠拢并建立牢固的军事联系。

60年代后，印度向美国求援，美国政府立即做出积极响应，向印度提供大规模经济、军事援助。对此，巴基斯坦非常不满，加快与中国改善关系的进程，严重影响了美国在巴基斯坦的利益。而美国政府又不愿因援助印度而恶化美巴关系，使巴基斯坦倒向中国，因而决定谨慎地在印巴间保持平衡。1962年11月中旬，美国政府双管齐下：一方面继续迅速向印度提供适当的军事援助；另一方面，利用军援向尼赫鲁施压，使之重开克什米尔谈判的大门，以最终打破争端僵局，并再次保证援印武器仅用于反对中国，减轻巴基斯坦的恐惧，避免其倒向中国。为完成上述任务，肯尼迪决定派遣元老级外交家、负责远东事务的助理国务卿艾夫里尔·哈里曼率领的政治—军事代表团赶赴次大陆，"要他

们提出确切的报告,在不把巴基斯坦赶入赤色中国的情况下,如何最大限度地发挥作用"。① 由于美国担心风头太健会把苏联从印度推到中国一边,于是,肯尼迪坚持由英国打头阵。经过磋商,英国决定派出由英联邦关系部大臣邓肯·桑兹(Duncan Sundys)率领的代表团与美国人一道工作。临行前,肯尼迪指示哈里曼在评估印度的军事需求时,要就重开克什米尔谈判向尼赫鲁施压,使阿尤布·汗相信与美印合作将能最好地服务于巴基斯坦的国家利益。② 11月22日,哈里曼抵达印度后,立即与尼赫鲁进行会谈,表达了美英长期援印的意愿。25日和28日,哈里曼与尼赫鲁又进行了两次会谈。哈里曼说,由于巴基斯坦对印美关系的加强非常不满而逐渐向中国靠拢,这为共产主义的"入侵"提供了方便,为了有效地防卫次大陆和确立南亚地区的稳定,印度需要与巴基斯坦重开关于克什米尔的谈判。由于印度在中印边界中失败使他们倍感耻辱,因而一开始尼赫鲁不愿谈判,但是为了获得美国的军事援助,尼赫鲁勉强同意与阿尤布·汗开始没有任何先决条件的对话,但他要求巴基斯坦对印度做出友好的姿态。③ 在获得尼赫鲁的允诺后,哈里曼和桑兹立即赶赴巴基斯坦与阿尤布·汗进行会谈,以减除他对美印新关系的怀疑。阿尤布·汗称他非常理解美国有限援印的必要性并且愿意加强巴美关系。但他又强调说,国内的压力要求他在克什米尔问题上有所作为,美国完全有能力帮他实现上述目标。在美英的联合压力之下,11月29

---

① [美]西奥多·索伦森著,复旦大学世界经济研究所译:《肯尼迪》,上海译文出版社,1981年版,第502—503页。

② 12月17日,美国公开承诺:"美利坚合众国政府向巴基斯坦政府保证,如果我们的对印援助被错误地用于直接进攻另一个国家,美国将根据宪法赋予之权力,在联合国内外采取一切适当的行动挫败该侵略。"FRUS, 1961—1963, vol. 19, South Asia, Washington D. C: U. S. Government Printing Office, 1996, pp. 387 – 396.

③ FRUS, 1961—1963, vol. 19, South Asia, Washington D. C: U. S. Government Printing Office, 1996, pp. 414 – 417.

日，印巴签署联合声明，同意努力解决两国在克什米尔以及其他问题上的分歧。①

但面对强大的国内压力，尼赫鲁在签署联合声明的第二天，便在人民院发表演说，对未来的谈判做出种种保留，告诉议员他并未在克什米尔问题上做任何让步。这就证实了阿尤布·汗对尼赫鲁谈判意图的怀疑。邓肯·桑兹立即从巴基斯坦赶回印度再次向尼赫鲁施压。12月1日，尼赫鲁只好声明没有给谈判设置任何先决条件。②

美国对此非常满意，决定趁热打铁，在12月20日的拿骚会议上，美国和英联邦国家各自向印度提供6000万美元的军事援助，不过防空援助问题暂时搁置，以敦促印度解决克什米尔问题。12月22日，肯尼迪一面致信阿尤布·汗，强调援印武器是为对付印巴两国的共产党"侵略"，所以不能受制于克什米尔问题；一面又指示加尔布雷思告诉尼赫鲁："无论愿意与否，我们都不能逃脱那个与我们军事援助密切相关的克什米尔问题。因此，在克什米尔问题没有取得进展的情况下，美国很难进一步扩大援助。"③ 也就是说，印度只有满足了有关条件之后，西方才会为它付出巨大的代价。

由于印巴固有的矛盾、分歧及巴基斯坦与中国的接近，印巴两国在经过三轮谈判后，在划定边境问题上仍然毫无进展，美国政府虽然不快，但依然没有放弃努力，打算利用美国所有的影响力在下一轮谈判开始之前强化介入力度，向他们提出克什米尔国

---

① FRUS, 1961—1963, vol. 19, South Asia, Washington D. C: U. S. Government Printing Office, 1996, pp. 419 – 421.

② Mohammed Ayub Khan, *Friends Not Masters*, London, 1967, p. 149.

③ FRUS, 1961—1963, vol. 19, South Asia, Washington D. C: U. S. Government Printing Office, 1996, pp. 458 – 460.

第一章 20世纪50年代末60年代初美国南亚政策的调整及失败

际化自治等选择方案①，以争取问题的解决。然而，印巴两国日益增长的敌对情绪，双方都不愿意在自己认为的原则问题上让步，再加上印度对中巴关系改善的恐惧，最后印巴发表公报，宣告会谈失败。加尔布雷思垂头伤气地哀叹说："当一切结束时我们又回到了起点。"②

巴基斯坦与中国的亲近及其对印巴和谈的影响，使美国政府极为愤怒，肯尼迪没有因为巴基斯坦的反对而停止援印，这样美巴关系更加恶化。巴基斯坦也加快了与中国改善关系的进程，从而威胁到美国的战略利益，因而在国内外压力之下，为修补美巴关系，肯尼迪一面遣使出访巴基斯坦，一面试图劝说尼赫鲁重开克什米尔问题的谈判。总之，结果令美国很失望，那么印度状况怎么样呢？1963年8月16日，新任驻印大使切斯特·鲍尔斯向他的老朋友尼赫鲁奉上肯尼迪的一封信。肯尼迪承诺继续与印度讨论军事援印五年计划，同时要求尼赫鲁重开印巴克什米尔问题的谈判。肯尼迪的步步施压使印度领导人有一种替别人火中取栗的感觉，对美国的援助动机产生了很大的怀疑。尼赫鲁内心并不愿根本舍弃中立主义外衣，而且美国总是利用军事援助，迫使其在克什米尔问题上与巴基斯坦和解，这是印度国内政治所不允许的。所以，在27日的回信中，尼赫鲁在对美国紧急军事援助表示感谢后断然拒绝了肯尼迪的建议。他生气地质问，为什么美国总是企图把印度对中国的困难处境作为杠杆，来逼迫印度在克什米尔问题上做出让步？巴基斯坦曾公开支持中国，巴基斯坦外长布托还多次倡议中巴签署相互防御协定，这已危及到印巴关系，印度国内反巴情绪十分高涨，而此时美国却逼印度妥协，那是印度

---

① FRUS, 1961—1963, vol. 19, South Asia, Washington D. C: U. S. Government Printing Office, 1996, pp. 508-509.

② John Kenneth Galbraith, *Ambassador's Journal: A Personal Account of the Kennedy Years*, New York, 1969, p. 509.

人民和国会不可能接受的,任何一个总理这样做,就会被赶下台。与此同时,尼赫鲁在人民院的演说中强调,克什米尔现状的任何改变对克什米尔人民、对印巴两国都将是一场灾难。①巴基斯坦的立场实际上排除了谈判解决的任何可能,表明美国政府努力促成的克什米尔谈判最后失败。

由于挫败感,此后肯尼迪没有在南亚问题采取较大的举措。鲍尔斯自在印度上任起就致力于为期五年的军援协议谈判。1963年10月底,美印达成临时协议。美方承诺,在五年中美国每年向印度提供7500万美元的援助。肯尼迪在得到国务卿腊斯克和国防部长麦克纳马拉的支持后,拟订在1963年11月26日召开国家安全会议最终决定这一事情。然而,不幸的是,在拟议中的会议召开的前四天,肯尼迪遇刺身亡。这意味着不仅拟好的协定要延期,而且需要根据新总统的观点对印度的防务需要进行重新评估。约翰逊继任总统后,派参谋长联席会议主席马克斯韦尔·泰勒（Maxwell Taylor）将军前往印度对其防务需要进行重新评估。当泰勒的考察和评估报告出来后,美国政府并未对印度的防务需要立即做出反应。这主要是两方面的原因:一方面,美方仍然考虑到巴基斯坦的重要性和美国在白沙瓦的军事基地,美国政府对巴基斯坦的敌对反应感到忧虑,因而在对印防务需要上很难采取任何有意义的举措。同时,来自国务院、国防部和国会的"巴基斯坦游说团"连续不断的压力,也迫使新政府在对印度长期防御计划的实际承诺上延迟。另一方面,当时许多分析家认为,印度还不足以使美国去认真对待,并且印度无论如何又是需要依赖别国帮助的,除了倾向美国外,它无处可去。因此美国根本没有意识到延迟对印度的防务需要做出反应会带来什么后果,更没有预

---

① FRUS, 1961—1963, vol.19, South Asia, Washington D. C: U. S. Government Printing Office, 1996, p. 663.

料到印度会在不久之后突然转向苏联求助。直到1964年5月，美国政府的对印军事援助计划才姗姗出台，但在原定5月28日白宫会议做出最后决定的前一天，尼赫鲁总理又逝世。美国国防部和国务院立即建议将此事搁延，直到有机会时再予解决。到此时，印度政府在对美国的援助决定焦急地等待了18个月之后终于幻想破灭，因而感到非常失望。于是1964年8月印度向苏联求助，并在两周后从苏联得到了它想从美国所得到的一切。此前，印度向苏联的军援请求屡次因美国反对而受挫。此后，苏联与印度开始建立牢固的联系。无论对印度还是对苏联，这都是一个重大的突破。[①] 这是美国决策者始料未及的。

印度对美国提出的大规模、长时期的军援请求，最终因自己的突然转向而戏剧般地结束了，也结束了美国对印度所提出的大规模、长时期的军援请求做出反应的曲折历程。虽然此后美国仍然向印度提供适度的军事援助直到1965年印巴第二次战争爆发才取消，但美印关系已大不如之前时期。这表明美国在20世纪60年代后所改善的美印关系是短暂的，也宣告了其南亚战略企图的又一失败。

四、"以印制华"的流产

中印关系恶化后，美国向印度提供大量的经济、军事援助，其中一个很重要的原因就是希望能够达到"以印制华"的目的。这在肯尼迪政府决策者心中表现得尤其明显。

"以印制华"的策略在一定程度上是19世纪英国外交实践和马汉海权学说及麦金德地缘政治学说的继承和发展。从意识形态

---

① ［美］切斯特·鲍尔斯：《鲍尔斯回忆录》，上海人民出版社，1974年版，第244页。

角度看，肯尼迪"以印制华"思想是东西方冷战的必然产物。他在1959年曾说过：印度和中国在经济和政治上为争夺东方的领导权、争取全亚洲的尊敬而进行的斗争将决定亚洲的未来；美国希望印度在同中国的这场博弈中能够获胜，否则世界政治经济发展的力量对比就会变得对美国不利。① 肯尼迪掌权以来，美国的亚洲政策实际上是建立在堡垒基础之上：一个高度工业化的日本和一个巨大发达的南亚地区，尤其是印度。其对华新战略的重要特征之一就是利用亚洲国家，特别是印度和日本的合作来遏制中国，从而构筑一条从日本到印度洋半岛的对华弧形包围遏制圈。此外，肯尼迪还希望印度能够继续保持成为除西方之外"世界最大的民主国家"。如果民主秩序能够在一个发达的印度保存下来，它将成为所有非洲和亚洲国家的榜样②。可见，印度在肯尼迪的亚洲甚至全球冷战政策中占有相当重要的地位。

肯尼迪在言论中多次强调印度对美国至关重要。他曾说过："美国应当集中致力于建立一个强大的日本和印度，并推进广泛的东南亚联盟来反对共产主义入侵。外交承认并非美国对华政策的症结所在，关键的问题是我们应该对一个强大的中国采取何种政策。眼下的危险局势只能通过强大、成功的印度和日本才能得到修正、改观。"③ 不仅如此，而且肯尼迪在行动上也向印度"倾斜"，在他的新政府内，有一大批对印友好人士占据外交领域的重要岗位。另外肯尼迪还认为：艾森豪威尔从1954年承诺向巴基斯坦提供军事援助起，就犯下了战略性地缘政治失误；共和党不把美印友谊作为地区稳定的关键，相反却削弱印度武装它的主要

---

① [美]阿瑟·施莱辛格著，仲宜译：《一千天——约翰·菲·肯尼迪在白宫》，三联书店，1981年版，第402页。

② American News and World Report, July 16, 1962.

③ UPI Report in New York herald Tribune (European Edition), September 23, 1960.

第一章 20世纪50年代末60年代初美国南亚政策的调整及失败

对手，其南亚政策不可避免地产生了巨大消极作用。他决定执行一项新的南亚政策，更优先关注印度，摆脱由于美巴同盟而在美印关系上受到的限制，但并没有打算解除美巴同盟[①]。肯尼迪非常清楚，尽管美国是世界头号超级大国，但50年代的几次经济危机后美国国力已大不如从前；此外，欧洲、东南亚、拉丁美洲尚存许多紧要事情需要处理。他认为，"除美国直接对华遏制以外，另一控制中国向外扩张压力的长期希望，在于发展出仅仅依靠美国军事力量的亚洲权力平衡机制，而这只能由印度、巴基斯坦和日本来提供。"[②] 为使印度外交朝有利于遏制中国的方向转变。肯尼迪多次致信给尼赫鲁，在满足尼赫鲁大国领导人虚荣心的同时，肯尼迪也向他暗示：印度应归属"自由世界"，美印在遏制中国问题上存在共同利益。

尼赫鲁非常清楚肯尼迪更加亲印，更加倚重印度来遏制中国，为了有效利用这种政策，他投肯尼迪之所好，不遗余力地在各种场合下鼓噪"中国威胁"。1961年3月23日，尼赫鲁对到访的哈里曼说：他深信赫鲁晓夫并不想要战争，要不是中国阻挠，他早就想缓和紧张局势了。[③] 尼赫鲁的鼓噪为印度赢得了更多的支持和援助。

中印边界争端的发生，肯尼迪等人都认为这是一个具有分水岭意义的事件，如果美国处理得当，将最终能把印度争取到美国为首的西方阵营中来，从而完成美国对华遏制的外交政策目标。所以尽管处理古巴导弹危机占去了其大部分时间和精力，但这丝

[①] Scope Paper for Ayub Khan visit, July 1961, Box123, President's office Files, Kennedy Library.

[②] FRUS, 1961—1963, vol. 19, South Asia, Washington D. C：U. S. Government Printing Office, 1996, p. 83.

[③] FRUS, 1961—1963, vol. 19, South Asia, Washington D. C：U. S. Government Printing Office, 1996, p. 31.

毫没有削弱肯尼迪在南亚构筑对华遏制包围圈的兴起和努力，因而当尼赫鲁向西方求助时，美国立即做出响应。10月28日，肯尼迪在给尼赫鲁的一封私人信件开门见山地指出："我对你表示同情，愿意为你提供帮助。"① 不久，美国向印度空运了大规模援助物资，而且肯尼迪等人还在进一步讨论美印长期军事援助协议的可能性。美国官员认为，印度与中国的边界争端以及它对美国经济援助的持续依赖，已经使其别无选择地走上了与西方加强联系的道路。

然而，就在肯尼迪政府官员憧憬着"以印制华"，在南亚构筑对华遏制包围圈即将实现的时候，中国的政策在一定程度上排除了印度倒向西方的可能，同时巴基斯坦在克什米尔问题上同印度矛盾依旧，印度出于战略考虑逐步改善了与中国的关系。这也使得美国梦想中的对华南亚包围圈不攻自破。

印巴和解是美国在南亚构筑对华遏制包围圈的前提。中国在及时宣布停战防止印度倒向西方的同时，敏锐地观察到，美巴虽为盟国，但就结盟动机而言，两国是南辕北辙。美国致力于遏制共产主义，而巴基斯坦是借遏制共产主义之名，行制衡印度之实。这样的结盟动机决定了巴基斯坦不可能为美国的冷战利益而牺牲国家安全。1963年3月2日，中巴签署边界协定加强了巴基斯坦抗拒美国的决心。此外，中国军事行动的有限性和短期性也打消了巴基斯坦的顾虑，使之能够借此向美施压，在"以印制华"政策上不能完全放开手脚，巧妙地分化了肯尼迪苦心构思的美印巴联盟，避免了在西南边境受到全面封锁和遏制。印巴矛盾根深蒂固，肯尼迪重印轻巴的思想造成其在南亚政策的结果不可避免地走向与其政策初衷相反的对立面。

---

① Kennedy to Nehru, October 28, 1962, Box 118, President's Office Files, Kennedy Library.

肯尼迪遇刺后，副国务卿乔治·鲍尔给新总统的备忘录中，一方面对南亚政策并没多少成效而流露出某种失望心理，另一方面，他暗示约翰逊，此项对华政策并没有多大的成功把握。约翰逊继任后把主要精力转移到东南亚，对把南亚作为遏制中国重点地区的政策并没有很强兴趣。美印关系冷淡下来，特别是肯尼迪生前支持为期五年的对印内部军援计划"胎死腹中"，这使得对美国越来越失望的印度转而向苏联靠拢。美国在中印边界冲突后的希望和努力的结果却是印巴分别对苏联和中国示好，这证明了肯尼迪政府的南亚政策的彻底失败。

第四节 美国南亚政策失败的原因

战后，美国南亚政策是在美苏冷战的大环境下，为遏制共产主义"扩张"而推行的对印、对巴政策。它服务于对社会主义阵营的冷战宗旨，以企图独自操纵印巴均势及努力化解印巴矛盾为手段。不过随着国际形势的变化、政府权力的更替也进行相应的调整。20世纪50年代末60年代初后，美国一改以前的"重巴轻印"政策，采取"近印远巴"政策，向印度提供大规模的经济、军事援助，试图改变印度的中立主义政策，使其加入到西方集团中来，同时力促印巴和解，希望在南亚构筑美印巴同盟遏制中国的包围圈，并防止苏联南下，然而其南亚政策实施的结果却大出美国意料。美国的战略企图和努力都未实现，结果印巴两国尤其是巴基斯坦向冷战对手靠拢，宣告了美国南亚政策的完全失败，为什么会出现这种结果呢？笔者认为主要有印巴矛盾、美国自身以及英苏等因素，下面将分别加以阐述。

一、印巴矛盾根深蒂固

1959年后,美国极力想敦促印巴和解,稳定南亚局势,建立美印巴联盟,从而在南亚构筑对华包围圈。为此,美国斡旋于印巴之间,向印巴施压,但是印巴两国首脑会谈六次,却无果而终,一个主要原因是印巴矛盾根深蒂固,难以化解。印度是一个有着古老悠久历史文化的国家,然而在历史上却也是一个多灾多难的国家。可以说从孔雀王朝(公元前323—前187年)以后,印度先后遭到希腊人、塞种人、匈奴人、信仰伊斯兰教的突厥阿富汗人和莫卧儿人的入侵与统治,在近代又遭到欧洲列强的侵略和掠夺。

公元8世纪以后,伊斯兰教随着阿拉伯人、阿富汗人和莫卧儿人的入侵而传入印度,而自从穆斯林以"剑与火"征服印度之日起,印度教徒与穆斯林教徒之间的矛盾和冲突就没有停止过。印度教徒作为原居民在印度占大多数,他们与外来的伊斯兰教在信仰、仪礼、习俗等方面存在重大差异和矛盾,再加上伊斯兰教统治阶级为了巩固自身的地位而强行推行伊斯兰教,对不信仰伊斯兰教的人课以重税,摧毁印度教庙宇和神像,屠杀印度教徒等,在印度教徒心灵上留下了深深的伤痕,使得印度教徒与穆斯林之间从一开始就埋下了仇怨的种子。公元11世纪,特别是13世纪德里苏丹国建立以后,印度次大陆信奉伊斯兰教的民族在印度拥有越来越大的发言权。他们一手拿着《古兰经》,一手拿着宝剑,让被征服者(印度教徒、佛教徒和耆那教徒等)在其所信仰的印度本土宗教(印度教、佛教和耆那教等)和伊斯兰教之间进行选择,并对不皈依伊斯兰教者进行暴力惩罚。莫卧儿王朝时期(公元1526—1858年)虽然有几个英明的王朝统治者实行宗教宽容政策,但是好景不长,印度教和伊斯兰教这两大宗教的信徒几乎长期处于敌对状态。

欧洲殖民者的入侵,特别是18世纪以后英国的殖民统治给印度人民带来了沉重的灾难,为了民族的利益,印度教和伊斯兰教的信徒逐渐联合,特别是在1857年的印度民族大起义中,两大宗教的信徒联合起来共同反对英国殖民者,沉重打击了英国的殖民统治。这次起义被镇压之后,英国人对印度教徒和穆斯林联合起来共同抗击仍心有余悸。他们认识到只有离间印度教徒与穆斯林的关系,使两者处于分裂状态,才能维护自身的统治。从那时起,英国人便公开宣传对印度采取"分而治之"①的政策,19世纪末20世纪初,印度民族主义高涨,英国人为了阻止印度民族运动的发展,精心策划各种阴谋(如拉拢穆斯林上层,增加穆斯林在地方政府的名额,分割孟加拉等)挑拨印度教徒与穆斯林之间的关系,刻意渲染他们之间的差别,鼓励他们在各方面相互竞争,制造各种矛盾,将"分而治之"的政策运用到极致,结果使曾一度并肩作战的印度教徒和穆斯林之间的误解不断加深,最后发展到兵戎相见的地步。事实上,1893年在孟买、1907年在东孟加拉发生的大规模流血冲突就是英国殖民当局的离间计所致。不过,"分而治之"的政策未能阻挡印度民族解放运动的潮流,穆斯林联盟和国大党在民族解放的道路上站在了一起。1906年和1913年国大党和穆斯林联盟相继通过了要求自治的决议,1916年12月同时在勒克瑙(Lucknow)召开年会并缔结了勒克瑙公约,规定两党为印度争取自治地位而共同奋斗。在20世纪20年代后期,以莫汉达斯·卡·甘地(Mohandas K. Gandi)为首的国大党发动了声势浩大的非暴力不合作反英运动,甘地由此成为印度民族解放运动的象征。国大党在印度各阶层各种族的地位也空前提高。20世纪30年代,由于国大党大印度民族主义恶性膨胀,穆

---

① 林承节:《印度近现代史》,北京大学出版社,1995年版,第209页。

斯林联盟（1906年12月成立）与当时的国大党的关系急剧恶化，最终分道扬镳。1937年，在英印当局操纵的立法会议选举中，国大党获绝对优势，而穆斯林联盟则是惨败，这使得国大党的大印度民族主义情绪急剧膨胀，他们声称国大党有资格代表全印度人民，企图否认穆斯林联盟的政治地位，穆斯林联盟领袖穆罕墨德·阿里·真纳（Mohammed Ali Jinnah）关于穆斯林联盟是印度穆斯林唯一有权威、有代表性政治组织的要求被断然拒绝。由于印度教徒在数量、政治、经济诸方面的优势，真纳等穆斯林联盟领袖都认为穆斯林将沦为少数民族，在统一的印度国家中绝不会得到与印度教徒平等的地位。他们担心，穆斯林只有把自己的民族个体融入印度民族混合体中，放弃自己的特性，从而永远承认自己的少数派地位，才能作为一个统一民族的公民生存下去。真纳认为，选举暴露了穆斯林联盟此前政策的缺陷，如果继续与国大党合作，穆斯林联盟就有被吞噬的危险，只有彻底地改弦更张、独树一帜，坚决要求分治，才能吸引和团结大部分穆斯林群众，从而复兴和壮大穆斯林联盟。1940年，真纳撰文明确而完整地提出了指导巴基斯坦运动的"两个国家"的理论。他认为，穆斯林和印度教徒有完全不同的信仰和社会生活方式，分属"两个不同的民族"［这一表述最早由阿赫默德·汗·赛义德于（Mohammed khan Said）1867年提出的］[①]；两者差异甚大，甚至于许多方面是对立的，穆斯林和印度教徒在一个国家内和睦相处是根本不可能的。真纳还强调，穆斯林既然是一个单独的民族，就理应有"自己的家园、自己的领土和国家"[②]。该年3月，全印穆斯林联盟在拉哈尔年会上正式通过了"建立巴基斯坦的决议"。后

---

① 姜景奎：《印度印穆斯宗教冲突的历史文化因素浅析》，载《当代亚太》，2003年8期。
② 朱明忠：《宗教冲突是影响南亚安全的重要因素》，载《当代亚太》，2002年2期。

第一章　20世纪50年代末60年代初美国南亚政策的调整及失败

来这种"两个民族、两个宗教、两个国家"的理论就成为穆斯林联盟坚持要求与印度分治的基本理论和指导思想。至此，穆斯林联盟所主张的穆斯林与印度教徒联合斗争、共同争取民族独立的政策宣告结束，真纳代表的穆斯林联盟和甘地、尼赫鲁代表的国大党终于分道扬镳。在新纲领的指导下，穆斯林联盟在穆斯林中的影响迅速扩大。

国大党坚决否定穆斯林联盟的拉哈尔决议和赖以立国的"两个民族理论"，甘地反对肢解印度并把它的躯体分成两部分，他认为穆斯林和印度教徒不是两个而是一个民族。尼赫鲁也认为民族与宗教是两个完全不同的概念，在印度无论是印度教徒还是穆斯林同属一个民族，他们仅有宗教信仰的差异，没有民族差异，因而反对穆斯林以宗教为由单独建国，而真纳则宣称巴基斯坦的原则是"穆斯林是一个民族"。从此，穆斯林联盟与国大党在分离的道路上越走越远，矛盾也越积越深。最后在穆斯林的坚决压迫求下，为了避免全面内战和从英国殖民统治下获得独立，国大党不得不接受分治的痛苦现实。但是由于分治留下了战后印巴冲突的根源——克什米尔问题。

克什米尔的全称为"查谟和克什米尔"，位于南亚次大陆的最北端，处于印度、巴基斯坦、塔吉克斯坦、阿富汗和中国之间，总面积为21万多平方千米，战略位置十分重要。克什米尔原是英属印度的一个土邦，拥有相对独立性。该地区总人口近700万，其中穆斯林占77%，印度教徒占20%，其余人口为佛教或其他宗教的信奉者。[①] 印巴分治时，克什米尔的归属未定，身为印度教徒的克什米尔土邦首领愿意让克什米尔加入印度，但是占居民绝大多数的穆斯林却想加入巴基斯坦。在英国的策划下，印巴

[①] 张德福：《克什米尔问题是制约印巴关系的核心》，载《南亚研究》，1996年1期。

双方签署了《维持克什米尔现状的协议》。该协议为日后印巴冲突埋下了隐患。原因有二：一是印巴都想争夺这个具有重要战略价值的地方。克什米尔是印度通往中亚、中国的交通要道。没有克什米尔，印度就很难在中亚舞台上发挥作用，而克什米尔距巴基斯坦首都伊斯兰堡只有咫尺之遥，在经济上也与巴基斯坦有密切的联系，巴基斯坦同样希望控制克什米尔。二是国大党对巴基斯坦的分离本来就耿耿于怀，国大党再也忍受不了其他领土划并巴基斯坦，而且由于印巴是根据宗教信仰不同而各自建国的，在克什米尔问题上，如果巴基斯坦承认了穆斯林占大多数的克什米尔是印度的领土，就等于否定了自己赖以立国的根本原则；而印度如果把克什米尔划归巴基斯坦，则等于认同了"两个民族"的理论，担心这会在多民族、多宗教的印度打开"潘多拉盒子"，导致印度的"巴尔干化"。[①] 而克什米尔问题不仅仅是领土争端、宗教冲突问题，它还与民族认同、民族独立等问题密切地联系在一起。印巴立国理论的不同使双方对克什米尔的争夺又被赋予了捍卫各自信仰的意义。对印巴两国而言，争夺克什米尔不仅仅是为了得到一块领土，还意味着坚持一种原则和信念，这使得双方在克什米尔问题上的态度高度僵硬矛盾无法调和，并由此导致了1947年的第一次印巴战争。战争进行了14个月，1949年1月1日在联合国的调停下双方宣布停火。结果，印度控制了克什米尔2/3的面积和3/4的人口，巴基斯坦控制其余部分。但是在印控克什米尔地区，穆斯林人口仍然占多数。这使得第一次印巴战争不但没有解决克什米尔争端，而且使以印度与穆斯林之间的矛盾更加激化。

正是由于印巴矛盾根深蒂固，致使美国为敦促印巴和解在南亚构筑美印巴联盟，共同遏制中国，防止苏联南下而举行的印巴

---

① 马加力：《印巴关系缘何缓和》，载《求是》，2003年13期。

六次会谈最后以失败而告终。美国用尽全力向印巴施压，最终却落得美印关系的疏离和中巴关系的改善，这正是美国对印巴两国间敌对矛盾没有清醒的认识，而自己对解决印巴矛盾的能力过于自信和乐观的结果。

二、美国南亚政策的缺陷

20世纪50年代末60年代初，在国际政治局势显著变化的同时，南亚的形势也日趋复杂化。由于民族、政治、宗教的隔阂，再加上围绕克什米尔的领土争端，在中印关系、中苏关系恶化的情况下，苏印逐渐亲近，为避免印度疏离美国和向苏联靠拢，美国开始加大了对印度经济援助力度，而巴基斯坦解决克什米尔争端的欲望也随之上升。所有这些使南亚形势进一步复杂化。然而，当形势越来越难以把握的时候，在冷战需求的刺激下，对南亚问题和印巴两国政策更少了解的肯尼迪及其助手们却为自己制定了更高的目标，如果说年迈的艾森豪威尔因深谙南亚形势和更加审慎而知难而退的话，年轻的肯尼迪上台伊始可谓雄心勃勃干劲冲天。他重新负起了杜鲁门1949年未尽的任务，企图利用中印矛盾把印度拉入西方冷战阵营，解决印巴两国的长期敌对，以达到印巴联合起来共同遏制共产主义得到目的。这就暴露了美国南亚政策自身的缺陷，即在对南亚更加复杂形势缺乏了解的情况下却确立了更高的目标，这是美国南亚政策失败自身因素的表现之一，其表现之二就是美国国内亲巴人士对政府重印或轻巴做法的反对，也是肯尼迪在南亚苦心经营对华遏制孤立政策无功而返的一个因素。

肯尼迪政府南亚政策失败的一个重要的因素就是对南亚更加复杂的形势缺乏了解和过高的冷战目标。具体表现在：

首先，肯尼迪政府不是发端于印巴长期敌对的现实，而是建构于以下思维之上。肯尼迪一上台就以"冷战斗士"的面目出现,他声称要"不惜任何代价,承担任何重负,对付任何困苦,支持任何朋友,反对任何敌人"。事实证明,肯尼迪把前任的冷战战略和美国对外干涉推进到一个新高度,在以印度为代表的第三世界,美苏展开了激烈的争夺。在亚洲,肯尼迪政府甚至视中国为美国利益的直接威胁。肯尼迪在不了解南亚复杂形式的情况下,一切以遏制中苏为转移,较少考虑中印问题对美国政策的挑战,更多地视其为美国实现冷战目标的天赐良机。与艾森豪威尔对印度政策清醒的认识及其因财政原因拒绝把印度拖入西方冷战阵营的决策①相反,肯尼迪却要求为使印度成为遏制中国的盟邦而不计成本,与前人相比,面对更加复杂的形势,肯尼迪对南亚了解更少但野心更大,其结果只能是失败。

其次,肯尼迪及其助手对前任所经历的南亚两国敌对程度缺乏了解,而且对更大的挑战的后果认识不足,肯尼迪政府中的决策者乐观地认为:可以在不失去任何一国的前提下与印巴两国都保持友好关系,印巴两国敌对的诸个问题将会在美国适时的鼓励和支持下得到解决;当前的形势会使印度抛弃它所珍视的中立主义政策,而且会使巴基斯坦与印度联手反对美国所认为的南亚的"共同敌人";中国将使印巴两国捐弃前嫌,解决长期悬而未决的克什米尔争端;巴基斯坦对美国援助的依赖将会阻止它追求与中国进一步密切关系。总之,肯尼迪等人认为,美国可以利用中印

---

① 艾森豪威尔在第二任期认为与巴结盟是一个错误,然而他对此已无能为力,全球冷战的需要决定了美国只能一条道走到黑,只能继续提供援助而不能自拔。美巴结盟带来的一系列麻烦使艾森豪威尔在南亚安全政策上小心谨慎而不敢再有大的举措,他反对利用中印关系的恶化把印度拉入西方冷战阵营而只求能解决印巴争端。艾森豪威尔认为尼赫鲁对中立主义的坚持排除了印度政策变化的可能,更重要的是,一个巴基斯坦已经令其难以招架,与贫穷的大国印度结盟将肯定把美国拖垮。

第一章 20世纪50年代末60年代初美国南亚政策的调整及失败

关系及其对南亚的经济军事援助强化美印关系和解决印巴争端，有效地建立和维持服务于其全球冷战战略的南亚均势。

但事实证明这种想法是完全错误的，因为美国的冷战目标与印巴两国的政策目标不可能趋同。就印度而言，尼赫鲁自独立之日起就以捍卫其中立主义政策为己任，在美国屡次的攻击和利诱面前毫不动摇。尼赫鲁早就说过，只要印度不遭到大规模的侵略，印度就不会放弃这种政策，艾森豪威尔对此曾有一定的认识。然而肯尼迪却期望印度放弃上述政策，与美国一起抵抗共产主义的"扩张"，而且美国企图利用军事援助迫使印度在克什米尔问题上向巴基斯坦让步，这是印度不可能接受的。而美巴两国貌似盟国，实际上却潜伏着深刻的危机。就动机而言，美巴同盟实质上是"同床异梦"。美国致力于通过巴基斯坦的加盟构筑遏制共产主义的包围圈，而巴基斯坦则是借遏制之名行制衡印度维护独立之实，这种结盟动机就决定了巴基斯坦不可能为盟国的冷战利益而西它的自身安全。所有这些都说明美国在南亚印巴两国间存在一个无力克服的结构性两难困境。

肯尼迪南亚战略计划失败的另一个自身因素在于美国国内亲巴人士对政府重印或轻印做法的反对。来自国务院、国防部和国会的"巴基斯坦游说团"以及国会的院外援巴集团为巴基斯坦获得支援进行积极的游说。因为国务院、国防部和国会的高层人物深知设在巴基斯坦北部白沙瓦附近的巴达贝尔空军基地的重要意义。他们希望美巴关系继续友好，以便美国能持续使用巴基斯坦这个基地和"维持其设在白沙瓦的代价高昂的电子监听设备"[1]。因而，美国在制定对印度的援助计划中，始终要考虑巴基斯坦因素，甚至把它置于首要地位。而印巴双方又一直交恶，尤其是克

---

[1] Selig S. Harrison, *The widening Gulf: Asian Nationlism and American Policy* [M], New York, 1978, p.270.

什米尔问题使两国冲突不断。只要这一争端存在,肯尼迪的各项对印政策就不可避免地会受到国会的批评。诚如加尔布雷思大使所言,"对同一争端的双方都予以扶持,即使是有限度的,而且不管是多么间接的,也引不起任何一个当选机构在财政上的共鸣。"① 可见,巴基斯坦因素束缚了美国的手脚,使之在对印军事援助上步履维艰。就连肯尼迪自己也意识到:"在中国问题上,国会议员可能不会反对我们帮助印度,但如果我们不对其施加压力解决克什米尔问题,他们可能会在对印空防承诺问题上采取反对的立场。"② 当1962年后,政府准备对印度提供大规模经济军事援助,国务院、国防部和国会的"巴基斯坦游说团"对决策层一直施加压力,试图把美国对印度的军事援助限制在一定水平上,国务卿腊斯克和国防部长麦克纳马拉也支持他们的做法,最终说服肯尼迪答应仅向印度提供适度的军事援助。亲巴人士之所以这样做是鉴于巴基斯坦重要的战略地位,避免由于大规模援印导致巴基斯坦出于报复而终止美国对巴达贝尔空军基地的使用,但这就影响了美印关系的进一步改善。

三、英国消极态度的影响

在探寻这一时期,美国南亚政策失败的因素当中,目前史学界对英国关注比较少,其实在这一时期英国对援印的消极态度也是阻碍美国实现其目标的主要原因之一。

印巴分治初期,美国在南亚基本上推行的是一种尽可能不介入的所谓的"英联邦战略",希望操纵和配合于幕后,要

---

① [英]瓦特:《国际事务概览,1963》,上海译文出版社,1985年版,第112页。

② FRUS, 1961—1963, vol. 19, South Asia, Washington D. C: U. S. Government Printing Office, 1996, p. 585.

第一章 20世纪50年代末60年代初美国南亚政策的调整及失败

求英国出面在联合国架构下解决克什米尔争端,力避印巴战争的发生和扩大,防止苏联乘机介入南亚次大陆。这种不介入的"英联邦战略",实际上保证了巴基斯坦的存在,也使印巴间不稳定的平衡状态得以维持。美国推行"英联邦战略"的原因有:第一,南亚还不是美国对苏联冷战的主战场,美国的重点是欧洲和东亚,而次大陆当时充其量只是美国边缘利益所在;第二,南亚问题只是印巴两国的克什米尔争端,没有其他问题可能会引起次大陆的动荡和苏联可能的干涉,只要这个问题得到解决,美国就没必要亲自干预;第三,以英国及联合国出面可以减小苏联介入的可能性。可以说这一时期由美英两国共同操纵南亚。

随着冷战在远东的扩展和深化,特别是中国革命胜利后,出于遏制中国的需要,南亚国家,特别是印度的地位大为上升,美国开始了抛开英国和介入南亚的过程。希望把印度拉入西方冷战集团,由于尼赫鲁的中立主义政策和巴基斯坦的强烈反应,美国在1949年的行动遭遇了失败。这次失败使"英联邦战略"又持续了一段时间,1954年美巴结盟后,美国开始主导南亚均势,英国在原则问题上则追随着美国的利益。随后,美国力图改善与印度的关系。1959年第十四届联大通过有关"西藏问题"的决议,英国投票支持这个议案[①],并在此后追随美国对印度提供了政治舆论上的支持和一些经济、军事的援助。

1962年后,美国向印度提供大规模的经济军事援助,引发了巴基斯坦国内反美情绪的高涨,美巴关系恶化,为缓和美巴关系,促进印巴和谈,实现美国南亚的战略企图,国家安全委员会中负责南亚事务的科默尔领导的一个特别小组委员会于12月提出

[①] 谢益显:《中国外交史 中华人民共和国时期》,河南人民出版社,1988年版,第258页。

报告，提出让英国和英联邦国家出面担任主要角色的建议。肯尼迪为了摆脱美国在南亚的困境，也特别希望得到西方盟友的支持。他表示印度在向美国求援的同时，也必须寻求英联邦最大限度的支持，尤其是英国[①]。"我们正在支持亚洲共产主义势力范围内的大多数国家，因为英联邦在援助印度时发挥领导作用，而我们退后则具有某些优势可以利用了。"[②] 在他看来，印巴同属于英联邦国家，英国的参与除具有象征意义外，在某些关键问题上发挥的作用理应比美国大。参联会向麦克纳马拉提交备忘录建议，美国最好与英国及英联邦国家一道共同向印度担保：在印度求援的情况下，向其提供空中防御力量。[③] 殊不知，肯尼迪等人在此又犯了先入为主的错误。克什米尔问题正是英国在撤离南亚时有意留下的祸根，印巴两国均对英国十分不满。此外，当时中英之间还存在香港问题，如果英国想尽可能长久地保住香港这个重要的商业和金融据点，就必须同中国建立较好的关系，至少要能与中国进行外交谈判。因而英国对美国的中国政策也非亦步亦趋，尽量保持低调。12月13日，英国首相哈罗德·麦克米伦（Harold Macmillan）写信给肯尼迪说："一种有意义的防御，不管是多大规模，只有在被当作印巴联合防御这个次大陆的计划才会有效。"麦克米伦指出，"英美的目标是要印巴双方同意联合防御南亚次大陆，但即使它们达成了妥协，这两个国家可能也没有军事和经济能力建立真正的防御，必须使印巴两国缔结地区性军事同盟条

[①] FRUS, 1961—1963, vol. 19, South Asia, Washington D. C: U. S. Government Printing Office, 1996, p. 401.

[②] FRUS, 1961—1963, vol. 19, South Asia, Washington D. C: U. S. Government Printing Office, 1996, p. 395.

[③] FRUS, 1961—1963, vol. 19, South Asia, Washington D. C: U. S. Government Printing Office, 1996, p. 433.

约。"① 英国政府为提供长期的军事援助定了三个条件：解决克什米尔问题，印巴建立联合防御，印度成为西方联盟体系的成员。

1962年12月20日，为确定对印度援助武器事宜，美英两国在巴哈尔群岛首都拿骚举行首脑会谈。美国主力国防部长帮办邦迪（William Bundy）在会谈中说，伦敦工作组②的建议是：提供六个山地师的装备，改进印军空运能力，在现有机型的范围内帮助印度提高空战能力。工作组还建议派专家去印度了解雷达和通信设备情况。英美还可以派战斗机轮驻印度，数量是四个中队。但英国在会谈中指出，提供武器是一回事，但是让印度将其军事计划建立在指望英美提供飞机，并向中国开火的基础上则是另一回事。邓肯·桑兹说，即使在西方的帮助下，印度也没有能力承担其国防建设的代价，所以经济上唯一可行的办法就是让印度加入西方防御组织保护伞之下。而原先对印度中立主义政策相当宽容的麦克米伦在拿骚时的态度却很苛刻。他说印度在过去十多年中一直攻击西方，大肆宣扬不结盟的好处。他还强调在援印的时候要考虑巴基斯坦的反映，"我们可能在支持找麻烦的人，而放弃支持我们的人"。麦克米伦认为中国的目的是有限的，"真正的危险在于英国1947年急促退出南亚时所遗留下的印巴分治的脆弱结构可能会支离破碎"。③"我们必须让他们面对克什米尔的现实。从长期看，他们依赖西方。在短期内他们可以得到西方的援助，

---

① FRUS, 1961—1963, vol. 19, South Asia, Washington D. C: U. S. Government Printing Office, 1996, pp. 430–432.

② 中印边界冲突发生时，古巴导弹危机已经发生，为了使华盛顿集中精力处理导弹危机，美英两国决定在伦敦建立联合工作组，主要任务是研究中印边界局势的发展和对印长期政策进行评估。伦敦工作组提出的设想和方案有很多是英国政府的意见。

③ [英]哈罗德·麦克米伦：《麦克米伦回忆录》（第六册 从政末期），商务印书馆，1982年版，第227页。

但条件是他们要解决克什米尔问题。"① 然而英国很清楚，印巴解决克什米尔问题的可能性几乎是不存在的，但是它却坚持以此为长期军援条件。这表明，英国根本不愿意为武装印度而"背上一个英国力所不及的无底洞的包袱"②，英国对印援助的消极态度直接影响了美国进一步援印的计划，而且美英双方把解决克什米尔争端作为向印度提供援助的条件而不断对印度施压，印度对此十分不满，逐渐向苏联靠拢。美国南亚安全计划最终失败。

四、苏联因素的作用

美国南亚政策的失败，在很大程度上与苏联也有一定的关系，特别是与美国处理中苏分歧的政策有关。

1956年后，中苏关系由于意识形态方面分歧而逐渐紧张起来。尤其是1959年8月始，中苏分歧表面化。对此西方如获至宝，认为"苏联正在抑制中国方面发挥积极作用"③，美国政府积极思考该如何利用中苏之间的分歧。在1961年8月8日提出的一份《国家情报评估》中，美国情报分析家指出，"随着战后共产主义力量在世界范围大规模增长，各党在千差万别的文化与政治环境中活动，面临不同的策略问题，具有不同的马列主义素养和不同的利益、观点，一些党更关心区域性问题等等，都对理论的同一性和苏共的权威性造成考验。中苏两党的分歧，反映了国际共产主义运动内部民族主义和多样化的趋势……只要这种情况发

---

① FRUS, 1961—1963, vol. 19, South Asia, Washington D. C: U. S. Government Printing Office, 1996, pp. 452 – 453.

② [英]哈罗德·麦克米伦：《麦克米伦回忆录》，(第六册 从政末期)，商务印书馆，1982年版，第226页。

③ 张树得：《毛泽东与赫鲁晓夫决裂前后》，中国青年出版社，1999年版，第252页。

第一章 20世纪50年代末60年代初美国南亚政策的调整及失败

展下去，就会大大削弱共产主义运动作为一个整体的效率。这将给西方可资利用和施加影响的机会，在世界范围的斗争中获取重要利益。"①

1961年10月26日，美国国务院政策规划委员会在草拟的长篇对华政策报告中提议："我们应该继续研究最可取的措施，以求利用目前的中苏分裂，扩大其裂痕，或从别的方面获利。"② 正是因为如此，美国对苏联谋求与西方国家改善关系的意图做出积极反应，1959年美苏两国首脑实现互访。而且对待苏印之间关系的发展也不像以前那样反应激烈。美苏关系有所改善。

然而1962年古巴导弹危机（又称"加勒比海危机"）使美苏关系又蒙上了一层阴影。1962年6月，苏联秘密将中程核导弹和伊尔-28型轰炸机运往古巴。赫鲁晓夫决定在古巴部署导弹的动因除了重申苏联对保卫古巴革命所承担的义务，希望阻止美国对古巴的入侵以及弥补苏联同美国的战略核力量方面的差距等考虑外。"提醒华盛顿注意苏联的力量"也是一个重要的考虑，是苏联领导人对美苏柏林问题谈判上的僵局以及对美国重新恢复核实验所做出的必要的反应③。不料此举很快被美国发觉，于10月断然封锁了古巴各岛。美苏间爆发了"核对抗危机"。面对美苏核对抗呈现白热化局势，赫鲁晓夫急需中国的支持，因而准备同中国进行妥协。1962年10月14日，赫鲁晓夫在欢送刘晓大使离任的宴会上公开表示：在中印边界争端问题上，苏联是站在中国一

---

① National Intelligence Estimate (NIE10 – 61), Auguest 8, 1961, FRUS, 1961—1963, vol. 22, pp. 114 – 118.

② Draft Paper Prepared in the Policy Planning Council, October 26, 1961, FRUS, 1961—1963, vol. 22, p. 167.

③ Alseandr Fursenko, Timothy Naftali, One Hell of a Gamble: Khrushchev, Castro, and Kennedy, 1958—1964, New York, 1997, pp. 181 – 184.

边的，这是苏共中央主席团的一致立场。刘晓告诉赫鲁晓夫：印军在中印边界东段集结，如果印度把战争强加于中国，中国则会予以反击。赫鲁晓夫表示，"这和苏联得到的情报相同"，并说"如果苏联处于中国的地位也将会采取同样的措施。在中印边界问题上是不能采取中立态度的，如果有人进攻中国，我们说我们中立，那就是叛徒行为。"① 赫鲁晓夫还介绍了古巴导弹危机的情况，希望中国在维护古巴安全方面也采取措施。第二天，米高扬又约见刘晓，通报了有关古巴导弹危机的情况。② 毫无疑问，苏联希望中苏双方在中印边界争端和古巴导弹危机问题上相互配合和相互支持。

1962年10月18日，在上述政策指导下，苏联驻华大使契尔沃年科（S. Chervonenko）22日在同中国外交部副部长章汉夫会谈时强调指出，必须要明白在边界问题上谁对谁错，如果不区分谁有罪谁无辜，那是不正确的；同时，混淆有罪和无辜之间的区别也是不对的。③ 随后，10月25日《真理报》谴责导致中印边界争端的"麦克马洪线"是声明狼籍和无效的，是英国帝国主义的产物，是英国殖民主义者"强加给中国人民和印度人民的"，是"从未被证明的"。社论还谴责印度受帝国主义分子的煽动，已经成为冲突的罪魁祸首。同时苏联政府还通知印度政府，鉴于"严重的国际形势"，苏联不能向印度交付米格-21战斗机。在提出停火建议后，苏联希望印度接受中国的建议进行谈判。尼赫鲁对苏联的政策非常不满，特别是《真理报》的社论，拒绝了赫鲁晓

---

① 晋夫：《文革前十年的中国》，中共党史出版社，1998年版，第240页。
② 刘晓：《出使苏联八年》，中共党史资料出版社，1986年版，第121—122页。
③ Record of Conversation of the USSR Ambassador to the PRC S. Chervonenko with the Deputy Minister of the Foreign Affairs of the PRC Zhang Hanfu, October 22, 1962.

夫希望印度接受停火并同中国进行谈判的建议。① 中国政府也在《真理报》25 日发表社论的同一天就古巴导弹危机发表声明，表示"完全支持"苏联政府"将尽一切力量粉碎美帝国主义集团的侵略阴谋"的立场，中国要"同社会主义国家和所有热爱国家和平的国家一道，对美帝国主义这种战争挑衅行为进行坚决的斗争"。②

然而，时隔不久，当赫鲁晓夫在接受美国提出从古巴运回"进攻性武器"，"并且同意美国对古巴实行国际监察"的要求，美苏实现妥协后，赫鲁晓夫立即在中印问题上恢复他原来的腔调。12 月 12 日，他在最高苏维埃会议上重新偏袒印度，含沙射影地责难中国说，"中国单方面实行停火、后撤，当然很好，但是中国部队当时不从原有阵地前进岂不更好？"这个讲话与他 10 月间与刘晓大使的谈话及《真理报》社论、立场完全相反，从支持中国变为谴责中国，从不赞成印度军队越过中印边界变为指责中国"越过"边界。更为可气的是，1963 年 9 月 19 日，苏联《真理报》还以编辑部的名义发表题为《亚洲紧张局势的严重策源地》的文章，颠倒是非，诬蔑和诽谤中国和平解决边界问题的诚意，挑拨亚非国家与中国的关系，从而掀起了新一轮反华浪潮。这是因为"加勒比海危机已经过去，他不再需要中国支持，而且因为他在加勒比海危机中大丢面子，羞恼非常，迁怒于中国"③，而中国发表了一系列的讲话、声明和文章赞扬古巴的反美

---

① Shri Ram Sharma, India-USSR Relations, 1947—1971: From Ambivalence to Stead Fastness, New Delhi, 1999, p. 34.
② 《中国政府关于支持古巴反对美国关于战争挑衅的声明》，《人民日报》，1962 年 10 月 25 日。
③ 吴冷西：《十年论战——1956—1966 中苏关系回忆录》（下），中央文献出版社，1999 年版，第504 页。

斗争，强调古巴人民这一次胜利的反美斗争，必将产生深远的影响①。

与此同时，苏联对印度支援要求的态度发生根本的变化。1962年11月9日，印度新任驻苏联大使考尔（T. N. Kaul）拜会赫鲁晓夫。赫鲁晓夫对考尔所做的有关中印问题的解释显得很不耐烦，并表示不会向中印任何一方提供武器装备。但在11月24日第二次会谈时，赫鲁晓夫表示，在上一次会谈中他不能做出向印度提供军事援助的承诺，因为当时古巴导弹危机正处于高潮时期，苏联必须进行"战备"，苏联现在可以向印度提供一切可能的军事设备了。美国虽然对苏联在印度作用的加强不满，但是美国政府一直在思考如何避免使中苏关系得以愈合，如何利用中苏分歧来实现苏联在遏制中国方面的作用。美国国务卿腊斯克虽然对援助印度较为消极，但是他也认为这是美国使中苏关系恶化的良机。因而出现了奇怪的一幕：美国开始接受苏联在印度日益增长的影响。1962年11月23日，哈里曼在新德里对尼赫鲁说，美国并不打算要印度加入西方军事联盟，如果可能，对印度来说，最好是保持与苏联的良好关系。哈里曼回国后向肯尼迪汇报说，印度的不结盟政策会发生相当程度的、实质性的、在方式上有利于美国的变化，但不应谋求印度与美国或西方建立形式上总体关系。西方形式上的保证可能破坏印度实质性的努力，并且可能迫使它断绝与苏联的关系。②

11月30日，美国国务院政策计划委员会提出了题为《美国

---

① 《中华人民共和国政府关于支持古巴反美斗争的声明》，1962年11月30日；《保卫古巴革命》；《全世界无产阶级联合起来反对我们共同的敌人》；《人民日报·社论》1962年10月31日、12月15日，以上引文参见《中华人民共和国对外关系文件集》（第9集）第249—250、490—494、478页。

② FRUS, 1961—1963, vol. 19, South Asia, Washington D. C: U. S. Government Printing Office, 1996, pp. 426–427.

对共产党中国的政策》的文件。这份文件说，美国要努力避免采取"或是会减少目前及将来对中国的压力，或是会迫使中国与苏联回到密切联系中去"的行动。这一观点很快就成为肯尼迪政府对华政策的重要目标。12月，美国决定不再阻挠印度采购苏联米格飞机。在反驳英国的不同意见时，加尔布雷思说，莫斯科希望避免长期夹在中印之间，而米格飞机就是让苏联继续挂在印度的鱼钩上①。印度购买米格飞机似乎已成为符合西方利益的行动，而几个月前美国还拼命反对此事，这一变化极具讽刺意义。

1963年5月，腊斯克在访印后报告说，尼赫鲁将坚持不结盟政策，"这是为了在反对中国时得到苏联的帮助。如果这样做失败的话，他就会同中国讲和"②。就美苏竞争而言，美国政府自然不愿看到苏联在新德里的影响扩大，但为了达到分裂中苏这一更具战略意义的目标，美国不得不以接受这种扩大为代价。显然美国南亚政策有内在的矛盾。在苏印关系发展的前提下，美国指望印度会接受它的冷战战略是不现实的，甚至在逻辑上也是混乱的。有了苏联的支持，印度不仅可以长期与中国对抗，还可以在克什米尔问题上不做让步，同时避免对西方武器的依赖，并为自己的利益而不加入西方同盟体系。美国从这种局势中没有获取任何好处，在这此后相当长一段时间内，美国在南亚的影响在走下坡路。

结语

通过前面的分析，可以勾勒出二战以后至20世纪60年代初

---

① FRUS, 1961—1963, vol. 22, Northeast Asia, Washington D. C: U. S. Government Printing Office, 1996, p. 325.

② FRUS, 1961—1963, vol. 19, South Asia, Washington D. C: U. S. Government Printing Office, 1996, p. 577.

美国南亚政策的基本轨迹,美国对南亚政策的调整及其失败有了较为清晰的认识。战后初期,美国视南亚为边缘地区,没有给予特别的重视。但新中国的成立及其推行的外交政策和社会意识形态促使美国在冷战的背景下,在中国周围设置包围圈,实行遏制战略。美国在南亚企图实现美印巴联盟,共同对付中国,但由于印度的中立主义、不结盟政策,美国的这一设想被打破。结果美巴联盟因美印关系陷入底谷。

美巴结盟导致苏印关系日益密切,这使得美国感到非常恐惧,再加上从20世纪50年代后期起,以美国为首西方认为中印两国在发展模式与速度方面的竞争具有重大的意义,关系到东西方冷战的全局,因而美国开始加大对印度经济援助的力度,但还没有实质性的大调整,更加注重和强调美巴关系的发展。20世纪50年代末60年代初的中印边界问题,是美国南亚政策调整的强有力的催化剂。美国认为这是天赐良机,可以利用此契机向印度提供大量经济、军事援助,企图把印度拉入西方冷战阵营,解决印巴两国的长期敌对,保持其主导下的印巴均势,以更好地服务于共产世界的冷战,同时分裂中苏同盟。这表明美国南亚政策的目标始终服务于全球战略目标,遏制共产主义和苏联势力的扩张以及中国的强大。

从这一时期美国实行的南亚政策还可以看出,在任何时候,对国家利益的追求是美国外交政策的基础,美国的南亚政策也不例外。所谓"国家利益"指的是"一切满足民族国家全体人民物质与精神需要的东西",即物质上的安全与发展,精神上得到国际社会尊重与承认。①国家利益主要由政治利益、安全利益、经济利益和文化利益构成。美国学者塞缪尔·亨廷顿认为,冷战时期美国在第三世界有三种利益。首先,美国总的利益包括"促进

---

① 阎学通:《中国国家利益分析》,天津人民出版社,1996年,第10页。

第一章　20世纪50年代末60年代初美国南亚政策的调整及失败

人权、民主、市场经济和经济发展并防止侵略、政治动乱和武器扩散"。第二，美国在第三世界由于同苏联冷战而存在竞争性的利益。第三，美国在特定的一些国家和地区有着现实利益。[①] 20世纪60年代前后，也是冷战的一个关键时期，美国对上述国家利益的要求也特别明显。1963年5月，中央情报局局长麦考恩（John. McCone）在谈到美国在南亚的目标时说：如果印度同中国联合，美国就不会有"自由的南亚"。"我们的利益是建立一个强大的次大陆，我们将利用能帮助我们推进这个目标的国家。"麦考恩说，美国虽然不能解决印巴矛盾，但也不能让那些"自称中立的人完全落入共产党的阵营"[②]。麦考恩的话表明，美国是要利用印度进行冷战，而不是被印度利用，为它开拓疆界。

美国的南亚安全政策这段时间得到了充分的展现，尽管付出了莫大的坚信和努力，巴基斯坦还是开始与美国分道扬镳，印度也与美国疏离并向苏联靠拢，"以印制华"的计划破产，中苏两国，特别是中国的介入，使美国所操纵的南亚均势自此完结。美国在南亚的影响力正在走下坡路。究其原因主要有以下五个方面：一，印巴矛盾根深蒂固，使美国无法解决二者长期敌对的问题，实现美印巴在南亚的大联合。二，美国自身的因素。其南亚政策缺乏战略眼光和规律性、连贯性。如1954年的美巴结盟在1965年印巴战争时即受到挫折。这导致美国对南亚事务的处理陷于被动地位。三，英国的政策是阻碍美国实现其目标的主要原因之一。其消极态度影响了美国政策的出台与实施。四，苏联因素也是一个不可忽视的因素。这一时期美国政府开始关注中苏分裂，防止中苏关系的修复被认为是最优先的目标。为此，美国不

---

　　① [美] 塞缪尔·亨廷顿：《变化中的美国战略利益》，转引自中国现代国际关系研究所编：《冷战后的美国与世界》，时事出版社，1991年版，第181页。
　　② FRUS, 1961—1963, vol. 19, South Asia, Washington D. C: U. S. Government Printing Office, 1996, p. 480.

得不改变策略,容忍苏印关系的发展。然而,这种变化同美国政府的南亚战略目标存在着矛盾。印度虽然没有同中国联合,但它同苏联的关系却越来越密切。这些行动都大大压缩了美国政策的空间。

总之,这一时期,美国虽然卷入很深,但对事态发展的结果、对南亚地区的战略形势却没有产生多少实质性的影响。

第二章

影响阿巴安全环境的大国因素

第一节 阿巴安全形势现状

一、阿巴安全环境的整体属性

阿富汗和巴基斯坦由于本身独特的地理位置，再加上民族宗教等因素，使得两国的安全关系紧密相连。从地缘角度上讲，巴基斯坦地处辽阔的中亚腹地的南缘，其视野从地理上超越了南亚区域本身，带有非常明显的中亚属性。兴都库什山脉虽然把中亚和南亚分开，但苏莱曼山脉的山口又把印巴次大陆和中亚联在一起，其中巴阿边境上的开伯尔山口（Khyber Pass）最为关键。正因为如此，阿富汗历史上就成为兴都库什山脉后的强权进军印巴次大陆的门户，一些著名征服者，如亚历山大大帝、成吉思汗、铁木尔、巴布尔等无不是经过这些山口进军印巴次大陆的。

正因为如此，阿巴安全紧密相联，阿富汗战争爆发更是给巴基斯坦的安全局势带来了很大风险，使得其他国家利用阿富汗对巴基斯坦国家安全造成潜在的危险成为可能。而且，阿富汗的混乱也使得巴基斯坦不得不高度重视和精心应对，客观上影响了处理印度事务的效率，使巴基斯坦处于事实上的两面受敌的境地。事实上，近两年来，巴基斯坦的安全形势，随着阿富汗安全形势的恶化而变得更为严峻。所以，从安全上讲，阿富汗和巴基斯坦是相互依存的。但现在阿巴日益恶化的形势使这一地区的安全状况更加错综复杂，充满变数。

二、阿巴安全形势现状

目前，阿巴安全形势总的来说是非常令人担忧的：与邻国关系紧张，国内局势不稳，极端势力活动猖獗，恐怖袭击频繁。

（一）阿巴关系紧张

1. 边界冲突

从国家安全稳定的角度看，长期以来，阿巴之间存在边界领土争端问题，两国拥有2640千米的共同边界，这是导致阿巴两国关系紧张的根源。在英属印度政府时期，英国当局为了对抗俄国，保护英属印度的安全，曾于1838年、1878年、1919年三次发动对阿富汗的战争，并在1893年11月12日同俄国签订了杜兰协定，这个协定是关于阿富汗东部边界的安排并划定了阿巴之间的边界线——"杜兰线"（Durand Line）①。但阿富汗历届政府从来不承认这条边界线。由于边界争端，1947年9月30日，在巴基斯坦申请加入联合国的表决时，阿富汗投了唯一的反对票。1949年7月，阿富汗大国民议会废除了1893年的杜兰协定和1905年、1919年、1921年签订的英阿条约以及其他涉及普什图部落地位的条约，这期间，双方的普什图部落发动了对巴基斯坦的骚扰性攻击，两国召回了各自的大使。② 阿富汗政府还在边境地区的蒂拉赫发动成立了所谓"普什图尼斯坦政府"，升起了"普什图尼斯坦国旗"。1950年巴阿两国边境地区发生了军事冲

---

① S. M. M. Qureshi: *Pakhtunistan: The Frontier bispute between Afghanistan and pakistan.* Pacific Affairs, VOL. 39, No. 1/2, 1966, p. 99.

② 彭树智：《中国国家通史·阿富汗卷》，商务印书馆，2000年版，第232页。

突。虽然1952年巴基斯坦又主动与阿富汗交换大使，恢复正常关系。但是，1955年3月，巴基斯坦宣布将西巴各省合并成为一个省（不包括部落地区），喀布尔担心这将导致部落地区丧失其特权而提出抗议，导致巴基斯坦和阿富汗在1955年4月断交。1955年9月30日，经土耳其、伊朗和伊拉克出面调停，阿巴恢复外交关系。但在达乌德执政时期（1953—1963年），阿富汗在"普什图尼斯坦"问题上一直奉行强硬立场，使阿巴关系不但没有实质性突破，而且麻烦不断，1961年双方再度因"普什图尼斯坦"问题发生矛盾，9月两国再次断交。

1963年5月，在伊朗的斡旋调停下，阿巴两国在德黑兰举行了谈判。由于阿富汗搁置了"普什图尼斯坦"问题，阿巴两国再次恢复外交关系。但在1973年达乌德再次上台后的第一次演讲中，称巴基斯坦是唯一与之存在分歧的国家。他公开鼓励巴基斯坦的普什图尼人实行自治，并多次在国际会议上重提"普什图尼斯坦"问题。1974年7月，阿富汗开设了一个"普什图尼斯坦电台"开始播音，并在报纸上公开指责巴基斯坦，巴当局也每天提及"被占领的普什图尼斯坦"。双方矛盾最终演变成1975年阿巴之间的大规模武装冲突。此后两国关系经常迭荡起伏，时好时坏，但有一点是相同的，即两国历届政府究边界问题谈判始终未取得任何实质性进展。

近几年，两国就边界问题也是摩擦不断，甚至兵戎相接。2013年4月3日，巴外交部否认阿富汗提出的对巴方在"杜兰线"沿线修建和巩固建筑物的指控。巴外交部称，巴基斯坦为了提高其边防的管控，仅修护一座边防哨所。关于边境哨所的争端使两国边境在跨境炮火袭击和塔利班入侵之后再次出现新的紧张态势。而此前一天，阿富汗副外长贾伟德·卢丁照会巴驻阿富汗大使，称"这些活动违反了公认的国际准则，对阿富汗政府来说这是挑衅的、不能接受的,巴基斯坦政府必须马上停止这些行动"。①5月2日凌晨,巴阿边境再次发生交火,事后双方相互指责。5月6日,巴外交部发言人表示,关于边境哨所的问题,巴基斯坦在格式塔地区的哨所受到阿方军队的袭击,阿方领导人还就这一问题不时发表威胁性、挑衅性言论。他强调,哨所是为了更好地管理边境这个有益互利目的而设置的,对阻断非法越境活动非常重要。而且哨所在巴方领土内,但是阿富汗方面不承认存在争议的"杜兰线",因而在发言这天,双方再次发生交火。这次开火造成巴方五名边防警察和士兵受伤。巴方发言人称,巴方安全部队保持了最大程度的克制,并第一时间通过军事渠道同阿方沟通。阿富汗代办还被告知,巴政府对此事表示严重关切,无故开火的行为破坏了两个兄弟国家的友好关系。巴方的这些警告是在阿富汗对伊斯兰堡提出同样的抗议后发出的,此前阿富汗指责巴基斯坦在边境地区向阿方进行突然袭击。

2014年,阿巴两国的边界也不安宁,双方冲突不仅包括两国媒体所报道的互射炮弹,还包括两国在边界线附近的小规模军事摩擦。

1月28日,来自巴境内的炮弹袭击造成阿富汗东部库纳尔省的三名儿童死亡,该省省长穆尔克拉拉确认了这一消息。其安全部门人士称,目前还不确定炮弹到底是巴军方还是叛乱分子发射的。29日,卡尔扎伊总统强烈谴责巴基斯坦炮弹穿越"杜兰线"对库纳尔省的炮击,并警告巴基斯坦,持续的炮击会使两国的关系紧张。受炮击的影响,居住在边境线附近的人们处于一种恐惧状态中。

---

① Afghan allegations of construction, reinforcement along border rejected, Dawn, Apr. 3, 2013, http://dawn.com/2013/0403/afghan-allegations -of- construction-reinforcement -along- border -rejected/.

第二章　影响阿巴安全环境的大国因素

5月15日，双方边境再次发生冲突。巴方媒体称是阿富汗军队袭击了巴基斯坦士兵，巴方军队全力反击，并在交火中击毙一名阿方士兵，交火持续了三小时。而阿方对此事的报道与巴方相反。5月16日，阿方一名警察发言人表示，5月15日早上，巴基斯坦士兵侵入阿富汗境内，向阿富汗士兵边境检查站开火，并杀死一名警察，阿富汗军队对此进行了报复。冲突爆发后，阿富汗参议院议员请求政府采取措施阻止巴基斯坦的越境袭击。议员阿克巴里表示，政府特别是国防部，有责任阻止类似情况的发生，还说如果政府在此事上仍然保持沉默，两国间的危机会进一步升级。来自扎布尔省的议员哈萨建议国际社会向巴基斯坦施压，制止炮击。来自坎大省的议员比斯也呼吁政府保护祖国。来自楠格哈尔省的议员则呼吁给阿富汗国民军装备更优良的武器。参议院主席表示，不承认"杜兰线"是边境线，士兵有责任保护国民安全，还说参议院与安全部队一同保护阿富汗的主权及领土完整。[①]

库纳尔省警察局局长哈比卜表示，5月19日晚，巴基斯坦军方再次向库纳尔省发射了18枚炮弹，未造成人员伤亡，但造成农田及森林毁坏。当地居民人心惶惶，碍于安全形势恶化，居民有背井离乡之心。

5月24日，阿富汗国民军参谋长卡里米在接受采访时表示，巴阿关系现存的挑战之一就是在"杜兰线"划定上的分歧。对"杜兰线"问题的分歧造成了日前两国间的军事冲突。他表示，两国首先要将本国地图拿来比对，认真考虑这个问题。他还说军事冲突背后是政治问题，这种争论会继续存在下去。

2016年，两国再次发生边界冲突。据法国国际广播电台2016年6月15日报道称，巴基斯坦政府军于当地时间6月15日在靠

[①] Senators ask govt stop Pakistani incursions, Pajhwok, May. 18, http://www.Pajhwok.com/en/2014/05/18/Senators -ask- govt -stop- Pakistani -incursions.

近阿富汗的边境地区与阿富汗军队再次发生交火。巴基斯坦军队在该国西部与阿富汗接壤的开伯尔通道附近向阿富汗军队发射重炮。伊斯兰堡与喀布尔纷纷谴责对方制造了暴力事件。据悉，15日双方发生交火后，喀布尔方面否认相关消息，但表示一名阿富汗士兵在14日夜间丧生，另有五名士兵受伤。路透社报道指出，阿富汗政府坚决反对巴基斯坦在与其接壤的2200千米的共同边境地区展开任何形式的建造活动。喀布尔方面认为，这条边境线是英国殖民者在19世纪强加的一条不公正的边境线。

2. 阿富汗大选引发双方争执不断

2014年阿富汗进行大选，巴阿两国围绕这一问题展开"口水战"，两国媒体相互谴责，充分暴露出两国关系的脆弱性和敏感性。

2月6日，阿富汗东部省份拉格曼省的安全首脑阿明表示，巴基斯坦设法破坏接下来的阿富汗总统选举和省议员选举。还说一些巴基斯坦机构成员准备前来拉格曼，同叛乱分子会见，巴基斯坦准备全力以赴破坏选举。他还指出，虽然拉格曼省并不与巴基斯坦接壤，但是巴基斯坦人可以通过努里斯坦省和楠格哈尔省来到该省。[①]

3月20日，贾拉拉巴德的一个警察站受到恐怖分子袭击，造成包括10名警察在内的18人死亡，另外还有超过20人受伤。随后，阿富汗内政部发表声明表示，恐怖分子在国界线以外拥有支持者，他们致力于破坏4月份的大选。内政部长称，巴基斯坦传授恐怖主义的宗教学校已经关闭，这些人员都被派往了阿富汗负责恐怖袭击。他还说，阿富汗关注巴塔与巴政府间的停火，他们希望这个安排与阿富汗的选举没有关联。

---

① Pakistan out to sabotage elections in Laghman: offical, Afghanistan Times, Feb, http://www.afghanistantimes.af/news_details.php?id=5730.

第二章　影响阿巴安全环境的大国因素

3月20日阿富汗塞雷纳高级酒店发生一起恐怖袭击，袭击造成九人遇难，包括阿富汗记者萨达尔，以及他的妻子和两名孩子，另外还有一名阿富汗人、两名加拿大人、一名美国人、一名巴拉圭人。阿富汗国内某些言论指责伊斯兰堡是幕后策划者，谴责巴基斯坦的行为，并敦促政府对巴基斯坦巴采取强硬态度。3月27日，阿富汗国家安全局发言人表示，情报机关已经证实巴基斯坦三军情报局操控了这次袭击。他说，通常都会有40—50名巴基斯坦人在这个酒店住宿，但是那天一个巴基斯坦人也没有。酒店的大多数信息技术经理是巴基斯坦人，其中一个负责酒店俱乐部的人与三军情报局联系过，在袭击发生前这些职员都离开了酒店。还说塔利班并没有参与这起袭击，塔利班声称对此负责是因为他们被要求这么做。3月29日，阿富汗国防部长莫哈麦迪、内政部长稻得宰，还有国家安全局执行首脑纳比尔一起向议员们介绍了最近的暴力袭击和选举安全问题。国防部长谴责阿富汗安全人员没能阻止这些袭击。还说，通常叛乱分子冬天都会去巴基斯坦，但是这年打破常规，主要是为了破坏选举。他表示，巴基斯坦既不支持阿富汗主导的和平进程也不支持结束战争，"每天都有自杀式袭击者从巴基斯坦潜入阿富汗"。内政部长称，自从伊斯兰堡与巴塔双方举行和谈以来，恐怖分子对阿富汗的袭击，特别是边境检查站的袭击，急剧增加。间谍专家纳比尔说："敌人，特别是巴基斯坦，从大选进程开始后，一直在破坏阿富汗的形势"，"我们有确凿的证据证明巴基斯坦三军情报局还有其他机构为某些候选人印刷选票……迷惑选民，破坏大选的可信度"。[1]

针对阿方的诸多指责，巴基斯坦坚决否认并批评这些不实言论。3月24日，巴基斯坦谴责在喀布尔市中心发生的对防守严密

---

[1] Pakistan condemns Kabul hotel attack, Pajhwok, Mar. 24, http://www.Pajhwok.com/en/2014/03/24/Pakistan-condemns-Kabul-hotel-attack.

的塞雷纳宾馆发动的恐怖袭击,还指出那些认为伊斯兰堡参与这起恐怖袭击事件的观点令巴基斯坦非常担忧。阿富汗国家安全委员会在一份声明中称这次袭击是由外部国家操控的。据称,3月20日晚上恐怖袭击前,有人看到一名巴基斯坦外交官在塞雷纳宾馆的走廊里进行侦查。对此,巴基斯坦外交部发言人表示:"我们否认这类暗指,这种一出现情况就指责巴基斯坦的倾向是无益的,应该禁止。"还说:"我们奇怪地看到阿富汗内政部对最近进行的巴塔与巴政府间对话的担心,即使阿富汗领导人,包括最高层的领导人,都已经表示对此支持。"至于阿富汗大选,巴基斯坦重申其支持并努力保证一个自由公正的选举进程,还说巴仍然致力于同阿富汗建立积极、互利的双边关系。27日,巴基斯坦外交部发言人否认阿富汗政府提出的巴方机构及外交人员参与喀布尔塞雷纳酒店恐怖袭击的指控,重申这些言论毫无根据,并说巴基斯坦一直努力支持阿富汗公平、公正的选举。

3月30日,卡尔扎伊总统与美国国务卿克里进行电话会谈,讨论了涉及双方利益的问题。此前,卡尔扎伊总统对克里保证塔利班愿意与高层和平委员会进行会谈,但是还存在一些障碍,巴基斯坦的支持必不可少。克里对此做出保证,他已经告诉谢里夫总理,需要巴基斯坦在推动阿富汗主导的和谈上发挥作用。卡尔扎伊表示,美国在该地区的一些联盟故意在阿富汗和平进程中设置障碍;还指出国外情报部门卷入最近的恐怖袭击案,阿富汗人民希望美国在该地区建立一个透明的环境。[①]

4月1日,阿富汗国防部长莫哈麦迪视察瓦尔达克省,检查选举安全问题。他在同该省主要官员谈话时表示,阿富汗所有的恐怖袭击都是由巴基斯坦三军情报局策划的,目的是破坏大选。

[①] US Allies in Region Hampering Peace: Karzai, Outlook Afghanistan, Mar. 31, http://outlook Afghanistan.net/national_ detail.php? post_ id = 9770.

第二章 影响阿巴安全环境的大国因素

5月31日,他与内政部副部长、国家安全局副局长在国民议院向议员们介绍国内日益严重的暴恐事件。莫哈麦迪表示,恐怖分子在第一轮选举中未能成功,现在在巴三军情报局的支持下准备做出最后的努力来破坏第二轮大选。安全部队已采取各种严密措施保证第二轮大选顺利进行。①

6月1日,阿富汗国家安全局召开会议,会上指出,巴基斯坦军方的越境炮弹袭击旨在破坏总统大选。会议由卡尔扎伊总统主持。会上还讨论了巴基斯坦军方发动的空中袭击并对此强烈谴责,安全局指示外交部向巴基斯坦官员表达阿富汗政府的严重关切。会上还指出,华盛顿在这一问题上没有明确表态,也没有反应,安全局指示国家顾问就这一问题同华盛顿认真探讨。

6月10日,卡尔扎伊总统主持了一个国家安全局全体会议,讨论了大选期间的安全问题。安全部门称,巴基斯坦三军情报局通过虔诚军策划了针对阿卜杜拉的恐怖袭击,旨在破坏大选。巴基斯坦外交部发言人否认这个指控,并称巴方很失望出现这种言论,这会破坏两国过去几个月来共同努力营造的和平环境。②

6月16日,阿富汗国家安全局强烈谴责巴基斯坦军方在总统大选期间对阿富汗的炮弹袭击,称袭击证明巴破坏了之前宣称的与阿富汗政府合作推动大选顺利举行的承诺。

卡尔扎伊总统在离职演讲中谴责美国和巴基斯坦的政策,他表示,新政府在处理同美国和西方的关系时要"格外小心",巴基斯坦的权力高层"试图把控阿富汗的外交政策"。他还说:"阿富汗战争并不是我们的战争,而是强加于我们的战争,我们都是受害者……和平不会到来,除非美国或巴基斯坦真正想要得到和

---

① Pakistan plotting sabotage runoff vote mohammadi, Pajhok, May, 31, http://www.Pajhok.com/en/2014/05/31/Pakistan -plotting -sabotage runoff- vote- mohammadi.

② No hand in attack on Abdullah: Pakistan claims, Afghanistan Times, Jun. 10, http://www.Afghanistantimes.af/news_details.php? id = 7609.

平。"他透露,为与塔利班达成停战协议,他曾亲赴巴基斯坦20余次,但他的努力总是受阻。①

虽然阿富汗国内谴责声不断,巴基斯坦除否认外,还多次声明对阿富汗大选的支持。5月29日,巴基斯坦的一些政党领导人和议会成员齐聚伊斯兰堡,声明支持阿富汗的总统选举。参加聚会的各方都认为阿富汗的命运与巴基斯坦连在一起,二者在很多方面相互受益。5月30日,在伊斯兰堡举行的一个学术会议上,谢里夫总理外交政策顾问法特米表示,巴基斯坦支持阿富汗的和平民主转变,努力推动一个自由、公平、公正的选举。他还强调需要与阿富汗加强和解,提升南亚与中亚国家的贸易联系。

(二) 阿巴两国国内局势动荡

1. 巴基斯坦国内局势

2012年以来,巴基斯坦国内局势一直处于动荡不稳的状况,国内安全局势缺乏明显改善。这主要是由于巴基斯坦国内存在两大无法调和的矛盾:一是政府与国内激进主义和国际恐怖主义的矛盾;二是民主政治与军人统治之间的矛盾。另外政党内纷争不断、教派主义、地区主义及宗派主义依然盛行,激化了各种矛盾,使得巴基斯坦的安全局势蒙上了浓厚的阴影。

第一,政党内纷争不断,游行抗议此起彼伏。

自2013年谢里夫赢得大选以后,反对党坚持认为大选舞弊严重,纷纷抗议,2014年以选举舞弊和对谢里夫政府不满为由,正义运动党(Pakistan Tehreek-e-Insaf,简称PTI)和人民运动党(Pakistan Awami Tehreek,简称PAT)发起数次反政府抗议。2014年5月12日,伊姆兰·汗(Imran Khan)领导的人民运动党与

---

① 《卡尔扎伊告别演讲痛批美国 提醒阿富汗政府小心》,人民网,http://world.people.com.cn/n/2014/0924/c157278-25721139.html。

与塔希尔·卡德里（Tahirul Qadri）领导的人民党分别在伊斯兰堡和拉瓦尔品第举行大规模集会，反对巴政府选举舞弊与腐败，要求建立新的选举委员会，修改宪法程序。8月16日，由伊姆兰·汗和塔希尔·卡德里领导的成千上万的示威者开始在伊斯兰堡举行大规模示威游行，抗议2013年大选舞弊，要求总理纳瓦兹·谢里夫（Nawaz Sharif）辞职，并进行新的选举和行政改革。抗议前期，两党一直声称以非暴力方式抵抗政府；随着反对党抗议活动进入"红区"（议会、政府办公楼和各国使馆所在区域），此次游行也进入高潮阶段；随后几天，抗议者试图闯入总理府、总统府、国家电视大楼等关键建筑，与警方发生多次冲突。11月30日，正义运动党再次在伊斯兰堡发动集会，此次集会主要是在巴基斯坦主要城市和乡村举行罢工，意图使整个巴基斯坦陷入瘫痪。面对正义运动党和人民运动党来势汹汹的"逼宫"，谢里夫政府积极应对，虽然过程一波三折，但基本稳住了国内政局。首先，谢里夫积极与反对党接触，希望通过对话解决政治僵局，但由于双方均不能满足对方全部要价，和谈往往进行多轮，但效果甚微。其次，谢里夫政府还积极联络国内各政党，以宪法和民主之上，争取各党派的支持，这一举措取得明显效果，正义运动党的游行遭到包括人民党、统一民族运动党在内的各政党的反对，政府不断督促正义运动党以法律途径解决问题，不要给巴国内政局造成动荡。最后谢里夫政府与军方积极接触，希望得到军方的支持，甚至让军方接管伊斯兰堡的安全，以应对反对党游行所带来的威胁。

第二，民主政治与军人统治之间的矛盾。

巴基斯坦素有军人干政的传统，军方在巴国政坛无疑是十分重要的力量，政军关系也是影响巴基斯坦走向的重要因素。由于政府与军队和司法机构的关系均出现问题，2012年以来巴基斯坦政局动荡不安，使得整个国家的安全状况面临挑战。

(1)"备忘录门"事件使得政府与军队的关系出现紧张

巴基斯坦军方长期以来一直与民选政府"貌合神离",关系时常处于紧张之中。2011年10月,巴基斯坦裔美国商人曼苏尔·伊扎兹(Mansoor Ijaz)在英国《金融时报》上发表一篇文章,引发"备忘录门"事件,并在巴基斯坦政坛掀起了轩然大波。在此文中,伊扎兹宣称在2011年5月本·拉登在巴基斯坦被击毙一周后,他应巴驻美大使侯赛因·哈卡尼(Hussain Haqqani)的要求向当时的美军参联会主席迈克·马伦传递一份秘密备忘录。内容主要是寻求美国的帮助向巴基斯坦军方施压,以防止军方利用政治动荡而发动政变推翻民选政府。另外,备忘录还提出希望美方能帮助巴基斯坦政府更换军队领导人,以加强政府对军队的控制能力。在伊扎兹披露这一备忘录之后,美国相关方面证实确有其事,但哈卡尼大使和扎尔达里总统均发表声明否认知晓与备忘录有关的任何信息。① 11月18日,执政的巴基斯坦人民党中央委员会召开紧急会议,讨论"备忘录门"事件带来的影响。而在此之前,扎尔达里总统还和陆军参谋长基亚尼举行了会谈,表示将调查"备忘录门"事件。② 20日,哈卡尼大使被巴基斯坦政府从美国紧急召回,要求其就"备忘录门"事件做出解释。22日,哈卡尼大使宣布辞职,分析家们普遍认为这是军方直接施压的结果。23日,巴基斯坦军方领导人明确否认计划通过政变夺权的可能性。12月下旬,最高法院不顾政府的反对开始介入"备忘录门"事件,成立了一个由三名法官组成的委员会专门调查这一事件。

2012年1月初,陆军参谋长基亚尼和三军情报局局长帕夏将军向最高法院提交了军队对"备忘录门"事件的调查材料。9日,

---

① Economist Intelligence Unit, Country Report-Pakistan, March 2012, p. 21.
② 《巴基斯坦"备忘录门"事件发酵,执政党面临危机》,新华网,2011年11月21日,http://news.xinhuanet.com/world/2011—11/21/c_ 122313101.htm。

吉拉尼表示军方领导人就"备忘录门"事件向高等法院提交意见是违反宪法的行为。对此,军方回应称,总理的言论可能会对国家产生"难以预料的严重后果"。11日,吉拉尼解除了退役中将洛迪的国防秘书职务,指责他在军队和内阁之间制造不和。这被认为是对军方的一次"公开挑战",而且这一举动使得总理打算将基亚尼和帕夏也赶下台的谣言开始流传。14日,扎尔达里总统与基亚尼会面,媒体分析其目的显然意在缓和因备忘录曝光事件而趋紧的军政关系。

6月12日,"备忘录门"事件调查委员会向最高法院提交报告指认,哈卡尼在担任驻美大使时对巴基斯坦"不忠心",而且寻求破坏巴基斯坦的核武、武装部队、三军情报局以及宪法。报告进一步断称"备忘录门"事件属实,而且备忘录的起草工作得到了哈卡尼的授意。报告还称哈卡尼想通过备忘录向美国寻求帮助,同时想成为巴基斯坦新安全机构的负责人。哈卡尼在美国对媒体表示,这份报告是"政治性和单方面"的调查结果,因而不会接受。他还通过社交网站否认报告内容,认为上述报告是出于政治目的而且"不合法","用于分散对其他难堪事件的注意力"。哈卡尼还称,调查委员会"不是法庭",这种"断定他人有罪或清白的主张是不正确的"。[①]

尽管调查委员会公布了调查报告,但"备忘录门"事件的真实情况难以弄清。不过,这一事件的发生无疑引发了政府与军队之间的紧张关系,也使得军队后来在政府面对最高法院的压力时采取了袖手旁观的立场。

(2) 谢里夫政府与军方积怨难消,关系微妙

2013年大选标志着巴国民选政权首次实现平稳过渡,此时政

[①] 《巴调查称"备忘录门"属实,前大使被指"不忠心"》,环球网,2012年6月12日,http://world.huanqiu.com/com/roll/2012—06/2812203.html。

军关系更是备受关注，谢里夫能否顺利完成五年任期，军方的作用不言而喻。就目前而言，政军虽表现互相支持但矛盾已显现，甚至军方有可能是反政府示威游行的背后支持者。为何有如此结论？

自谢里夫执政以来，一直致力于与巴塔和谈，恢复国内和平与稳定，但和谈可谓一波三折。美国无人机击毙巴塔领袖哈基穆拉·马哈苏德（Hakimullah Mehsud）后，和谈进程更显混乱。强硬派巴塔领导人毛拉·法兹鲁拉（Mullah Fazlullah）接管巴塔，使得和谈在巴塔与巴政府相互以暴制暴的态势中最终走向失败。和谈中，虽然巴基斯坦军方数次表示与政府立场一致，支持政府与巴塔和谈，但面对巴国屡屡发生针对军方的袭击，巴基斯坦军方对和谈实际上是存在质疑的，认为和谈并未解决巴基斯坦的安全问题，反倒给武装分子以喘息的机会，反过来发动针对巴军和平民的袭击。因此，巴基斯坦军方认为对武装分子应给予直接打击。2014年5月24日，巴基斯坦军方向政府首脑传递信息，军方认为巴政府与巴塔之间的和谈已经终结，军方倾向于采取军事手段。6月9日，巴塔联合乌伊运袭击卡拉奇真纳国际机场，这标志着巴政府与巴塔的和谈名存实亡，军方随即果断发起了打击恐怖分子的"利剑行动"（Zarb-e-Azb）。

此外，谢里夫上台后加速对穆萨拉夫的审判，已令军方不悦，而在与印度和阿富汗政策上，谢里夫政府不断地改善与印度的关系，并一直宣称自己对阿富汗事务的不干涉政策。军方认为，谢里夫政府倡导的与印度和解，对阿富汗失误奉行不干涉的政策是十分危险的举措；印度正在加强在阿富汗的存在，担心美国撤军阿富汗后，如果印度与阿富汗关系良好，可能会对一同对巴基斯坦形成包围之势，届时将对巴基斯坦产生威胁。由此可见，虽然2014年谢里夫政府与军方一直在公众面前表现出立场一致，但在上述问题上，双方矛盾已经凸显。政府与军方本就积怨难消，如果任由矛盾发展，恐怕对谢里夫政府未来执政极为不利。而谢里夫政府与军方之间的矛盾也为反对党"逼宫"提供可乘之机。在正义运动党和人民运动党发起的反政府游行中，军方一直持中立态度，并强调支持巴基斯坦宪法和民主，在静坐演变成暴力冲突时，军方在与政府多次讨论当前政治僵局后，以调停者身份出现引发了各方的讨论和质疑，对于军方的担忧更是甚嚣尘上。有部分反恐专家认为，伊斯兰堡持续的危机更是由军方在背后支持的、精心安排的试图破坏谢里夫政府的活动。巴基斯坦每次选举后都会经历类似的状况，军方并不希望伊斯兰堡建立起一个稳定而强大的政府，因此利用正义运动党领袖伊姆兰·汗和人民运动党领袖塔希尔·卡德里削弱政府。还有学者表示，伊斯兰堡暴力冲突发生后，军方和谢里夫政府进行谈判，军方为帮助谢里夫政府解决政治危机设置了诸多条件，谢里夫政府答应其条件，军方才作为协调者帮助解决巴基斯坦目前的政治僵局。这表明谢里夫政府在这场政治危机中本质上是处于守势的，如若巴基斯坦军方借帮助政府解决政治危机要价较高，获取更多权力，就可能会控制巴国国防、安全、外交等方面的国家决策权，进行"软政变"，为军事统治开后门。由此，即使谢里夫政府不会因反对党游行而垮台，但军方获得更多的权力，日后必定会对谢里夫政府及巴基斯坦本就脆弱的民主产生更大的威胁。

（3）"司法政变"导致吉拉尼总理被解职

2007年10月，时任总统穆沙拉夫颁布"全国和解令"，使1986年至1999年期间的涉及巴基斯坦众多政治人物的案件被撤诉，其中就包括现任总统扎尔达里的相关案件。2010年1月，最高法院正式宣布"全国和解令"违反宪法，并要求政府向瑞士检查机关提出重新审理扎尔达里案件。

2011年最高法院再次旧案重提，要求总理吉拉尼向瑞士重新提出审理扎尔达里腐败案。吉拉尼则以现任总统有司法豁免权为由拒绝了法院的要求。2012年1月,最高法院指责政府"故意违反"法院的相关法令,并对总理吉拉尼提出蔑视法庭的指控。吉拉尼则表示,"继续追究一个由大多数民众选举产生的总统的责任对这个国家没有好处。"3月中旬,最高法院再次要求吉拉尼于21日前亲自致函瑞士政府要求重启总统扎尔达里所涉腐败案件的审理。吉拉尼回应称他宁愿坐牢也不会遵照最高法院要求致函瑞士政府,因为那属于叛国行为。4月,最高法院正式宣布吉拉尼蔑视法庭罪名成立。

6月,巴基斯坦行政与司法当局的博弈进入白热化阶段。19日,由于吉拉尼未就其蔑视法庭的判决提出上诉,最高法院宣布其失去了继续担任总理的资格。对此,巴基斯坦主要反对党呼吁重新举行议会选举,提前举行大选。扎尔达里总统则明确表示不会提前举行大选,并于20日宣布现任纺织部长谢哈布丁(Makhdoom Shahabuddin)为新总理候选人。然而,提名刚刚公布,巴一家法院的禁毒法官就对谢哈布丁发布了不可保释的逮捕令,理由是他被控制涉嫌违规批准发放违禁化学品。21日,执政联盟一致决定推荐前水电部长阿什拉夫(Raja Peraiz Ashraf)为总理候选人。随后,巴基斯坦议会通过了这一提名,阿什拉夫于23日正式走马上任。[①] 美国《华尔街日报》将此次巴国史上首次总理直接被法院解职称作"司法政变"。

在吉拉尼下台之后,司法部门并没有停止对行政当局施加压力,人民党也一直在为应对法院的后续行动做准备。7月11日,人民党在国民议会推动通过了一项新法案,该法案意在为总理和其他在任的政府高级官员提供更多保护,以免他们遭受蔑视法庭罪名指控。12日,最高法院下令,要求阿什拉夫于当月25日前致函瑞士执法部门,重启扎尔达里案的调查。8月3日,最高法

[①] Economist Intelligence Unit, Country Report-Pakistan, September 2012, p. 26.

院以"保护总理与高官"违背宪法精神为由,驳回了议会先前通过的为总理和其他政府高级官员免受藐视法庭罪名指控的新法案。27日,阿什拉夫应最高法院的召唤到庭做了一个简短的辩护,解释了政府不能按照法院的要求重启总统案件的原因,并向法院保证将以"诚挚的努力"来解决这一事件。

9月18日,阿什拉夫在最高法院再次出庭,表示政府已经根据最高法院的要求决定就重启总统扎尔达里的案件一事致函瑞士政府。此举被认为是巴政府立场的一次重大转变。此后,最高法院曾三次拒绝政府的信件草稿,要求修改信件内容。10月10日,司法部长奈克称最高法院已最终接受政府写给瑞士当局的信函内容,信函将按照最高法院要求通过外交渠道于一个月内送往瑞士,信件回复会送交最高法院。奈克还说,最高法院已经表示接受扎尔达里享有豁免权,信件中将提及这一问题。

对于政府和最高法院达成妥协一事,巴舆论分析认为对双方都有好处:首先,巴政府目前面临严峻的国内经济形势,财政赤字迅速增长,通胀及失业率居高不下,经济环境持续恶化。因此继续对立很可能加剧社会动荡,令政府和最高法院均陷入不利境地。其次,尽管执政的人民党有决心,甚至不惜接连更换总理保住扎尔达里,但频繁更换总理势必会影响党内及执政盟友的团结,进而影响人民党的执政根基。这将对人民党赢得2013年大选产生不利影响。最后,即使腐败案调查重启,最高法院仍不能启动针对扎尔达里的司法程序,因为扎尔达里是国家元首。即使调查重启,拥有豁免权的扎尔达里也不一定会面临司法程序。[①]

2. 阿富汗国内局势

阿富汗由于长期的内战、外国势力的干预、经济的落后、毒

[①] 《巴基斯坦政府与高法就总统腐败案展开斗争》,中国新闻网,2012年9月27日, http://www.chinanews.com/gj/2012/09—27/4217266.shtml。

品的泛滥、国内政治生态的恶化等因素导致国内局势长期不稳定,政府也非常腐败,根据世界银行的排名,阿富汗的腐败指数每年都名列前茅,与塔利班统治后期无异。[①] 这导致民心离散,民怨沸腾,许多民众因为对政府不满逐渐重新投入塔利班分子的怀抱。

自 2013 年以来,政府与塔利班的政治和解进程也停滞不前,各派势力争夺加剧,政府的执政能力面临巨大挑战,这一切使得阿富汗变得前途未卜和动荡不安。

第一,和平进程停滞不前,安全局势恶化。

从阿富汗卡尔扎伊政府开始,政府一直努力寻求与塔利班反政府武装组织和解,甚至考虑将塔利班拉入新的政治框架中来。2014 年上任的新总统加尼在就职演讲中也呼吁塔利班和其他武装放下武器,加入到国家的政治进程中,他说:"我们厌倦了战争……我们释放和平信号,但这不代表我们懦弱。"

但塔利班却以外国军队全部撤军、释放囚犯等作为和谈的先决条件。早在 2013 年 6 月 18 日,塔利班在卡塔尔首都多哈开设和谈办公室。阿富汗塔利班(简称"阿塔")在声明中说,开设和谈办公室是为"和联合国及非政府组织展开沟通"。有媒体报道称,塔利班有意通过该办公室同美国等西方国家举行谈判。但一位塔利班指挥人员却在 2013 年 7 月 9 日透露,阿富汗塔利班将暂时关闭位于卡塔尔首都多哈的和谈办公室。因为阿富汗卡尔扎伊政府要求其必须撤走办公室的白色旗帜和"阿富汗伊斯兰酋长国"牌子。塔利班对此甚感不满,指责美国和卡尔扎伊以此为借口使谈判陷入僵局。随着美国的撤军使塔利班看到胜利在望,其立场变得更坚定。据有关人士分析认为,塔利班之所以开设和谈

[①] World Bank, Governance Matters 2007: Worldwide Governance Indicators, 1996—2006, Washiington DC.: World Banks, 2007.

第二章　影响阿巴安全环境的大国因素

办公室更多的是希望获得外界对其合法地位的认可。

当美国于2014年实施撤军计划时，塔利班武装袭击明显增多、增强。4月28日，塔利班宣布开展"春季攻势"，针对美国支持的阿政府、外国军事基地以及外国使领馆等发动袭击。喀布尔机场及其毗邻的驻阿北约空军基地指挥部，印度驻贾拉拉巴德市的领事馆，赫拉特的美国领事馆等多处遭遇恐怖袭击。10月15日，卢格尔省省长贾马尔在一座清真寺祈祷时遭炸弹袭击并当场身亡。这些恐怖袭击都造成了大量的平民伤亡。据联合国机构统计，2013年前8个月，阿富汗平民伤亡数字比2012年同期增长16%。美国一位高级军官警告，2013年冬季反政府武装会在2014年大选和西方撤军前，发起不寻常的剧烈袭击以制造最大的破坏。预计冬季的袭击旨在"制造轰动性，目标是政治官员，选举官员和候选人"。2014年上半年阿富汗国内举行选举期间，塔利班武装组织又对南部赫尔曼省的阿富汗军政机构发动了进攻。根据阿方情报机构消息，这些进攻具有一定规模性，参与攻击的武装分子多达百人，火力完全可匹敌政府军。很明显，中东"伊斯兰国"的横空出世给塔利班等宗教武装势力莫大鼓励，因为它暴露出西方军队在国外复杂环境下实行反暴乱作战的不足，以及西方不愿过多进行地面作战的政治顾虑，同时还暴露出挟洋自重的阿富汗本土政府的虚弱和无力。塔利班的目的就是利用西方试图抽身撤退的良机，夺回一些地区的控制权，为卷土重来寻找根据地。塔利班的攻势呈现日益猛烈的趋势，甚至在2013年年底对首都喀布尔的安全部队发动了进攻，气焰非常嚣张，更让人对阿富汗未来的安全局势感到担忧。近来，阿富汗安全局势又有趋紧的迹象。2016年2月27日，发生在阿富汗首都喀布尔市区针对该国国防部的自杀式炸弹袭击，造成15人死亡，31人受伤。美国五角大楼此前提交国会的报告显示，2015年6月以来，阿富汗总体安全局势有所恶化，叛乱分子发动的袭击增多，阿富汗安全部队和塔利班双方人员伤亡增加。①

第二，安全移交如期进行，阿国家安全力量能力令人担忧。

2013年2月12日，美国总统奥巴马宣布，将在一年内从阿富汗撤军3.4万人，占当时驻阿美军人数（6.6万人）的一半多。2013年4月5日，北约驻阿高级将领民事代表乔吉姆斯表示，阿富汗国家安全力量（ANSF）已接管覆盖全国近90%的人口防务工作，主导80%的军事行动。2013年6年18日，阿富汗总统卡尔扎伊宣布启动第五阶段安全移交，本阶段移交涉及阿95个区。移交完成后，阿富汗安全力量将承担本国境内的安防责任，北约联军将转而执行支持培训任务。阿富汗未来的安全必须依靠ANSF自身，2014年即便有外国驻军也只是负责培训，将不再直接参与战斗。

当时一些分析人士就认为美国一旦撤军，塔利班必然会卷土重来。喀布尔政权可能会崩溃，整个国家可能再次陷入内战。这种担忧首先来自对ANSF的能力怀疑。目前ANSF人数达35万，并且投入过400亿美元的装备和训练。② 这使得他们在打击武装分子方面信心十足，曾有多名军官表示"宁可战死也绝不退让一寸土地"，但现实情况却是阿富汗全部部队难以独立支撑大局。最近的作战虽然几乎是ANSF承担，但却成果寥寥，伤亡重大。

随着"后撤军时代"的来临，武装分子在阿富汗制造的袭击程度明显比以往激烈。阿富汗安全部队士兵伤亡人数逐年增加，近几年伤亡呈上升趋势。2015年10月21日，阿富汗国防部官员称，自2003年以来，阿富汗国民军伤亡人数每年都在急剧增加。至少6853名阿富汗国民军士兵丧生。在过去的十年期间，阿富汗

---

① 《人民日报》，2016年2月29日。
② 陈利君主编：《南亚报告2013—2014》，云南大学出版社，2014年版，第142页。

军队的伤亡数量逐年增加，阿富汗国家安全部队平均每日有四名士兵丧生。据相关专家研究分析得知，阿富汗国家安全部队高伤亡率的主要原因是缺乏军事装备和灵活多变的战术，频繁的袭击和越来越多的外国武装分子。虽然塔利班等武装分子仅有数万人，但阿富汗安全部队由于受低下的空军侦查能力、落后的后勤补给等因素影响，使其反恐能力受到严重制约，在与塔利班的交战中屡次处于劣势，缺乏独立完成维稳任务的能力。因此，加尼、阿卜杜拉等多位政府高级官员和相关分析人士都公开表示阿富汗安全部队对外国部队仍有极强的依赖性。2014年12月9日，加尼总统在华盛顿会见奥巴马时请求美国在2015年放缓撤军进程。阿卜杜拉在接受《星期日泰晤士报》的采访时曾表示，就阿富汗目前的安全形势而言，所有外国军队的撤出是草率和不责任的。

  导致阿富汗国家安全部队能力低下的原因有多方面。一，从阿富汗自身的角度而言，政府的腐败无能是根本原因。一方面，国家安全系统特别是国防部长一职的任命因加尼与阿卜杜拉的权力斗争迟迟难以决断，使得阿富汗无法形成统一的反恐维稳纲领，"长官"职位的长期空置显然会影响"士兵"的士气，而在阿富汗这一特殊的部族传统下，多居于军官职位的非普什图族与被排挤的普什图族士兵之间的矛盾会愈演愈烈，导致"剿塔"动机不纯，临阵"开小差"现象更加严重。阿富汗国家安全部队的逃兵率达20%，一个典型的小分队在任何时候都只能达到约50%的定员。另一方面，由于新政府的主要精力放在政治斗争之上，国家经济发展非常缓慢，漫长的选举耗费巨大，在国际社会援助力度下降的情况下，政府财政日益拮据。据相关研究分析得知，隶属于国家安全系统的诸多部门雇员的工资已数月都发不出，外媒曾多次报道，"阿富汗地方警察向塔利班出售配枪以换取粮食"，这大大削弱了阿富汗政府维护国家稳定的能力以及政府公信力。二，阿富汗军警大多是迫于生计，而那些怀揣当兵吃粮的心理参军或加入警察队伍的当地人，素质低、文盲多，北约联军教官与他们难以沟通，要训练为合格士兵或警察非常不容易。三，阿富汗安全部队人数增长过快，训练教官不足的问题日趋凸显，大量新兵和新警察没有受过必要训练就分配到岗。四，阿富汗安全部队武器装备陈旧。五，阿富汗安全部队人数虽有所增加，但政府武装力量人数难以大规模增加，而各种反政府力量有所抬头。截至2014年年底，阿富汗政府的武装力量大约为26万人，其中，2013年阿军招纳了15万名新兵，但如前所言，阿富汗新兵的作战水平很低。而且，阿富汗政府武装力量人数在增加的同时，伤亡人数不断增加。据北约国际维和部队的资料，由于士兵渎职、作战阵亡、受伤或按期退役，阿富汗军队每年的人员损失率高达34.8%[1]，这表明阿富汗政府武装力量大幅度增长的可能性不大，尤其是作战能力需要进一步提高。而塔利班、武装反对派、极端组织等反政府力量实在仍不可小视。据阿富汗媒体报道，阿富汗境内的反政府武装人员近6万人。2013年上半年，他们对阿富汗国家安全部队发动的袭击次数比2012年同期增长了60%。

除去对其能力的质疑，ANSF的运作资金维系也是大问题。美国2014完全撤军后就不同意继续为ANSF每年40亿—60亿美元的开支买单。阿富汗羸弱的经济显然很难维持如此高额的安全开支。

第三，部族武装斗争不断。

阿富汗地形复杂，道路崎岖，交通困难。从抗苏战争以来，阿富汗村镇已不在中央政府的管辖之下，而是部落的天下，大大

---

[1] 杨恕、张玉艳：《北约从阿富汗撤军对中亚地区安全的影响》，《新疆大学学报》，2014年6期。

小小的部落遍布于阿富汗的各个角落。塔利班夺取阿富汗政权的五六年间，也没有完全融合各个部落。部落的特点是封闭性，《阿富汗文化史》中写道，"一个部落就是一个有组织的团体，一个小共和国，自给自足，几乎拥有村民所需要的一切。它自成体系，近乎独立，对外部世界漠不关心。"阿富汗的部落不仅是行政和生产单位，而且还是军事单位。阿富汗人骁勇善战，部落成员几乎人人拥有武器，担负着保卫部落、攻击仇敌的任务。历史上，阿富汗的政府军主要是由部落民众组成的非正规军。塔利班、北方联盟的军队都或多或少有这样的特点。就说北方联盟，它是由民族成分不同的武装力量构成的，其中包括拉巴尼、马苏德所领导的塔吉克族武装（马苏德死后军事领袖为法希姆），杜斯塔姆领导的乌兹别克族武装，哈里里领导的哈扎拉人武装等。一般说来，各个部落都在自己的地盘内独立征税，拥有独立的管理系统。

迄今为止，在阿富汗从来就没有哪一届中央政权能够取得压倒传统方式的优势。在20世纪，历届政府对绝大多数阿富汗人的行动或思想的影响微乎其微。

阿富汗内战从某种程度上来讲也是部落之间、民族之间的斗争。阿富汗是由无数个"小社会"组成的国家。在极其复杂的民族纷争、部落嫌隙和语言差异的环境中，每个小社会都因各自不同的特性而占据不同的政治地位。人口最多、影响最大的民族是普什图人，他们主要集中在阿富汗南部和东南部地区。其他的民族包括塔吉克人、乌兹别克人、哈萨克人、努里斯坦人和俾路支人等。每个民族都有自己的语言。由于部落间的裂痕，这些民族分裂变得更加复杂。普什图人在历史上分成两个相互敌对的大派别，每个派别中又进一步划分成许许多多小部落和家族世系。城市居民同乡村居民之间的鸿沟，以及乡村居民中普遍存在的社会差别使这种情况更加恶化。因此，阿富汗的内乱总是易起难息。

正如熟悉阿富汗历史的专家指出的那样，很多阿富汗人的忠诚只有一个对象，这个对象不是世俗的国家或政府，而是部族的长老或领袖，这个独特的存在，可以说是阿富汗动荡之源，民主之障碍，但同时也是阿富汗稳定的关键支柱。例如，2010年美军在坎大哈发动清剿塔利班的行动，当时该地重要的普什图族大长老哈米杜拉—赫尔曾不无骄傲地说，"如果没有我们点头，美国人是不敢也不会打坎大哈的！"在常年的战乱动荡中，这些部族势力为求自保积攒了不俗的实力。他们对西方扶持上台的阿富汗新政府嗤之以鼻，同时内心也敌视着"入侵"阿富汗的外国势力，所以这股势力一直会成为影响阿富汗局势走向的重要因素。

第四，阿政治生态的恶化。

民主制度虽然美好，但对阿富汗这样一个徘徊在现代社会门槛之外的国家而言，想要一口吃成个胖子，难度无疑是很大的。

首先，国内政治混乱让各方势力混战不休。阿富汗国内政治派别距离现代政党模式还有很大差距，部族势力、宗教传统、民间团体等在政治博弈中厮杀混战，部族之间缺乏相互信任，对现有政权模式普遍不满。加上政府缺乏宏观规划，看重短效收益，各派系在国家发展目标等重大问题上利益偏差较大，政策思路分歧大于共识，与形成良性竞争发展的政治环境还有相当远的距离。

其次，政府的腐败无能加速滋生蔓延。阿富汗长期饱受腐败困扰，已成为阿富汗经济社会发展的瓶颈甚至致命威胁。为此，阿富汗政府把惩治腐败作为其工作的重要内容。2011年，国际反腐组织"透明国际"发布的年度"清廉指数"（CPI）对全球180个国家的政府部门的腐败情况进行了评估，结果是阿富汗连续第二年排名下滑。2008年、2009年、2010年的排名分别是176位、

179 位、178 位。① 根据世界银行的统计，阿富汗属于世界上最为腐败的 1.5% 的国家。据统计，2009 年约有 52% 的公务员收受过贿赂，贿赂总额超过 25 亿美元，这一数额相当于阿富汗当年 GDP 的 23%。② 阿富汗人用于行贿的金额为 156 美元，占该国人均 GDP 的 1/3。联合国毒品和犯罪办公室（UNODC）与阿富汗反腐机构也表示，阿富汗官场腐败正在愈演愈烈。阿富汗的腐败引起国际关注，联合国开发计划署与三个阿富汗公民社会组织签署协议，为阿富汗反腐努力提供资金援助。这是开发署协助加强阿富汗公共部门打击腐败，加强问责制和透明度的措施之一。阿富汗前总统卡尔扎伊曾警告说，腐败是阿富汗最大的敌人，他本人近年来多次发誓要惩治腐败。但是在阿富汗民众和大部分外国人的眼里，卡尔扎伊的政府几乎成了腐败的同义词。越是贫瘠的土地越经不起权力的压榨，在阿富汗，卡尔扎伊家族的腐败早已是公开的秘密，这也严重影响了民众对政府的信任和政治派系的团结。《纽约时报》2013 年曾披露美国中央情报局定期给阿富汗总统办公室塞美元现金，更引起国内外民众哗然一片。美国政府后来也对阿富汗政府的腐败忍无可忍，甚至直接警告卡尔扎伊政府，如果不根治腐败将停止对阿富汗经济援助。如今的加尼政府如何扼杀腐败风气的蔓延，将是一项极为艰巨的任务。

最后，外部势力介入使得政府缺乏独立性和权威性。众所周知，当前阿富汗政府不得不仰人鼻息，在经济发展、国内安全等方面依靠美欧等西方势力。2014 年 9 月，在经历了阿富汗历史上耗时最长的民主选举之后，加尼成为新一任阿富汗总统。不过新政府不管口号喊得多响，自身是明显缺乏底气的。例如，新政府

---

① Joseph L Carter, "Aiding Afghanistan: How Corruption and Western Aid Hinder Afghanistan's Development," Foreign Policy Journal, June 10, 2013, pp. 2 - 3.

② Joseph L Carter, "Aiding Afghanistan: How Corruption and Western Aid Hinder Afghanistan's Development," Foreign Policy Journal, June 10, 2013, pp. 2 - 3.

成立后，由于国库空虚无力支付公务员工资，不得不向美国请求5亿美元的紧急援助。这也从一个方面反映出阿富汗政府本身缺乏权威性，成为本末倒置的西方强力政策的牺牲品。过去十几年来，驻阿联军和西方势力为达到自身目的，不断挑起部族之间的矛盾和冲突，对阿富汗传统权力结构造成严重破坏，以坐收渔翁之利。从历史经验来看，倘若阿富汗政府过于顺从本土势力的要求，背离西方在阿的战略目标，西方势力将会挑动内部反对派取而代之。卡尔扎伊在执政后期多次批评外国驻军是阿富汗深陷苦难、民众大量伤亡的原因，就招致美国公开表示不满。

从伊拉克的教训来看，一旦强力塑造的威权消失，国内又缺乏具有足够治理能力和进攻实力的政府，国内派别纷争不可避免，武装势力反扑来势更猛，美国卡内基国际和平研究院主席马修斯就此指出："一旦内战爆发，阿富汗将成为恐怖主义的避风港，届时对整个世界的安全形势都会造成毁灭性影响。"新总统加尼虽然被不少人寄予了厚望，但是阿富汗国内政治现实决定了他的作为空间非常有限，特别是迫在眉睫的安全形势将对新政府构成最大挑战。

（三）极端势力活动猖獗，恐怖袭击事件频繁

关于"恐怖主义"这个概念的定义，仁者见仁，智者见智，迄今并没有一个公认的统一界定，但各种定义中大都有一个共同点，即"恐怖主义"是有明确的诉求的，是以暴力袭击为手段来达到自己的诉求，包括政治诉求或意识形态诉求，以此区别于刑事犯罪意义上的暴力袭击或暴力冲突。据此，这里所说的"恐怖袭击"主要是指由恐怖组织、反政府武装组织及其他武装组织发动、针对政府、军警、社会等目标的暴力袭击，目的是通过制造社会恐慌心理来对政府施加压力，以实现其政治诉求，也包括不同教派之间发生的暴力袭击事件，因为教派袭击带有意识形态诉求，即宗教诉求。

第二章　影响阿巴安全环境的大国因素

1. 阿富汗恐怖袭击活动简况

阿巴两国恐怖袭击事件频频爆发，自 2009 年以来，因暴力袭击导致的平民受伤和死亡人数逐年增加，2009 年达到 5968 人，2010 年是 7160 人，2011 年是 7839 人，其中前 6 个月，遭袭伤亡的阿富汗各级官员和政客达到创记录的 191 人。① 美国国务院 2013 年 3 月 30 日发布年度恐怖活动报告称，2012 年巴基斯坦、伊拉克和阿富汗三国遭遇的恐怖袭击次数和伤亡人数最多。报告说，2012 年全球 85 个国家总共发生 6771 起恐怖袭击，造成 1.1 万多人丧生和超过 2.16 万人受伤。其中，55% 的袭击、62% 的死亡和 65% 的受伤发生在上述三个国家。阿富汗死亡人数最多，达到 2632 人②。

美联社的报道称，2013 年阿富汗的暴力袭击状况已接近过去 12 年的最高水平。③ 安全形势确实令人担忧，阿富汗战争 12 年之后，阿富汗人对他们的未来感到失望和不确定。阿富汗总统卡尔扎伊说，阿富汗政府及其国际伙伴仍然不能向阿富汗人民提供安全保障。

2014 年至 2015 年，阿富汗的暴力恐怖袭击也是频频发生，进一步恶化了安全形势。根据数据显示，2014 年上半年因暴力安全事件导致的平民死亡人数达到了 1564 名，受伤人数达 3289 名，这一数据相比 2013 年同期增加了 24%④。2015 年形势没有得到缓解。据喀布尔当地媒体报道，阿富汗首都喀布尔仅 8 月 7 日当天

---

① "Afghan civilian casualties rise 15%：UNreport", http://news.xihuanet.com/english2010/world/2011—07/14/c_ 13985723.htm.

② 《南亚简报》，2013 年 12 期，第 23 页。

③ 中国网，2011 年 7 月 2 日，http://www.china.com.cn/international/txt/2013—07/02/content_ 29290391.htm.

④ Civilians Casualities Rise by 24 percent in First Half of 2014, [2014—07—09], http://unama.unmissions.org/ Link lick.aspx？filetcket = OhsZ29Degyw%3d&tabid = 12254&mid = 15756&language = en-US.

就发生3起暴力袭击，已造成至少42人死亡，逾400人受伤。喀布尔西部的警察学院附近当晚早些时候发生一起自杀式爆炸袭击，造成至少26名警察学员死亡，另有27人受伤。此外，喀布尔北部的一处美国军事基地当晚发生另一起爆炸袭击，阿富汗安全部队同袭击者之间爆发了枪战。北约驻阿富汗"坚定支持"任务团8月8日发表声明称，袭击造成1名"坚定支持"任务成员和2名武装分子死亡。阿富汗塔利班已宣布制造了针对警察学院的袭击，但尚无任何组织或个人宣布对另外两起袭击负责。联合国驻阿富汗援助团自2009年开始记录阿富汗平民的伤亡情况。据记录显示，2009年1月1日至2015年6月30日，阿富汗国内的武装冲突已造成1.9万余名平民丧生，另有3.3万名平民受伤。

2016年以来，"伊斯兰国"和"基地"组织等恐怖势力进一步加强在阿富汗势力，给阿富汗安全稳定造成严重危害。

2016年7月23日，极端组织"伊斯兰国"在喀布尔针对游行民众发动自杀式爆炸袭击，造成至少80人死亡，另有231人受伤。这是"伊斯兰国"迄今为止在阿富汗制造的最大规模恐怖袭击，引发了外界对于"伊斯兰国"在阿富汗势力日益增长的担忧。"伊斯兰国"近年来不断地向阿富汗渗透，在一些边境省份和政府难以掌控的地区活动日趋频繁。"伊斯兰国"在喀布尔制造恐怖袭击后，阿富汗国家安全部队在美军空袭支援下，加紧了对东部楠格哈尔省"伊斯兰国"武装分子藏匿点的打击力度。

此外，阿富汗境内反政府武装在春夏两季活动频繁，自2016年4月底塔利班宣布发动新一轮"春季攻势"以来，阿富汗安全局势堪忧。连日来，阿富汗多地发生袭击事件，造成多人伤亡。

联合国驻阿富汗援助团（UNAMA，简称"联阿援助团"）2016年7月25日公布的阿境内2016年上半年平民伤亡报告显示，2016年上半年共有1601名阿富汗平民在各类袭击事件中丧生，是2009年以来同期最高纪录。同时，联阿援助团在其年度报告中表示，上年在武装冲突中保护平民，1月1日至12月31日，联阿援助团记录11418平民伤亡，3498人死亡，7920人受伤。75%平民伤亡是塔利班等恐怖分子造成。

2017年阿富汗的恐怖袭击达到了新的高潮。2017年7月，联阿援助团的报告显示阿富汗平民死亡人数在2017年上半年达到新高潮，约有1662人死亡，3500多人受伤。大多数受害者是被恐怖组织杀害的，其中包括塔利班和"伊斯兰国"。在死于恐怖袭击的平民中，阿富汗首都喀布尔的死亡人数占了近20%。这些死亡者中有许多人死于2017年5月底的喀布尔卡车炸弹袭击。当时一辆卡车炸弹在喀布尔早高峰时段爆炸，造成150多人死亡，数百人受伤。联阿援助团调查后称平民死亡人数为92人，这是自2001年以来阿富汗的最致命的恐怖袭击事件。

2. 近年来巴基斯坦恐怖袭击简况

自穆沙拉夫执政以来，由于美国对其施以高压，要求他断绝与塔利班关系，协助美国开展"反恐斗争"。穆沙拉夫从巴基斯坦的最高民族利益出发，不得不同意美国的要求，但却因此得罪了塔利班和"基地"组织，以及与他们有千丝万缕联系的巴基斯坦部落地区的首领。

因此，近年来，巴基斯坦恐怖主义和极端主义盛行，极端主义思想蔓延，国内安全局势日益错综复杂，严重影响到地区稳定与和平。恐怖主义已经成为巴基斯坦最主要的安全威胁，严重影响到巴基斯坦的社会稳定和国家安全。巴基斯坦是世界上受恐怖主义危害最为严重的国家之一。

近年来频频在巴基斯坦国内特别是南部港口城市卡拉奇制造恐怖袭击事件。

2012年3月底，一群武装分子在一个普什图人聚居区的一座桥上开枪扫射，至少造成14人死亡（这是一个星期内该市发生的第三起枪击事件）。就在同一天，卡拉奇的不同地点还发生了多起定点清除事件。上述事件使得巴相关部门（包括信德省首席部长和联邦政府内政部长在内）的高官在4月初举行了一个专题会议并决定增派警力在卡拉奇的关键地点建立更多的检查站和关卡。① 10月6日晚至7日下午，卡拉奇又发生多起暴力袭击以及定点清除事件，造成至少11人死亡，10人受伤。为此，安全部队于7日在卡拉奇多个地区展开搜捕行动，逮捕了15名涉嫌实施暴力袭击和定点清除犯罪嫌疑人。

2013年，各类恐怖袭击数量从年初开始逐月上升，并在5月大选前后达到高峰。谢里夫政府执政后调整反恐方针，奉行和谈政策，安全形势自8月以后逐步趋缓，到年底时基本稳定，但安全局势仍然非常严峻。据统计，从2013年1月份到11月初在巴发生的与恐怖主义相关的暴力袭击多达319次②，共造成1384名平民和340名安全部队成员死亡，另有近3000人在此类事件中受伤③。全年发生恐怖袭击1717起，比2012年增长9%，导致2451人死亡，比2012年增长19%，5438人受伤，比2012年增长42%。④另外恐怖袭击的地区在扩大，开伯尔—普赫图赫瓦省、俾路支省、卡拉奇和联邦直辖部落区仍然是恐怖袭击的"重灾区"。但过去较少发生恐怖的旁遮普省、吉尔吉特—巴尔蒂斯坦、伊斯兰堡、自由克什米尔等地区也发生数量不等的恐怖袭击，表明恐怖袭击的地区在扩大。可见，新政府面临的反恐任务依然十分艰巨。

---

① Economist Intelligence Unit, Country Report-Pakistan, June 2012, pp. 23 – 24.
② 其中包括美国为打击恐怖主义而发动的无人机攻击而造成附带损伤的次数。
③ 陈利君主编：《南亚报告2013—2014》，云南大学出版社，2014年版，第50页。
④ 陈继东、晏世经主编：《巴基斯坦报告（2013年）》，云南大学出版社，2014年版，第68页。

从被袭击的目标来看,第一,针对安全部队和法制机构的恐怖袭击有498起,占恐怖袭击总数的29%,居第一位,导致657人死亡,1434人死亡。第二,针对平民的恐怖袭击358起,占恐怖袭击总数的21%,426人死亡,1025人受伤。第三,针对教派目标的恐怖袭击215起,占恐怖袭击的12.5%,死791人,伤1522人。第四,针对政党办公地、集会和政治人士的恐怖袭击198起,占恐怖袭击总数的11.5%,死244人,伤879人。第五,对其他目标的恐怖袭击攻击448起,占恐怖袭击总数的26%,死333人,伤578人。①

从恐怖袭击的实施者来看,居第一位的是以巴基斯坦塔利班为代表的武装组织,包括巴塔(TTP)、本地塔利班及其同盟武装组织,他们共发动了1059起袭击,占恐怖袭击总数的61.7%,导致1418人死亡,占死亡总人数的57.8%,3408人受伤,占受伤总人数的62.7%。其次是俾路支省和信德省的民族主义反叛组织,共发动了450起袭击,占恐怖袭击总数的26.2%,导致375人死亡,占死亡总人数的15.3%,835人受伤,占受伤总人数的15.4%。此外,还发生了215起与教派相关的恐怖袭击,由被取缔的宗教极端组织所为,巴塔及其同盟武装也宣称对一些袭击负责。由此可见,巴塔及其同盟武装组织、民族主义反叛组织、被取缔的宗教极端组织是恐怖袭击的主要实施者。

其实2013年巴基斯坦安全局势的原因非常复杂,但可以说,恐怖袭击是其最主要的原因。其中,巴塔和其他武装组织是主要的恐怖事件的制造者。民族反对派武装也是重要的恐怖活动实施者。虽然美国无人机袭击对巴塔造成重大创伤,主要表现为连续击毙其重要领导人,但巴塔自身"恢复"能力极强,很快就产生

---

① 陈继东、晏世经主编:《巴基斯坦报告(2013年)》,云南大学出版社,2014年版,第69页。

出新的领导人，该组织的行动能力和实力水平并未降低，仍然拥有频繁发动袭击的能力。而民族发对派武装的实力也没有被有效削弱，其对安全局势的影响能力仍然较大。

2014年巴基斯坦安全形势总体有所缓和，但形势依然严峻，反恐任重道远。本年度，巴基斯坦共发生了由武装组织、民族反叛组织和暴力宗教集团发动的1205起恐怖袭击，比2013年的1717起下降了29.8%；导致1723人死亡，比2013年的2451人下降了29.7%；3092人受伤，比2013年的5438人下降了43.1%。伤亡总数4851人，比2013年的7889人下降了39%。[1] 从地区分布看，恐怖袭击主要发生在开伯尔—普什图、俾路支省、联邦直辖部落区和信德省，共发生恐怖袭击1147起，占总数95.2%，导致1550人死亡，占总数的90%，2614人受伤，占总数的84.5%。[2] 另外，旁遮普省、吉尔吉特—巴尔蒂斯坦、伊斯兰堡也有不同程度低受到恐怖袭击的威胁。

从袭击目标看，针对安全部队和政法部门的恐怖袭击为436起，占总数的36%。针对平民目标的恐怖袭击为217起，占总数的18%。针对宗教目标的恐怖袭击为157起，占总数的13%，主要是部分教派之间的社区冲突和对一些宗教场所的袭击。针对亲政府部落长老和部落和平委员会的恐怖袭击为66起，占总数的5.5%；针对军队和政治领导人的恐怖袭击为56起，占总数的4.6%；针对学校等教育机构的恐怖袭击为40起，占总数的3.3%；针对政府人员的恐怖袭击为11起，占总数的11%。[3] 还

---

[1] 陈继东、晏世经主编：《巴基斯坦报告（2014年）》，云南大学出版社，2015年版，第53页。
[2] 陈继东、晏世经主编：《巴基斯坦报告（2014年）》，云南大学出版社，2015年版，第55页。
[3] 陈继东、晏世经主编：《巴基斯坦报告（2014年）》，云南大学出版社，2015年版，第60页。

有其他针对国有资产、医疗工作者以及部落机关等为 223 起，占总数的 18.6%。

总体来看，2014 年巴基斯坦的安全形势比上年有较为明显的好转，但仍然严峻，还发生了影响巨大的严重恐怖袭击，如 6 月的两次袭击卡拉奇机场和 12 月的白沙瓦军校被袭事件等，表明巴基斯坦的反恐任重而道远。伦敦经济与和平研究所（Institute for Economics and Peace）2014 年发布的《全球恐怖主义指数》（Global Terrorism Index）报告显示，巴基斯坦在全球遭恐怖袭击的国家排名第三，仅次于伊拉克和阿富汗。

巴基斯坦恐怖主义和极端主义的产生和蔓延包括经济、社会、外部影响等诸多重要原因。笔者认为，除此之外，还有一个推动因素就是巴基斯坦国内不断高涨的反美主义。美国不断侵犯巴基斯坦的领土主权和国家尊严，并肆意怀疑和诽谤巴基斯坦支持恐怖主义。这导致巴基斯坦国内的反美主义情绪日益高涨，并导致巴基斯坦民众对极端组织抱有一定的同情和支持心理。巴基斯坦国内的恐怖主义和极端主义势力利用反美主义招募新成员，扩大自身实力。巴基斯坦国内的恐怖主义和极端主义将自身打扮成为反美力量，并攻击巴基斯坦政府是美国的傀儡，以此获得巴基斯坦民众的同情和支持。巴基斯坦恐怖主义和极端主义势力将反美作为自身招募新成员的"幌子"的同时，也借由反美宣扬极端主义思想。此外，巴基斯坦恐怖主义和极端主义势力还利用巴基斯坦民众的反美主义情绪为其发动的恐怖活动辩护，为其残忍的恐怖主义行径披上"合情合理"的外衣，达到迷惑巴基斯坦民众的目的。2013 年 9 月 22 日，巴基斯坦塔利班对巴基斯坦西北部的一所基督教堂发动自杀式爆炸袭击，造成 78 人死亡，包括 37 名儿童在内的 141 人受伤。这次袭击是针对巴基斯坦国内基督教徒的伤亡最为惨重的袭击。对此，巴基斯坦塔利班回应称，此次袭击事件是为了报复美国在巴基斯坦部落地区进行的无人机袭击,并宣称将继续针对非穆斯林发动袭击,直到美国停止对巴基斯坦偏远地区的部落地区发动无人机袭击。①

  2015年巴基斯坦的安全形势改善明显。原因有以下几点:(1)自阿富汗新总统加尼上台后,在外交上倾向于"弃印亲巴",有效的高层互访达成了一致的安全共识,巴基斯坦承诺为阿富汗提供实质性的帮助,并致力于改善地区安全。2014年11月6日至7日,巴基斯坦陆军参谋长拉希勒·谢里夫将军访问阿富汗,提出在巴基斯坦帮助训练阿富汗年轻军官。巴基斯坦准备协助阿富汗的军事、经济和政治事务。谢里夫将军承诺帮助维护"杜兰线"附近的安全与稳定,认为这符合巴基斯坦的利益。(2)2014年6月以来,巴基斯坦军队在北瓦济里斯坦展开"利剑行动",武装清剿藏匿在此地的巴基斯坦塔利班、"乌兹别克斯坦伊斯兰运动"和"东突厥斯坦伊斯兰运动"等极端组织。巴军空中打击和地面推进并举,稳扎稳打,整体推进,取得了较好的战果。(3)巴军还将军事行动延伸到开伯尔部落区。巴基斯坦准军事部队也在卡拉奇等地继续实施城市反恐行动。在巴基斯坦军政当局的共同努力下,巴安全形势整体好转。据统计显示,2015年,巴基斯坦共发生625起恐怖袭击,同比下降48%。袭击导致1069人死亡,同比下降38%,另有1443人受伤,同比下降54%。巴基斯坦目前的恐怖袭击与之前相比有了一些新的特点,恐怖袭击更加复杂化,恐怖组织更新了设备,内部的交流网络更加隐秘,发动袭击往往十分突然,使得预防和追踪更加困难。在此情况下,巴基斯坦的反恐政策也应该根据反恐形势的变化而发生转变。此外,巴政府应制定短期和长期的具体反恐策略,从源头上进行防范,并将和谈与打击两个选项有机结合。

---

  ① 《巴基斯坦一教堂遭遇自杀袭击,致78人死141人伤》,环球网,2013年9月23日,http://world.huanqiu.com/exclusive/2013—09/4381459.html。

第二章　影响阿巴安全环境的大国因素

虽然 2015 年巴基斯坦的安全形势改善明显，但仍存在恶化可能。原因有二：一方面，2014 年 6 月以来，为躲避巴军打击，藏匿在北瓦济里斯坦的很多暴恐分子逃入阿富汗东部地区，一旦巴军反恐行动告一段落，大部分军队撤出部落区，那么外逃暴恐分子完全可能返回巴基斯坦继续施暴。另一方面，巴基斯坦近年来暴恐事件频发存在深刻的历史和社会根源，若想实现安全形势的彻底好转，还需要很长时间的不懈努力。2016 年的实际状况证实了巴基斯坦安全形势依然严峻。巴基斯坦《黎明报》1 月 21 日发表通讯员文章指出，虽然谢里夫政府一再强调巴基斯坦安全形势已有明显好转，但 2016 年新年后的仅仅 20 天时间里，接连发生的多起袭击事件已造成 60 人死亡，安全形势急转直下。文章认为，2015 年的反恐"利剑行动"确实发挥了较大作用，全年袭击数量同比下降了近 60%。但是，必须看到，在阿富汗和平进程仍未取得实质进展的情况下，位于巴阿边境的恐怖组织仍可源源不断地向巴基斯坦输送袭击队伍。与此同时，"伊斯兰国"势力也在不断向南亚地区渗透，企图通过袭击壮大声势。2016 年的悲惨开年再次提醒巴政府，任何认为巴基斯坦安全形势已经彻底实现扭转的想法都是自欺欺人且不负责任的。[①]

但总的来说，2015—2016 年巴基斯坦境内恐袭次数大幅下降。2015 年巴境内共发生 3625 起恐怖袭击事件，较 2014 年的 5496 起下降 34%，[②] 据巴国家反恐局的统计显示，2016 年，巴国内共发生 785 起恐怖袭击，恐袭次数比 2015 年下降约 31%。[③] 但是由于外部势力正在资助恐怖组织在巴基斯坦发动袭击，再加

[①] 环球网，2016 年 1 月 21 日，http://china.huanqiu.com/News/mofcom/2016—01/8423011.html。

[②] [巴] 新闻报，2016 年 3 月 15 日。

[③] 新华网，2017 年 9 月 12 日，http://news.xinhuanet.com/2017—09/12/c_129701701.htm。

上藏匿在巴阿边境地带阿富汗一侧的恐怖分子经常组织实施针对巴基斯坦的恐怖袭击活动,使得巴基斯坦在2017年上半年暴力频发,恐怖袭击有回潮之势。2017年2月13日,在拉合尔市发生一起针对集会的自杀式爆炸袭击,造成包括袭击者在内的15人死亡,超过70人受伤;同日,西北部的部落地区和西南部俾路支省各发生一起爆炸,共造成6人死亡,十几人受伤。15日下午,西北部部落地区接连发生两起爆炸袭击,导致至少4人死亡,十几人受伤;16日早些时候,俾路支省阿瓦兰地区的一辆安保车辆遭路边炸弹袭击,导致3名士兵死亡;4月12日,巴基斯坦俾路支省瓜达尔港市(Gwadar)的空港道路(Airport Road)遭遇炸弹袭击,至少造成3名平民受伤,以及7家商店的炸毁;5月12日,巴基斯坦参议院副主席阿卜杜勒·加富尔·海德里的车队在俾路支省默斯东地区遭遇炸弹袭击。该事件导致25人死亡,35人受伤;5月24日,巴基斯坦西南俾路支省首府奎达发生两名中国公民被绑架的事件;6月23日,巴基斯坦三大主要城市(奎达、巴勒吉纳尔、卡拉奇)发生4起袭击事件,造成40多人丧生,近100人受伤。这一切都表明巴基斯坦国内安全形势不容乐观,再次引发外界对巴基斯坦安全环境的关注。

第二节 影响阿巴安全环境的大国因素

阿富汗、巴基斯坦地理位置独特,自古以来就是东西方的重要通道,战略地位十分重要,这种地缘政治优势使两国尤其是阿富汗在大国的角逐中具有重要地位。20世纪初,英国著名地缘政治家、陆权论代表麦金德提出了一个著名的论断:"谁统治了东欧谁就统治了'心脏地带',谁统治了'心脏地带'谁就统治了

第二章　影响阿巴安全环境的大国因素

世界岛，谁统治了世界岛谁就统治了整个世界。"① 这里"心脏地带"指的就是亚欧大陆的中心，即现在的中亚、中东及南亚的交汇地带，而阿富汗正处于这个"心脏地带"。因而阿巴安全环境自然会受到大国的影响。下面笔者拟从美、俄、中、印、巴、伊朗及联合国等国际组织的影响方面来一一加以阐释。

一、影响阿巴安全环境的美国因素

美国对阿巴安全环境的影响十分重大。美国在苏联撤出阿富汗后，成为了阿富汗问题的制造者。在阿富汗和平进程和重建过程中，美国一直发挥着主导作用。在美国对阿战略中，巴基斯坦居于非常重要的位置。所以，美国对阿巴的政策，会对阿巴安全环境产生最直接的影响。

（一）出兵阿富汗

在20世纪50年代以前，美国并不是很关注阿富汗。据1953年美国的一项秘密研究指出："阿富汗对美国很少或没有任何战略意义。它的地理位置，加上阿领袖对苏能力的认识，可以确保苏联对该国的控制，如果局面需要的话，对于阿富汗，理想的是保持中立。"② 美国在南亚更多的依靠巴基斯坦，它对阿富汗的政策在很大程度上是对苏联政策的回应。但随着冷战的逐步加深，美苏掀起了争霸斗争，"从大西洋的柏林危机开始，到远东的朝鲜战争，再到中南半岛的越南战争和中东地区的苏伊士运河危机，最终为争夺印度洋双方在阿富汗一决胜负"③。1979年苏联对

---

① 刘雪莲：《地缘政治学》，吉林大学出版社，2002年版，第58页。
② Mohammad Ma Aroof, *Afghanistan in World Politics-A study of Afghanistan—U. S Relation*, Delhi, 1987, p. 64.
③ 张文木：《世界地缘政治中的中国国家安全利益分析》，山东人民出版社，2004年版，第124页。

阿富汗的占领，使苏联的战略优势更明显。但此举遭到了美国的强力反击并最终迫使苏联从阿富汗撤军。里根总统命令在阿富汗使用"一切必要方法"对付苏联。全力提供资金武器弹药支持、军事培训和情报帮助，开辟了美苏全球冷战的"第三条防御'战线'"。[①]苏联很快不堪重负，1985年试图通过增加兵力，升级战争的方式，扭转阿富汗战局[②]，但因美国的针锋相对而失败。随后苏联谋划脱身，1989年2月15日完成撤军。1991年9月，美苏在阿富汗的较量落下帷幕。

冷战结束，苏联解体，尤其是中亚五国独立后，由于拥有丰富的油气资源再加上是连接中亚和印度洋的最佳通道，阿富汗的地缘战略地位大为提升。前文的麦金德对中亚的地位已经做了充分肯定，而美国前总统国家安全顾问布热津斯基也持相同的观点，强调中亚地区的重要性。美国作为冷战后唯一超级大国，其全球目标之一是遏制中国和俄罗斯崛起并全面控制欧亚大陆。因此，美国对阿富汗产生了新的战略需求并进行积极的活动。但直到"9·11"恐怖袭击事件发生前，美国在中亚的活动成效并不显著，特别是美国的军事力量，尚无缘延伸到中亚地区。

"9·11"事件发生后，美国认定，以阿富汗为大本营的本·拉登是幕后主使者。它使美国人认识到，像阿富汗这样的脆弱国家也能像强国一样对美国的利益构成巨大威胁[③]。于是，美国打着反恐的旗号出兵阿富汗并迅速打垮塔利班政权，扶持卡尔扎伊上台，并驻军阿富汗。为了打击塔利班和"基地"组织网络体系，美国几乎穷尽了除核威慑以外的其他所有军事手段，包括直

---

① ［美］兹比格纽·布热津斯基著，中国国际问题研究所译：《大棋局：美国的首要地位及其战略地缘》，上海人民出版社，1998年版，第9页。
② 2009年美国总统奥巴马的"阿富巴"（Af-Pak）战略在一定程度上重现了当年苏联的作战思路。
③ 高祖贵：《美国与伊斯兰世界》，时事出版社，2005年版，第49页。

接军事打击、无人机和特种部队、培植阿富汗民间反塔利班武装力量等，这直接影响了阿富汗的安全局势。

（二）主导阿富汗重建

阿富汗问题的解决需要经济重建和政治稳定，在此过程中，美国一直发挥着主导作用。这主要表现在以下几方面：

首先，通过支持阿富汗政治和安全重建，巩固自己在阿富汗的主导地位。驻阿美军一方面进行反恐行动，另一方面也为阿富汗政府撑腰，以便吓退阿富汗的军事反对力量和地方军阀有可能对喀布尔的军事行动。还帮助阿富汗训练军队和警察。2005年，美国与阿富汗建立两国战略伙伴关系并签署协议。内容包括美国在民主治理、经济发展、维护安全等方面向阿富汗提供帮助，继续使用经双方同意的军事设施，在与阿富汗协商一致的基础上享有在阿富汗开展适当军事行动的自由等。随后美国表示，随着政治和安全状况的进展，联盟和国际军事部队在阿富汗派驻的情况会发生改变，但在阿富汗能够取得稳定和经济发展之前，美国不会离开阿富汗人民。2008年，美阿签署第二份战略伙伴关系文件。2012年5月1日，美国总统奥巴马突访阿富汗，与卡尔扎伊总统签署《长期战略伙伴关系协议》，宣布两国正式建立长期战略伙伴关系，将阿定位为"非北约主要盟国"，并承诺于2024年前在社会经济、国防安全、制度建设等方面为阿提供长期协助。为如期完成撤军计划，美国还大力向国际社会分摊责任，为2014年后阿安全部队每年募得41亿美元资金支持。奥巴马在卡尔扎伊的陪伴下宣布，协议"开启了美国和阿富汗关系的新篇章"，"现在我们一起致力于以和平取代战争"。2013年4月9日，美阿两国总统通话，就北约在阿富汗防务移交以及阿富汗和平进程问题进行磋商。[①] 为了推动卡尔扎伊政府恢复与塔利班和谈，2013年

---

① 《南亚简报》，2013年14期，第33页。

6月24日，美国特使多宾斯（James Dobbins）抵达阿富汗进行访问，当天与阿富汗总统卡尔扎伊举行会谈，为恢复阿富汗和谈进行努力。奥巴马和卡尔扎伊也举行了视频电话会议，商谈计划重启与塔利班的已经陷入僵局的和平谈判计划。[①]

美自宣布从阿撤军后，一直积极寻求同阿富汗塔利班接触，对阿富汗塔利班和"基地"组织采取"分而治之"的策略。打击"基地"组织，目标更明确，手段更强硬；对阿富汗塔利班则打谈结合，着力拉拢阿富汗塔利班重回政治轨道，招募其底层成员回归社会。

加尼出任总统后就与美国签订《美阿双边安全协定》，为未来十年美阿关系定调。协议规定，从2015年起，美军在阿享有治外法权，可以无偿使用喀布尔、巴格拉姆等九个军事基地，协议有效期至2024年，期满自动延期。阿政府随后还同北约驻阿国际安全援助部队签署了《驻军地位协议》。这两份协定对美国和北约驻阿军队人数并未具体规定，允许其在必要时自行安排驻军数量。据此，美国为首的北约在阿驻军合法性由联合国安理会授权演变为双边法律协定，为美国和北约于未来至少十年在阿军事存在提供了法律保证。

2015年1月1日，北约代号为"坚定支持"的非作战任务在阿富汗启动，主要是向阿富汗军队提供培训、技术等方面的支持。截至2017年年初，仍有超过1.3万名外国军人驻扎在阿富汗，包括8400名美军。这些部队主要扮演军事顾问的角色，并不直接参加战斗。2017年5月，美国总统特朗普的高级军事、外交顾问就美国对阿富汗战略提出了一套新的提案。该提案指出，鉴于阿富汗局势持续恶化，美军应向阿富汗增兵3000—5000人，主要承担向阿富汗安全部队提供培训等任务，以帮助后者打击塔利

[①] 《南亚简报》，2013年16期，第17、19页。

第二章　影响阿巴安全环境的大国因素

班武装。

其次，美国为阿富汗经济重建提供了巨额资金，是阿富汗经济重建的主要力量。阿富汗经济重建严重依赖美国。美国虽然对阿富汗的经济重建一度缺乏足够的热心和投入，但为了自己长远和全局的战略利益考虑，仍然是阿富汗重建最大的捐助国之一。在 2004 年柏林会议上，美国宣布年内向阿富汗提供 10 亿美元的重建资金。据统计，2002—2012 年，美国在阿富汗的援助总额达 830 亿美元（包括培训、装备阿富汗国民军与国家警察部队的 510 亿美元），如果加上美军在阿富汗的军事费用支出，美国的花费约为 5570 亿美元。[1] 美国还向阿富汗增派大量农业、教育、工程和法律专业人才，以支持阿富汗经济的恢复和发展。当然美国也希望通过经济援助掌控阿富汗，为自己谋取经济利益。在美国的积极努力下，土库曼斯坦、阿富汗、巴基斯坦与印度于 2010 年 12 月 11 日签署了修建跨国输油气管道协议。该管道一旦建成，显然具有十分重要战略意义。储量丰富的里海石油可以源源不断地输送到巴基斯坦的出海口，美国是最大的收益者。

第三，创建和推动了以阿富汗问题为核心的多个地区和国际机制。自 2001 年来，美国创建和推动了以阿富汗问题为核心的多个地区和国际机制，包括波恩会议、东京会议、北约峰会、伊斯坦布尔进程（亚洲之心国家会议等）。在双面关系方面，美国通过同阿富汗签订长期战略伙伴关系协定（2012 年）和签订双边安全协定（2014 年）；与印度签订美—印全球战略伙伴关系、在阿富汗保留军事基地和部分驻军等系列安排，确保美国在撤军后对东南亚地区的影响力。为了塑造和修正中南亚地区秩序，美国积

---

[1] Kenneth Katzma, "Afghanistan: Post-Taliban Governance, Security and U.S. Policy," CRS Report for Congress, RL 30588, June 25, 2013. p. 59.

极进行了政治制度和经济一体化等多方面的努力。小布什政府试图推进的"大中亚战略",奥巴马政府则在2011年提出"新丝绸之路"计划,在此框架内,美国现已经筹划了约40个基础设施项目,将可能重塑地区相关国家间关系,确立中南亚"管线政治"的基本格局。

(三)"阿富巴"新战略

2009年3月27日,在奥巴马政府上台后不久,为了顺应国际反恐形势的变化和基于对外战略的转变的需要,提出了一整套针对阿富汗和巴基斯坦的反恐新战略,即"阿富巴"新战略(Obama's Afghanistan-Pakistan Strategy)。此后又多次对其进行修改、补充和完善。其目标是:(1)挫败、瓦解和战胜"基地"组织及其极端主义同伙,削弱国际恐怖主义分子的进攻能力,改善该地区安全形势,以确保美国和国际社会的安全。(2)扶持有能力、负责任、高效率的阿富汗政府,提高它的执政能力,以确保在国际支援减少的情况下,它能独自地担负起保护阿富汗人民和维护国内的稳定。(3)加强对阿富汗国家安全部队的培训和独立作战的能力建设。希望其在美军撤出阿富汗后,能够独立应对动荡和恐怖主义活动。(4)增强对巴基斯坦的民事援助,提高巴基斯坦政府的执政能力,提高巴基斯坦军队维护国内安全的能力,以及改善巴基斯坦的经济水平。与美合作共同应对反恐问题问题上发挥前哨和先锋的作用。(5)呼吁地区大国的广泛参与和国际积极合作,尤其要发挥联合国的带头作用和上海合作组织的重要作用。[1] 这一政策必将对阿巴地区安全形势产生深远影响。美国立足本土安全,进行反恐"瘦身",削减在这一地区的军事力量,

---

[1] "White Paper of Interagency Policy Group's Report on U. S. Policy towards Afghanistanand Pakistan", http://www.white-house.gov/assets/documents/Afghanistan-Pakistan_ White_ paper. pdf.

第二章　影响阿巴安全环境的大国因素

阿巴地区的恐怖势力有可能借机反弹。此外，随着美国为首的国际安全援助部队启动撤军进程，派兵国也开始减少对阿富汗的援助资金。而阿富汗尚未形成内生式经济发展模式，无力单独维持30万安全部队。① 世界银行也发出警告称，如果国际社会在国际安全援助部队撤退后突然停止对阿经济援助，那么阿富汗的经济将迅速崩溃。

另一方面，"阿富巴"战略要求北约盟国巴基斯坦独立承担起清剿活跃于该国的恐怖主义组织的责任，配合北约联军在阿富汗的军事行动，并为美军和北约联军提供后勤支持。这使得巴基斯坦被绑在美国的阿富汗反恐战车上而不能自拔，陷入恐怖主义内战。"阿富巴"新战略实施以来，巴基斯坦暴力恐怖事件频率仍然非常高，整体安全形势依旧严峻。巴基斯坦塔利班等暴力恐怖势力仍然在联邦直辖部落区藏身，经济金融中心卡拉奇政治暴力频发，教派冲突更加严重，再加上巴基斯坦政坛也颇不宁静，这一切都使阿巴两国安全形势依旧让人担忧。

二、影响阿巴安全环境的俄罗斯因素

相对于美国而言，俄阿之间的关系更密切。俄罗斯在阿富汗不仅存在传统利益，而且还具有较大的现实影响。另外，俄罗斯作为印度的亲密伙伴，对巴基斯坦的影响也会不小。

（一）阿富汗对俄罗斯的战略意义

位于印度洋北岸的阿富汗，由于其独特的地理位置被称为是"亚洲命运的旋转门"，历来是海陆大国争夺世界霸权的交汇点之一。由于打通从中亚进入印度洋的战略通道，是自俄国彼得大帝

---

① "A Slice of Afghanistan Well Secured by Afghans", The New York Times, http://www.nytimes.com/2011/05/24/world/asia/24zabul.htm? pagewanted = all.

以来所有重要政治家的理想。而借道阿富汗,是打通这一战略通道的最佳选择。因而沙俄开始将南下的目光锁定在阿富汗身上,对其有了强烈的控制欲望。但由于英国的原因,使得沙皇的企图无法实现。

从十月革命胜利一直到第二次世界大战初期,苏阿关系基本上较为正常,然而随着冷战的开始,阿富汗在苏联的国家安全战略中的地位日显突出。阿富汗成为两大阵营的军事缓冲区,这就决定了苏联必须控制阿富汗,使其内政和外交都服务于苏联的国家安全战略。因而苏联加强对阿富汗的经济和政治控制,甚至在1979年直接出兵阿富汗。

其实无论是当年的沙俄还是苏联,出兵目的都是夺取阿富汗进而控制海湾地区、南下印度洋。当然对苏联来说还有一个目的,即阿富汗也是苏联冲破西方国家在其南翼包围圈的一个前沿阵地。直到苏联解体,苏对阿的控制才暂时告一段落。总之,冷战时期苏联对阿富汗的渗透控制,甚至出兵占领,都严重恶化了这一地区的安全形势和政治稳定,并直接危及到巴基斯坦的国家安全。

苏联解体后,俄罗斯作为苏联遗产的主要继承者,在阿富汗不仅存在传统利益,而且还具有较大的现实战略意义。

一是俄罗斯一直视中亚地区为自己的"后院",中亚的稳定和安全直接影响到俄罗斯的安全,而阿富汗局势的发展又会直接影响到中亚地区的局势。

二是在阿富汗内战中,美巴积极介入,一旦阿富汗出现亲美政权,俄罗斯在中亚的影响将会受到严峻的挑战。俄罗斯一直都在防止阿富汗成为反俄力量的跳板,防止阿富汗动荡外溢到中亚地区,确保美国—北约驻阿军队无损于俄罗斯的利益,确保俄罗斯对中亚的主导。

三是阿富汗塔利班承认车臣分裂政权,俄罗斯介入阿富汗也是为了打击塔利班对车臣分裂主义和恐怖主义的支持,维护本国领土完整。阿富汗的宗教激进主义是国际恐怖主义的源头,对俄罗斯的国际恐怖主义和中亚的"三股势力"影响极大。在阿富汗,塔利班向来自世界各地的恐怖分子灌输宗教极端主义思想,传授制造暴恐事件的各项技能,提供各种物资援助,随后,这些恐怖分子通过各种方式向各地渗透,而相邻的俄罗斯和中亚更是首当其冲。据俄罗斯联邦安全局的信息透漏表明,俄罗斯近些年来国内多起恐怖袭击案均与在阿富汗受训的恐怖分子有关。因而,俄罗斯不得不对阿富汗的宗教激进主义格外警惕,否则必然威胁到俄罗斯和中亚的安全。

四是来自阿富汗的毒品对俄罗斯的社会稳定和国家安全危害极大,俄罗斯需要与阿富汗合作来禁毒。

五是同美国争夺阿富汗,阻止美国借道阿富汗染指中亚的油气资源和打压俄罗斯的战略空间,挤压美国在中亚的军事基地。

(二) 俄罗斯积极援助阿富汗

鉴于阿富汗对俄罗斯具有重要的战略意义,俄罗斯一直坚持对阿富汗提供各种援助。

军事上,俄罗斯国防部在2002年到2005年期间,就向阿富汗提供了总价值为2亿美元的车辆和其他军事设备。近几年俄罗斯还无偿向阿富汗警察部队提供2万支步枪及250多万发子弹,助其提高执法能力,同时,还同意出售21架米格-17直升机供阿富汗安全部队使用,并与北约成立联合信托基金专门维护阿军配备的俄制直升机。[①] 另外,俄罗斯还向阿富汗国家部队提供了军用卡车、吉普车、无线电设备、轻武器装备、重型炮零部件以及飞机维修、通信技术和军事培训等军事技术援助。2013年4月

[①] 王世达:《美国全面调整阿富汗政策及其影响》,《南亚研究》,2012年第2期。

8日，普京在俄罗斯联邦安全会议阿富汗问题特别会议上说，俄罗斯将继续向阿富汗提供人道主义援助，帮助其培训军人和警察，同时将与阿富汗政府发展友好关系，参与阿经济重建和基础设施建设。①还考虑在阿富汗建立多个俄制武器的"维护保养基地"，为阿富汗国民军提供技术支持。在2015年7月举行的金砖国家和上合组织峰会期间，阿富汗总统加尼请求俄总统普京向阿富汗提供军事技术援助。2015年11月10日，俄罗斯总统阿富汗问题特使卡布洛夫表示，俄罗斯准备向阿富汗提供三架米－35MI直升机，并计划于近期向其供应枪支弹药和其他武器装备。这将对阿富汗的安全局势产生重要的影响。②

经济上，俄罗斯向阿富汗提供了可观的人道主义援助。俄罗斯和阿富汗财政部长2007年8月6日签署一份协定，俄罗斯决定免除阿富汗所欠的110亿美元债务，免除数额占阿富汗欠俄方债务的90%，③迄今已向阿富汗提供7亿多美元的援助。2014年3月23日，阿富汗总统卡尔扎伊在接受《华盛顿邮报》采访时称，他高度评价苏联对阿富汗的经济援助。据他介绍，"苏联当局有效地使用了自己用于帮助阿富汗的资金。"在该报的文章中称，俄罗斯政府"编制了140个苏联时代的项目表，想要参与这些对象的重建改造"。问题涉及到的是比如由苏联专家建造的喀布尔的房屋建设联合公司，它在2013年秋天得到了俄罗斯的一批价值为2500万美元的新设备的援助。此外，喀布尔大学中学习俄语的学生数量在近两年增加了一倍。俄罗斯还将提供给阿富汗大学生

---

① 《南亚简报》，2013年18期，第27页。
② 新华网，2015年11月10日，http：//news. xinhuanet. com/world/2015—11/10/c_ 128414639. htm。
③ 赵华胜：《上海合作组织与阿富汗问题》，《国际问题研究》，2009年4期。

的奖学金增加了一倍。①

政治上，俄罗斯通过积极的外交活动，推动召开"俄罗斯—塔吉克斯坦—巴基斯坦—阿富汗"领导人峰会，承诺共同应对恐怖主义和极端主义威胁；同意接受阿富汗为上海合作组织观察员国。另外，俄罗斯还积极参与解决阿富汗问题的地区多边合作。俄罗斯为美国和北约在阿富汗的行动提供了大力支持，积极参与有关阿富汗问题的国际事务。俄罗斯还倡导建立了俄罗斯—美国—阿富汗三方机制以及俄罗斯—阿富汗—巴基斯坦—塔吉克斯坦四方机制，大力推动由俄罗斯主导的地区安排，巩固在中亚地区的影响力。

（三）俄印战略同盟关系

自 20 世纪 90 年代以来，俄罗斯和印度两国关系发展良好。2000 年 10 月，俄罗斯总统首次访问印度，并与印度签署了《印俄战略伙伴宣言》，开创了俄印双边合作的新型战略关系，两国关系现在也在不断得到加深和强化。2015 年 12 月 24 日，印度总理莫迪到访俄罗斯，俄罗斯总统普京在克里姆林宫与莫迪举行了正式会晤。两国签署了一系列合作协议，并发表联合声明。俄罗斯总统普京对媒体表示，他与印俄领导人会晤将进一步推进俄印优先战略伙伴关系的发展。莫迪则称俄罗斯是印度能源安全的保证，他与普京的会谈高效务实。他还将普京称为俄印战略伙伴关系的"设计师"，并视俄罗斯为印度经济转型和创建平衡稳定多极世界进程的重要伙伴。② 俄印两国双边关系不断发展的原因主要是基于以下几点：

首先，是为了维护国家安全，实现各自地缘战略构想的需

---

① 俄罗斯卫星网，2014 年 3 月 23 日，http://sputniknews.cn/radiovr.com.cn/news/2014_03_23/270088720/。

② 国际在线，2015 年 12 月 25 日，http://news.ifeng.com/a/20151225/46830006_0.shtml。

要。俄罗斯在东欧具有重要的战略利益，同时该地带也是俄罗斯维护国家安全的重要地带。俄罗斯希望通过与印度合作，从地缘战略上进一步遏制和防范以美国为首的西方势力的渗透，包括现在的北约。同时借助印度势力来稳固东欧政治格局。作为南亚地区最有影响力的大国，印度积极发展与俄罗斯的外交关系，包括政治和军事合作，这样不仅能够通过俄罗斯的力量来维护自身国家安全，同时对在南亚地区实现自身的地缘战略目标有了可靠的保证。

其次，是提升国际地位的需要。俄罗斯一直在为提高自己国际地位，成为世界体系最有影响的大国而努力，因此希望通过与印度的军事合作，增强军事实力，完成在印度洋、东欧、南亚的战略构想，实现世界强国的国际地位，在与美国的抗衡中处于优势地位。而印度希望通过借助俄罗斯的力量，争取国际社会的话语权，努力成为国际社会中新的一极。

第三，是俄罗斯和印度在阿富汗问题上有共同的利益，即防止塔利班重新执政。印度外交秘书尼鲁帕玛·拉奥2010年8月访问俄罗斯，阻止塔利班重新执政、加强协调是她与俄第一副外长安德烈·德涅索夫会谈的重要内容之一。2010年12月，梅德韦杰夫总统访问印度，21日双方发表联合公报，强调稳定阿富汗局势："只有目前在阿富汗、巴基斯坦的恐怖主义与暴力极端主义的安全天堂和基础设施被消灭，稳定阿富汗才可能获得成功。"如前所述，在2015年12月24日，印度总理莫迪访问俄罗斯期间，两国在反恐问题上立场一致。俄总统普京表示，俄罗斯和印度主张建立一个打击"伊斯兰国"的广泛反恐联盟，这是国际社会的共同利益。两国主张促进阿富汗的和解进程。

三、影响阿巴安全环境的中国因素

中国是一个具有影响的世界大国。中国还是与阿富汗和巴基斯坦都接壤的国家。中国与阿富汗和巴基斯坦都有良好的国家关系。中国对阿富汗和巴基斯坦的政策，会对阿富汗和平进程和阿巴安全环境产生较大的影响。

（一）对稳定阿富汗局势的作用

1. 关注阿富汗问题

中国之所以非常关注阿富汗，主要是基于以下原因：

第一，中阿是友好关系的邻国。中国奉行睦邻、安邻、富邻的周边外交政策，所以关注和帮助阿富汗不难理解。

第二，中国是联合国常任理事国，积极参与阿富汗事务，既可展示中国负责任大国形象，也有利于创造良好的外交环境，扩大国际影响。从某种层面上说，它为中国参与国际事务提供了一个非常好的机遇。中国积极参与阿富汗的重建与和平进程，不仅会使阿富汗人民受益，也是与美国等国家拓展合作领域和深度，加深双方理解的一个大好机会。"9·11"事件之后，中美关系的走向发生了根本性的转变，合作成为中美双方关系发展的基本格调，中国在一定程度上获得了宝贵的战略发展机遇期。如果中国今后积极参与阿富汗事务，不仅可以提升中国自身形象，对于创造有利的外交环境，也具有十分重要的意义。

第三，阿富汗局势对中国西部安全，乃至中国在印度洋地区的战略利益，都有着深远的影响。中国境内的"东突"恐怖分子与境外恐怖分子有着直接和间接联系。"东突"骨干就隐身在阿富汗和巴基斯坦边境。如果阿富汗安全形势恶化，"东突"恐怖分子很容易借机兴风作浪，所以我们在境内对恐怖活动采取严厉措施的同时，必须高度关注国际反恐形势，尤其是阿富汗、巴基斯坦等地区的安全形势。

第四，阿富汗问题有可能成为一些地区大国遏制中国发展的手段和工具，其中印度最为明显。印度对中国的成长、壮大和发展一直都抱着警惕的态度，这也反应在印度对中国参与阿富汗重建的判断上。印度前陆军参谋长贾伊·辛格直言不讳地指出，中国在阿富汗的活动目标就是对印度进行"战略包围"。

第五，中国已经由阿富汗毒品过境受害国变成为过境与消费并存的受害国，建立中阿、中国和中亚五国禁毒合作机制，具有全球性的战略意义。

第六，阿富汗的矿藏资源丰富，与中国的能源需求形成互补，是中国寻求资源来源多样化的重要选项。美国科学研究报告显示，阿拥有铜储量6000万吨、铁22亿吨、稀土140万吨，另外还有储量丰富的铝、金、银、锌、汞和锂矿。据美国国防部2010年测算，阿富汗矿产资源总价值约9080亿美元。据阿富汗政府估算，阿富汗矿产资源总价值约3万亿美元。

第七，阿富汗的邻国几乎全部是上海合作组织的成员国或观察员国，中国在地区层次上的影响不容忽视。

综上所述，中国对阿富汗问题保持关注和参与，是理所应当的，保持和发展健康的中阿关系，对中国有着重要的战略意义。

2. 积极参与阿富汗重建

正是鉴于上述原因，中国非常关注阿富汗事态的发展并积极参与阿富汗的重建。

首先，在政治上，为稳定阿富汗局势发挥了重要作用。在塔利班政权倒台后，中国立即与阿富汗临时政府建立正常的外交关系，尊重阿富汗2004年和2009年大选结果，2006年中阿两国宣布建立全面合作伙伴关系，承诺全力支持阿富汗的重建与稳定。与此同时，中国强调政治解决阿富汗问题的必要性，建议地区国家充分利用与阿富汗有地缘、宗教、民族、语言的优势，发挥独特影响，积极介入阿富汗的重建；尊重并赞赏联合国在推进阿富汗和平重建进程中做出的积极努力，支持联合国发挥核心协调作用；并多次提出和平重建应"阿人主导、阿人所有"，早日实现国家持久和平、稳定与发展，尊重阿独立、主权和领土完整；坚定支持阿加强能力建设、早日承担起维护国家和平与稳定的重任；坚定支持阿自主推进民族和解，为实现和解创造有利环境；坚定支持阿在相互尊重、平等互利基础上发展对外关系，特别是加强同地区国家的睦邻友好关系，增进彼此间的政治互信。国际社会应充分尊重和照顾地区国家的合理关切。

中国发起一些涉阿问题的多边对话机制，与巴基斯坦、印度、美国、俄罗斯和伊朗就阿富汗问题举行双边磋商，推进中俄印、中俄巴和中阿巴三方对话。中巴阿三方对话已举行两轮，三方一致认为定期开展磋商，对进一步促进本地区和平与稳定、加强三边友好交流与合作具有重要作用。如2012年2月，第一次中国、巴基斯坦、阿富汗三方对话在北京进行。会上，中国努力斡旋阿富汗、巴基斯坦双方政府在控制部落和边界方面加强合作。2012年6月，中阿两国建立战略合作伙伴关系。2014年7月，中国首次就阿富汗事务设立特使，标志着中阿关系迈入新的篇章。中国支持阿富汗成为上合组织观察员国，也支持印度和巴基斯坦成为上合组织正式成员国，愿就阿富汗问题同各方加强在上合组织、伊斯坦布尔进程以及南亚区域合作联盟等框架内的协调和合作，为阿富汗和平重建提供助力。另外，中俄共同发起阿富汗问题"6+1"（中、俄、阿、巴、印、美、伊）对话，也非常有利于各利益攸关方凝聚共识。

其次，在经济上，寻求发挥建设性作用。近年来，中国不断强化与阿富汗的经济合作关系。中国与阿富汗的经济关系呈现多样化的特征，包括投资、经济援助与贷款、双边贸易、技术支持、人力资源培训等，中国在阿富汗投资涵盖了采矿、通信和道路建设等领域,中国企业是阿富汗矿业等能源部门最主要的投资者。2007 年,中国中铝集团(MCC)在竞标中赢得阿富汗艾娜克铜矿开采权,投资金额超过 40 亿美元。此外,2002 年至 2009 年,中方向阿富汗提供了 9 亿多元人民币无偿经济援助,免除阿富汗 1950 万美元到期债务,为阿富汗建设了 7 个成套项目。2010 年,中方向阿富汗新提供了 1.6 亿元人民币无偿援助,截至 2013 年底,中国已为阿富汗重建提供约 2 亿多美元发展援助[①]。2013 年 9 月,中国国家主席习近平在会见卡尔扎伊总统时承诺,再向阿富汗追加 2 亿人民币经济援助。[②] 自 2006 年 7 月开始,中国对阿富汗出口的 278 项商品实行零关税。[③]

  中方还将继续加大对阿富汗专业人才培训,为阿富汗实施援建项目,并向急需领域倾斜。中国政府历来重视对受援国教育领域的援助。中国不仅对阿富汗基础和高等教育所需的校舍、教学仪器和实验室设备、文化用品等物资进行无偿援助,先后援建了阿国家科技教育中心、喀布尔大学中文系教学楼等多个重大民生项目,还优化阿富汗来华留学生的学科分布,资助阿富汗优秀学生来华学习,派遣中方老师帮助阿富汗发展薄弱学科,加强与阿富汗在职业技术教育与远程教育等方面的合作。同时,中方向阿富汗派出汉语教师志愿者,谋求促进阿富汗教育事业的长足发展,为阿富汗经济和社会的发展提供大批教育、管理、科技等领域的人才。

[①] 《驻阿富汗大使邓锡军出席"阿富汗与地区合作"研讨会》,中华人民共和国外交部网站,2013 年 12 月 3 日,http://www.fmprc.gov.cn/mfa_chn/dszlsjt_602260/t1105341.shtml。

[②] China extends $ 32.5 million in aid to Afghanistan, September 27, 2013, http://www.globalpost.com/dispatch/mews/kyodo-news-international/130927/china-extends-325-million-aid-afghanistan.

[③] "China, Afghanistan forge closer economic ties," Global Times, March 24. 2010

另外，中国积极在阿富汗进行工程项目投资、开发采矿和水利资源。投资的工程项目注重改善阿富汗的经济与民生环境，增强其重建能力。2014年10月底，中国主办了阿富汗问题伊斯坦布尔进程第四次外长会议，动员地区国家加强合作，共同支持阿加快政治和解进程和帮助阿加强自身能力建设，并在阿富汗新总统阿什拉夫·加尼访华期间宣布增加对阿资金援助计划。今后五年，中国将向阿提供20亿元人民币无偿援助，并为阿培训3000名各类人才和提供500个奖学金名额。中国提出的"丝绸之路经济带"倡议将帮助阿融入地区合作，充分发挥其地缘和资源优势。[1]

第三，中国在安全领域对阿富汗提供了支持。中阿双方在禁毒、反恐以及共同打击跨国犯罪等方面展开了合作。中国对阿富汗的支持主要包括帮助阿富汗培训警官、提供军用物资等方面。此外，在安全领域，考虑到阿富汗塔利班与"东突"组织的联系，中国倾向于避免与阿富汗塔利班等武装团伙产生直接冲突，以减少"三股势力"给中国带来的威胁。

总之，中国所作所为为阿富汗经济的发展、政治的稳定以及阿富汗的和平进程都起到了建设性的作用。今后，伴随着中国实力的不断增强，中国有能力为阿富汗在无偿援助、无息贷款和优惠贷款等方面提供较多的资金支持，增加对阿富汗的援助资金，优化对阿富汗援助结构，创新对阿富汗援助方式。为了更好地发挥大国作用，履行应尽的国际责任和义务，中阿之间应深化双方之间的战略伙伴关系，加强从官方到民间、至上而下的多层次交流，同时中国要加强对阿富汗经济援助、提供更加广泛的职业培训业务、重点援助阿富汗的基础设施建设，最后，以巴基斯坦为桥梁，建立"中

---

[1] 和讯网，2016年4月19日，http://news.hexun.com/2016—04—19/183396985.html。

国—阿富汗—巴基斯坦"三边经贸合作机制,进而增进各方关系,督促周边国家一同说服塔利班尽快停止暴力活动、重回谈判桌,并呼吁国际社会成立"和平小组",监督和谈过程。

(二) 对稳定巴基斯坦局势的作用

1. 关注巴基斯坦的原因

中国非常关注巴基斯坦安全局势的发展,其原因除了与关注阿富汗的一些共同原因外,还有四点值得关注:

一是中巴关系源远流长。与中国的友谊已经变成巴基斯坦外交政策的基石并得到全国普遍的支持。这种友谊被称为"全天候友谊""全方位友谊""不可或缺伙伴"以及现在的是"铁哥们的友谊"关系——故有戏称"巴铁"。中巴友谊也被称为"不同社会制度国家友好相处的典范"。

二是巴基斯坦是中国开展国际活动的坚定盟友。巴基斯坦是较早与新中国建交的国家。40多年来,在11次挫败西方反华人权提案,15次挫败台湾当局参与联合国,中美关系解冻,申奥,加入世界贸易组织,承认中国的市场经济地位,打击恐怖主义、分裂主义和极端宗教势力等重大外交活动中,巴基斯坦始终都是支持中国的中坚力量。

三是因为巴基斯坦对中国而言具有重要的战略地位。巴基斯坦因地理上的卓越位置而成为中国通向印度洋和海湾地区的天然通道。通过巴基斯坦的海港,中国商品可以源源不断地运往印度洋沿岸各国,而如果能在巴基斯坦境内铺设贯穿东西的输油管线,中国则可以避开暗潮汹涌的马六甲海峡。巴基斯坦的"走廊"作用,对中国参与全球竞争,保障能源安全意义十分重大。

四是巴基斯坦是中国打击"三股势力"、维护西部边陲安全的重要屏障。中东、中亚和南亚是恐怖主义活动猖獗的地区。恐怖主义、分裂势力和极端宗教势力是国家安全与统一的三股毒瘤。反恐问题的严峻化、"东突"势力与"基地"组织千丝万缕的联系,"东突"分子在阿富汗设有训练营地,使中国对巴基斯坦的战略需求越来越大。巴基斯坦由于其特殊的战略地理位置,历来是国际风云际会的焦点之一。巴基斯坦近年来教派矛盾尖锐复杂,国内安全局势不稳定,万一失控,就很容易变成第二个"巴尔干火药桶",若外国势力乘势干预,就会对中国的政治、军事和经济安全构成巨大威胁。

五是巴基斯坦是中国推行南亚和中亚政策的桥头堡。南亚是中国西出印度洋,经波斯湾、红海到达中东、欧洲和非洲的捷径。中亚是世界第三大油气田地区,是上合组织的政治和经济安全重心,由于特殊的地理位置,巴基斯坦既连接上合组织各成员国,又为上合组织与波斯湾国家的往来搭建桥梁。南亚和中亚对中国西部大开发的成败和社会及经济安全有极为重要的战略意义,中巴关系是中国对南亚、中亚政策的基石。

2. 中国是促进巴基斯坦稳定发展的重要力量

总的来说,中国是促进巴基斯坦稳定发展的重要力量,体现在以下两点:

首先中国始终坚持和平共处原则,努力维护巴基斯坦和平稳定。50年来已爆发了三次印巴战争,中国充分尊重巴基斯坦为维护主权而做的努力,并给予巴极大的政治支持,赢得了巴基斯坦的好感。因此,对华友好是其外交政策的三大基石之一。巴基斯坦认为,印度仍然是其安全的最大威胁,希望加强与中国的政治和军事合作。2006年,穆沙拉夫出席上海合作组织峰会,希望与中国加强防务和军事合作。之后,双方加强了高层军事交流、联合演习、相互培训人员等,这在打击极端主义、恐怖主义,维护巴基斯坦国家安全方面起到了重要的作用。

在经济上,向巴基斯坦提供技术支持,加强中巴经贸合作与交流。巴基斯坦非常需要中国的市场和技术,渴望抓住中国经济发展的机遇,来带动本国国内的经济发展。目前,巴基斯坦是中国在南亚地区第二大贸易伙伴、最大的投资目的地和海外重要工程承包市场。2012年，中巴双边贸易额首次突破120亿美元，同比增长17.6%。巴基斯坦对华出口更是猛增48.2%，达到31.4亿美元。中国对巴出口则增加9.9%，达到92亿美元。双方在基础设施建设、水利、农业、电信等领域合作也不断推进，双边经贸合作五年发展规划项目实施进展顺利。2013年5月与7月，中巴最高层互访期间，两国政府提出了共同建设"中巴经济走廊"战略蓝图，初衷是加强中巴之间交通、能源、海洋等领域的交流与合作，深化两国之间的"互联互通"。当时，两国政府初步制定了修建新疆喀什市到巴方西南港口瓜达尔港的公路、铁路、油气管道及光缆覆盖"四位一体"通道的远景规划。中巴两国将在沿线建设交通运输和电力设施，预计总工程费将达到450亿美元，计划于2030年完工。随后，中巴政府在共同展望战略合作框架下，设立了"中巴经济走廊远景规划联合委员会"，委员会由中巴双方相关部委直接参与，双方以"快马加鞭"式的合作速度，保持每五个月一次的高层磋商会，推动了"中巴经济走廊"规划的具体项目落实，"远景规划"加速转入具体推进的快车道。

另外，我国对巴基斯坦的投资，对瓜达尔港和巴核电站的援建，对巴交通和通讯网的完善等等，都是提升巴基斯坦经济的有力举措，目前中巴合作几乎涵盖了所有的经贸领域。

2016年是中巴建交65周年，也是习近平主席提出建设"一带一路"三周年之际。为此，2016年4月，中共中央政治局委员、新疆维吾尔自治区党委书记张春贤率党政代表团和企业家们对巴基斯坦进行访问，旨在落实习近平主席访巴重要成果，深化以中巴经济走廊为中心，以瓜达尔港、交通基础设施、能源、产业合作为重点的"1+4"合作布局，进一步加强中国新疆地区与巴基斯坦各领域合作交流。此次访问获得巨大成功，恰恰是丝路友好历史的引导力和"经济走廊"的推动力使然。[①]

四、影响阿巴安全环境的巴基斯坦因素

巴基斯坦和阿富汗都位于南亚次大陆西北部,在历史记忆、文化传统、宗教信仰、生活习俗等方面存在很多相似之处。在阿富汗所有的邻国中,巴基斯坦与阿富汗的关系非常密切,命运也最为紧密地联系交织在一起。

巴基斯坦的对阿富汗的政策主要考虑三个方面:首先,将阿富汗作为在克什米尔冲突中抵抗印度威胁的"战略纵深",建立一个对巴友好的阿富汗政权,并限制印度在阿富汗的影响力;其次,打造通过阿富汗连接巴基斯坦与中亚国家的贸易走廊,促进巴基斯坦经济发展;第三,防止阿巴边境"杜兰线"两侧的普什图部落联合。阿富汗国内的主体民族普什图族有相当大一部分居住在巴基斯坦,巴基斯坦的"基地"组织与塔利班关系密切。

当然,在美国的"阿富巴"新战略中,巴基斯坦居于核心地位[②]。这一切使得巴基斯坦政府的态度、政策和行为,对阿富汗的和平进程都有不可低估的影响。

(一) 巴基斯坦积极参与阿富汗重建

自美国发动阿富汗战争以来,阿富汗国内局势一直动荡不安,严重影响了巴基斯坦经济的发展、政治和安全局势的稳定,

---

① 网易新闻网,2016年7月7日,http://news.163.com/16/0707/09/BRC52KP800014AED.html。

② 奥巴马在"阿富巴"新战略中明确提出:"我们在阿富汗的成功是与我们和巴基斯坦的合作伙伴关系紧密相联的。""新战略的三个核心要素:从军事方面努力为责任交接创造条件、从非军事领域加强正面积极行动、与巴基斯坦政府确立有效的合作关系。"2009年12月2日,环球网。

特别是能源的短缺、外国投资的急剧减少，大量阿富汗难民的涌入，阿巴边境走私活动猖獗，使得巴基斯坦经济举步维艰。而阿富汗境内的塔利班为躲避美军的打击，越过巴阿边境，并与巴基斯坦塔利班建立联系。双方不断在巴阿边境地区举行秘密集会，商讨资金分配及袭击策略，并频频在巴境内发动恐怖袭击，甚至袭击了巴陆军总部，这严重影响了巴基斯坦国内的安全。因此，巴基斯坦希望通过积极参与阿富汗重建，恢复阿富汗的和平与稳定，以减轻巴基斯坦的安全压力。

巴基斯坦参与阿富汗的重建主要表现在以下几个方面：

第一，在经济方面，两国决定每年召开三次部长级联席会议以加强经济联系，提高两国经贸合作水平，不断向阿富汗提供经济援助，2002年，在日本东京召开的阿富汗重建会议上，巴基斯坦承诺提供1亿美元的赠款。2005年提高到2.5亿美元，2006年又提高到3亿美元。[①] 此外，巴基斯坦利用近邻阿富汗的地缘优势，提高与阿富汗的贸易额，加大对阿富汗的投资。到目前为止，巴基斯坦向阿富汗重建投入资金约33亿美元。巴基斯坦是阿富汗第一大出口目的国和第六大进口目标国，巴基斯坦对阿富汗出口总额在2012—2013年达到21亿美元。[②] 阿富汗市场上的许多日常生活用品来自巴基斯坦，如大米、小麦、食用油、蔬菜、低档服装等。巴基斯坦还在教育机构建设、农业与环境等领域援助阿富汗。巴基斯坦在喀布尔建立多所技术学校，为在巴基斯坦技术学校学习的阿富汗学生提供约2000个名额的奖学金。多年来，数以万计的阿富汗人在巴基斯坦生活并接受教育。

---

① Ministry of Foreign Affairs of Pakistan, Year Book 2003—2004、2005—2006、2006—2007.

② 《阿富汗国家安全部队全面接管阿国内防务》，2015年1月1日，http://news.xinhuanet.com/world/2015—01/01/c1113850705.htm。

第二章 影响阿巴安全环境的大国因素

巴基斯坦还为阿富汗提供了最重要的出海通道。阿富汗的经济百废待兴，虽然拥有较为丰富的矿产资源和地处连接东南西北的陆路走廊等发展经济的有利条件，但要发挥这些有利条件以促进经济重建，离不开与巴基斯坦的合作。例如，中亚的石油管道和输电线路都要经过巴基斯坦，阿富汗的矿产也要经过巴基斯坦出海外运，经过巴基斯坦出口海外，因为这是历史形成的成熟路径。从伊朗或中亚国家也可以外运，但那些路径并非长期有效的通道。

第二，在政治方面，一方面加强与阿富汗新政府的联系，增进互信，减少分歧。在2010年3月阿富汗总统访巴期间，双方在反恐领域加强合作，卡尔扎伊认为没有巴的合作，阿富汗不可能获得和平稳定的局面。确实也是如此，据外媒报道，2013年4月，巴基斯坦军人四天之内歼灭上百名塔利班极端运动武装分子，数十名武装分子受伤，有效地确保了两国免受恐怖袭击，目前战斗仍在继续。[①] 另一方面，继续与阿富汗塔利班保持联系，推动阿富汗和平进程。阿政府希望巴能够在和平进程中发挥作用。北约秘书长拉斯穆森也于2013年4月23日表示，在阿富汗实现长期和平与稳定，需要邻国巴基斯坦发挥作用。鉴于此，巴政府多次提出和平计划，为阿政府和某些塔利班武装和解牵线搭桥，推进阿政府与塔利班的和解进程。在其努力下，2013年3月，阿富汗总统与塔利班进行了首次和平谈判，就相互合作和和平进程展开对话，这意味着阿富汗和平进程进入一个全新阶段。在此之前，塔利班一直拒绝同阿政府直接谈判，并指责卡尔扎伊政府"极度腐败"。[②] 2013年4月20日，巴基斯坦外交部发言人艾扎兹·艾哈迈德·乔杜涅举行记者会表示，为推动阿富汗和解

---

① 《南亚简报》，2013年14期，第31页。
② 《南亚简报》，2013年12期，第23页。

做出努力。① 随后，巴基斯坦在2013年10月释放了阿富汗塔利班第二号人物巴拉达尔，且与阿富汗共同成立了"联合和平委员会"。巴基斯坦主张把阿富汗塔利班"温和派"纳入阿富汗国家政权，并积极推动建立以普什图人为主导的、亲巴的阿富汗政府。

第三，支持阿富汗社会重建。阿富汗的社会重建也离不开巴基斯坦的支持与配合。这主要体现在以下两个方面：一是阿富汗实现民族和解离不开巴基斯坦的配合。阿富汗社会重建的关键是实现民族和解，其第一大族群普什图族的态度将决定民族和解能否实现。自抗苏战争以来，巴基斯坦成为阿富汗普什图族最主要的外部支持力量，因而对阿富汗普什图族具有重要的影响力。巴基斯坦是否支持阿富汗普什图族接受民族和解，对阿富汗社会重建极为重要。二是滞留在巴基斯坦的160多万阿富汗难民的回归，也离不开巴基斯坦的帮助。难民返回与安置是极为复杂的社会重建工程，需要分期分批逐步推进。巴基斯坦政府是阿富汗在巴基斯坦难民的直接管理者，没有巴基斯坦的配合，阿富汗单方面难以开展相关工作。因此，阿富汗政府须同巴基斯坦政府密切合作，才能妥善解决这一问题。

总之，对于阿富汗和平进程而言，巴基斯坦作用不容小觑。

（二）巴基斯坦在美国"阿富巴"新战略中的核心地位

如前所述，美国为实现"阿富巴"新战略，将巴基斯坦基于非常重要的战略地位，重新占据了"前线国家"的地位。

美国之所以重视巴基斯坦是有其国际利益和全球反恐需要决定的。具体来说有以下几点：一，美国要彻底铲除恐怖主义在阿巴境内的势力，防止其再次威胁到美国的本土安全。二，从地缘政治的角度来看，巴基斯坦战略地位重要。其是伊斯兰国家并与

---

① 《南亚简报》，2013年15期，第18页。

伊斯兰各国有密切联系，为了防止巴基斯坦伊斯兰极端势力泛滥并漫溢到阿富汗而引发新的恐怖袭击，美国需要同巴基斯坦加强合作。三，在阿巴边境盘踞的塔利班势力会利用其与普什图族的天然联系，拉拢当地民众，继续不断制造一连串的恐怖袭击。四，由于巴基斯坦在伊斯兰世界的影响力颇大，美国希望借助其影响，通过美国的帮助和指导使巴基斯坦实现向民主社会过渡的目标，进而为其他伊斯兰国家树立典范。在美国的"阿富巴"新战略中，巴基斯坦具体的作用主要表现如下：

第一，巴基斯坦是美国重要战略运输通道，保障驻阿美军后勤供应。阿富汗是一个内陆国家，没有自己的出海口，驻阿美军和北约联军的后勤供应主要依靠经过巴基斯坦的陆路通道。虽然俄罗斯在2010年初向美国及其盟国开放了空中走廊，然而以这种方式来运输食品、油料和物质是非常不划算的。因此，巴基斯坦在美国"阿富巴"新战略中的战略通道作用是其他任何国家不能替代的。

第二，打击阿巴塔利班和"基地"组织势力。巴基斯坦塔利班和阿富汗塔利班虽然在组织上各自独立，但在意识形态上有共同之处，相互影响。阿塔利班与巴三军情报局曾经也有密切联系。因而要清剿塔利班，需要巴基斯坦的配合才能取得最佳战果。另外，美国阿富巴新战略中军事任务的首要目标是消灭"基地"组织，使其没有能力对美国及其盟国发动恐怖袭击。美国认为，"基地"组织领导人可能藏在巴境内，要求巴基斯坦在美国清剿的同时也能采取军事行动。2013年3月30日，巴基斯坦塔利班发言人证实，"基地"组织二号人物瓦利·拉赫曼已被美无人机袭击，现已身亡，他指责巴政府没有采取足够措施防止事情的发生，并扬言"以最强烈的方式实施报复"。

第三，阿富汗难民问题的解决，需要巴基斯坦的合作。难民问题虽不是军事安全问题，但却是解决阿富汗长治久安必须解决的问题。巴基斯坦已经累计向阿富汗遣返了 400 多万难民，还有 200 多万滞留在巴境内。这些人如果安置不好，很有可能成为阿富汗塔利班充足的后备人力资源。安置这些人需要时间和金钱，更需要与巴基斯坦进行协调。这也是导致美国阿富巴新战略依赖巴基斯坦的重要原因之一。

五、影响阿巴安全环境的印度因素

印度作为南亚区域大国，对阿巴安全环境高度关注，因为阿富汗和平进程的结果和印度在这个过程中所发挥的作用，将直接影响印巴未来力量的对比。印度希望能尽可能压缩巴基斯坦在阿富汗的行动空间，防范阿富汗、巴基斯坦国内恐怖主义和宗教极端主义向印度渗透，并力图将阿富汗发展成为中亚能源运输的潜在路线，开拓连接中亚、南亚地区的战略通道。因而印度高度重视阿富汗在其地缘战略上的重要地位，通过政治、经济和安全等方面的渗透，极力扩大在阿富汗的存在与影响力，以确保其在阿富汗的利益，并抗衡巴基斯坦在阿富汗的影响。

第一，在经济方面，积极参与阿富汗重建，加强印度在阿富汗的影响力。印度是最重要的对阿经济援助国之一，自 2002 年以来，印度对阿富汗援助资金已超过 20 亿美元，其中一半以上用于发展项目投资。根据阿富汗政府的数据，印度是仅次于美、英、日、加之后的对阿第五大援助国（仅次于美、日、英、德）[①]，与阿富汗政府在多个部门（如工业、农业、水电、道路、通信等）建立合作联系，并对阿富汗政府所重视的优先发展领域给予极

---

① Petter Wonacott, "Inida Befriends Afghanistan, Irking Pakistan", The Wall Street Journal Aug 19, 2009, http: //online. wsj. com/article/SB 125061548456340 511. html.

大帮助。大力兴建基础设施项目，如从阿赫拉特省直通伊朗的具有战略意义的国际公路，全长 280 千米，2009 年已经竣工。2010 年帮助伊朗修建查巴哈尔港口。印度的货物经伊朗运往阿富汗，可以完全避开巴基斯坦。2011 年印度又积极参与援建赫拉特省萨尔玛（Salma）水电大坝的建设，向阿富汗捐赠 100 万吨小麦饼干，还在美国支持下，加大从阿富汗进口农作物，以支持阿富汗经济发展。在经贸关系方面，印度给予阿富汗许多照顾。2003 年卡尔扎伊访印时，两国签订"优惠贸易协定"，给予阿富汗向印度出口的 38 种商品关税全免。后双方又签订了关于小型发展项目、农业研究和教育领域合作多项备忘录。目前印度对阿富汗投资主要以政府资本和国营企业为主，但新德里正鼓励私人资本参与。

另外，重塑阿富汗经济的对外通道，减少阿富汗对巴基斯坦出海口的依赖，进而削弱巴方权势基础，同时提升阿富汗在地区经济中的地位，凸显阿富汗作为南亚—中亚桥梁的功能。2000 年，印度启动覆盖中亚的"国际南北交通走廊"（INSTC）和"连通中亚"（Connect Central Asia）计划，把阿富汗打造为连接印度与中亚的通道。印度帮助修复环阿富汗公路网，通过公路与铁路把阿富汗同伊朗和中亚连接起来，借用伊朗东南部的查巴哈尔（Chabahar）港口，搭建起中亚—阿富汗—伊朗—印度快捷通道。这既可以削弱阿富汗对巴基斯坦出海口的依赖，也可为中亚国家提供新的出海口，提升阿富汗作为交通要道的战略地位，同时打通印度同中亚市场的联系。

第二，在政治上，印度支持和拉拢卡尔扎伊政府，全力支持阿富汗成为"民主、稳定和多元的国家"，与阿富汗建立"战略"关系。2001 年，塔利班政权垮台后，印度迅速在阿富汗首都开设联络办公室。2005 年与阿富汗建立"新型伙伴关系"，2011 年又升级为"战略伙伴关系"，防止阿富汗再度受控于激进和极端主义力量。基于各自的战略需要，印度阿富汗保持了频繁的高层互动。印度还积极推动"南亚区域合作联盟"，吸收阿富汗为正式成员。2008年8月，印度外长专程赴阿富汗邀请阿富汗总统参加在印度的南盟峰会，峰会后阿富汗总统随即访印。近些年来，印阿政府双方签订了许多合作文件。

另外，印度努力加强同阿富汗社会各权力阶层的关系，与巴基斯坦争夺影响力。它设法保存在阿富汗政治资产，特别是前北方联盟旧部。印度支持阿富汗北方联盟主持未来的阿富汗政治，并利用与北方联盟的传统关系继续扩大对阿富汗的影响力。由于阿富汗塔利班的回归将有可能强化在阿富汗的地位，从而可能使印度多年来对阿富汗的投入毁于一旦，因而，印度政府反对阿富汗塔利班"温和派"融入阿富汗政权。继续支持阿富汗北部政治力量作为代理人，以应对塔利班可能的回归，报复巴基斯坦及其代理人的侵犯。

第三，在安全领域，印阿双方以反恐为契机展开日益密切的合作。两国国家安全顾问和情报机构之间定期磋商，加强双边军事合作，并帮助阿富汗训练军队，包括阿富汗军官到印恐克什米尔地区接受"特种训练"；提供军事武器，派遣准军事部队。2009年，阿富汗军队首脑访问印度，与印度陆军参谋长讨论安全合作问题。2010年1月，印军情报部门首脑在北约允许下访问了阿富汗国民军总部。据相关消息透露，在2010年2月26日，喀布尔恐怖袭击中死亡的五名印度人是印情报部门军官。2009年，卡尔扎伊访问印度时曾建议印度派兵入阿富汗在打恐中发挥"进攻性"作用。由于巴基斯坦强烈反对印度"军事介入"，美国担心引起不良后果，迄未同意。但印度军事力量实际已渗入阿富汗，负责印度在阿富汗修建通往伊朗的战略公路的单位是印度陆军下属"边境筑路组织"。2006年起，印度以保卫印度在阿富汗资产及安全为由向阿富汗派了准军事部队。2010年，印度又派遣一支警察特遣部队，以加强印度在阿富汗利益的安全。印度还在阿富汗的邻国建立了空军基地。2013年以来，阿巴边境安全局势日益吃紧，阿富汗总统于3月21日访印，寻求印方对阿富汗提供更多安全保障及军事援助，并帮助阿富汗当局应对2014年北约撤军后的安全挑战。[①]

第四，印度借助"软实力"扩大在阿富汗的影响力。印度利用发展援助以及文化影响力获得了阿富汗人的认同，越来越多的阿富汗年轻人对印度抱有好感。阿富汗的精英阶层也一直与印度保持着密切的联系。另外，印度电影和电视节目在阿富汗城市居民中非常流行，这进一步加强了印度在阿富汗的文化影响力。据2009年"盖洛普民意测验"以及2010年英国广播公司（BBC）与美国广播公司（ABC）联合民意调查结果显示，印度是最受阿富汗民众欢迎的外部国家。[②]

第五，积极倡导以地区和多边机制解决阿富汗问题，牵制和弱化本地区在阿富汗问题上巴基斯坦一家独大的状况，弥补印度当前自身不太明显的优势地位。为此，印度进行了以下努力：首先，设法让阿富汗进入印度主导的南亚地区一体化机制，积极支持阿富汗"引领"的地区一体化机制（伊斯坦布尔进程）。支持2005年11月阿富汗加入南亚区域合作联盟（SAARC）。其次，印度积极支持和利用美国的地区战略推进自己的利益。印度版本的中南亚经济一体化方案与美国的"新丝绸之路"的构想有部分重叠交叉，但议程和途径不尽相同。美国主要说服国际私人资本来推进其新丝路计划，谋求遏制伊朗的地区影响力。印度则以国有资本为先锋，试图联手伊朗，利用伊朗的各种资

[①] 《南亚简报》，2013年11期，第27页。
[②] 陈小茹：《"后拉登时代"驻阿富汗美军战略调整初探》，《南亚研究》，2011年第3期，第51页。

源来制衡巴基斯坦。对于阿富汗平台上的印度—伊朗关系，美国的态度耐人寻味：它一面设法阻止印度参加伊朗输出天然气的 IPI 项目；一面又默许印度开发伊朗的查巴哈尔港口。其奥妙之处在于，查巴哈尔港口对印度连通阿富汗和中亚的战略至关重要，而且它离巴基斯坦瓜达尔港只有 75 千米，所以，华盛顿自然乐见其成。而 IPI 管线不能给美国带来任何收益，对印度来说也是可替代的；作为交换，美国给印度提供了民用核设施，而两国间有关民用核设施的协定极大地推进了双边关系。

另外，印巴之间由于根深蒂固的矛盾，导致双方不断有冲突爆发，这给阿巴安全环境也带来了一定的隐患。

六、影响阿巴安全环境的伊朗因素

伊朗与阿富汗之间有着漫长的边界线以及两国在经济、文化、语言、宗教及血缘等方面存在紧密的联系，这使得伊朗在阿富汗的局势演变中必然发挥着重要的作用。

（一）伊朗关注阿富汗局势的原因分析

伊朗之所以关注阿富汗问题，其主要有以下几方面因素的考量：首先，从安全及地缘政治方面考虑，伊朗反对塔利班在阿富汗再次执掌政权。如果塔利班重新崛起势必对伊朗的安全及其在阿富汗的利益构成严重的威胁。因为阿富汗是伊朗进入中亚的通道，如果塔利班在阿富汗重掌政权，就意味着伊朗无法通过阿富汗进入中亚。其次，从经济方面看，积极参与阿富汗重建既可以为伊朗开拓重要市场，扩大伊朗的地区影响力，又可以为伊朗境内大量的阿富汗难民回国创造条件，减轻伊朗的经济负担。第三，从社会安全方面看，伊朗积极关注阿富汗并参与重建可以为阿富汗减少和消除毒品种植创造条件。由于连年战乱，阿富汗成为世界上最大的毒品生产国，伊朗作为邻国深受其害。

(二) 伊朗在稳定阿富汗局势中的作用

第一，在政治上，反对塔利班重新掌权，对阿富汗政治进程施加影响。"9·11"事件发生后，伊朗对美国打击塔利班的军事行动给予一定程度的配合支持，并成功说服阿富汗"北方联盟"配合美军军事行动。塔利班政权垮台后，伊朗积极对阿富汗国内的政治进程施加影响。如积极参加几乎所有由美国组织的关于阿富汗的会议，包括2001年的波恩会议、2006年的伦敦会议、2009年的海牙会议、2011年的波恩会议等。在阿富汗民族和解方面，伊朗也发挥着积极和独特的作用。伊朗支持在阿富汗建立一个多民族的世俗政府，以保障阿富汗少数民族的权益。近年来，伊朗还与塔利班建立了关系。随着伊朗与阿富汗国内各派政治力量关系的建立，伊朗在阿富汗民族和解中的作用逐渐增大。如2011年9月17日，伊朗在首都德黑兰举办"伊斯兰党觉醒"会议。会议期间，伊朗为卡尔扎伊政府代表与塔利班代表在会外单独交谈做了安排。[①] 2013年6月初，塔利班宣布两个代表团前往德黑兰与伊朗官员谈判。[②]

第二，在经济上，积极参与阿富汗经济重建。塔利班政权倒台后，伊朗通过投资和援助积极参与阿富汗经济重建进程。在阿富汗的交通、教育、文化等领域，伊朗投入了大量资金，为阿富

[①] Ernesto Londono, "Inan's Hosting of Taliban Reflects Desire for Greater Role", The Washington Post, August 29, 2011, http://www.Washington Post.com/world-asia-pacific/inan's- hosting -of- taliban- reflects- desire- for -greater- role/2011/09/28/glQAkmw07k_ story.html.

[②] "Towde Khabare: Taliban Officals Visit Inan", TOLOnews, June3, 2013, http://www.tolonews.com/en/towde-khabare/10722-towde-khabare-taliban-officals -visit-inan.

汗提供了数量较为可观的发展援助。在阿富汗国际援助会议上，伊朗承诺提供10亿美元援助，①截至2013年7月实际到位的援助金额已超过5亿美元。在塔利班政权垮台后的头十年，伊朗为阿富汗重建提供的援助占到阿富汗所获外国援助总数的12%。伊朗对阿富汗的经济投入规模也十分可观，伊朗经济总量的4%与阿富汗的双边贸易有关。伊朗对阿富汗的非石油出口已超过10亿美元，仅在赫拉特省伊朗就投入了超过5亿美元的资金，并在农业、基础设施等发展项目上给予阿富汗巨大的投资支持。2016年，伊朗积极援建连接伊朗卡瓦夫与阿富汗赫拉特的铁路。伊朗在赫拉特省的投入削弱了阿富汗塔利班在该地区的影响。②伊朗还是阿富汗重要的食品和制成品供应国。

　　第三，在社会安全上，帮助安置大量阿富汗难民，并积极帮助阿富汗打击毒品走私。根据联合国人道主义事务协调办公室的资料，2012年在伊朗有100万未登记的阿富汗难民（伊朗政府称之为"非法移民"）。③而根据联合国难民署的统计，2013年6月，阿富汗难民总数超过250万人，其中，在巴基斯坦的有160万人，在伊朗的达82万人。④1979年，苏联入侵阿富汗后，伊朗

---

① Ellen Laipson, "Iran-Afghanistan Ties Enter New Era", Asian Times, December18, 2013, http: //www.atimes.com/atimes/Middle _ East/MID － 01 － 181213. html.

② Wolfgang Danspeckgruber ed. Woking toward Peace and Prosperity in Afghanistan (Princeton N. J.: Boulder Co. 2011), p. 28.

③ Humanitarian Bulletin Afghanistan, No. 7, August 2012, http: //reliefweb. int/sites//reliefweb. int/files/resources/NHB%20 August#202012. pdf.

④ Unied Nations High Commissioner for Refugees, UNHCR Mid-Rear Trends2013, p. 8.

第二章　影响阿巴安全环境的大国因素

遵循"伊斯兰团结"①的原则,认为应当安置所有阿富汗难民,因此确立了非常宽松的难民政策。在巴基斯坦,阿富汗人主要居住在难民营中,而伊朗的阿富汗难民营很少,阿富汗人分布在伊朗全国各地并可在各地流动,基本上是融入了当地的社会经济生活。他们享有就业机会,为伊朗的农业、建筑、市政服务及家佣等部门提供大量廉价的劳动力。在伊朗的阿富汗儿童中,有70%在伊朗学校就读。2010—2011年,有27.2万名阿富汗学生在伊朗入学,同期还有大约1.1万名阿富汗学生从伊朗高校毕业。②与此同时,伊朗积极参与打击阿富汗毒品走私。一方面,伊朗积极与联合国毒品和犯罪问题办公室(UNODC)进行有效合作,制定减少阿富汗毒品供求的战略,推动地区双边和多边层次的反毒合作。另一方面,伊朗积极采取有效的措施打击阿富汗的毒品走私活动。伊朗在其与阿富汗和巴基斯坦边境的两侧都修建了哨所,并提供武器和其他装备,为阿富汗培训边境部队和缉毒力量。

第四,支持阿富汗什叶派与塔吉克族政治集团,并积极参与解决阿富汗问题的多边地区合作。伊朗在阿富汗追求以安全为主导的政策,认同温和普什图族卡尔扎伊政府,并利用与北方联盟的关系确保喀布尔政府内支持伊朗势力的存在,使得什叶派在阿富汗政府中占据的席位超过以往任何时期。而且,伊朗积极参与解决阿富汗问题的多边地区合作,例如伊朗大力推动与阿富汗和

---

① 《古兰经》中说:"你们当全体坚持真主的绳索,不要自己分裂。"这一段《古兰经》中明确告诫信士要紧紧团结在主道之上,不要分裂;伊斯兰教是和平的宗教,"精诚团结"是伊斯兰教的精神思想和重要特征之一,它倡导消除人类的一切隔阂,最终建立一个平等团结、合作互助、和平安宁的社会大家庭。

② Muhammad Jawad Sharifzada, "Afghan Children in Iran Deprived Of Education", Pajhwok Afghan News, October 27, 2011, http://www.pajhwok.com/en/2011/10/27/afghan-Children-in-iran-deprived-education.

塔吉克斯坦的三边合作,以及加强伊朗、巴基斯坦与阿富汗三边对话机制在阿富汗事务中的作用。

第五,反对美军在阿富汗长期存在。伊朗虽然在美军打击"塔利班"政权的行动中给予了一定的配合,但是反对美军在阿富汗长期存在。自2007年6月开始,伊朗就反复强调在阿富汗安全事务中应由阿富汗自己起主导作用,并呼吁为撤出国际安全援助部队制定时间表。为此,伊朗首先向卡尔扎伊总统本人及其政府高官、议员和媒体提供资助,希望阿富汗形成要求美军撤离的政策及舆论氛围。2010年10月,阿富汗总统卡尔扎伊承认每年接受伊朗200万的现金,但阿富汗与美国在2012年5月签署长期战略伙伴关系协议后,伊朗立即停止向卡尔扎伊提供现金。[①] 伊朗政府官员经常鼓励阿富汗议会支持反对驻阿联军的政策,并在议会辩论期间提出反美议题。伊朗还要求美国明确2014年后留驻阿富汗的美军数量、其中期和长期计划以及美军"临时基地"的确切含义,包括保证美军的存在不会对阿富汗的邻国构成威胁等。2013年12月8日,伊朗总统与阿富汗总统在会谈时表示,"伊朗反对外国军队在阿富汗的存在,外国军队的存在造成了阿富汗的紧张局势。"[②] 美阿双边安全协议对美军在阿富汗驻留期限、数量和地位等问题作出规定,但阿富汗总统卡尔扎伊却要留给下任总统签署。伊朗驻阿富汗大使警告说,如果卡尔扎伊无视伊朗反对,与美国签订双边安全协议,则德黑兰可能遣返在伊朗

[①] Kenneth Katzman, "Afghanistan: Post-Taliban Governance, Security, and U. S. Polcy", CRS Report, US Congressional Research Service, January 17, 2014, pp. 46 – 47.

[②] Nasser Karimi, "Iran Opposes Forign Presence in Afghanistan", The Associated Press, December 8, 2013, http://www.navytimes.com/ariticle/20131208/NEWS08/312080005/iran- opposes- forign- presence -Afghanistan.

的阿富汗难民。[①]

七、影响阿巴安全环境的国际组织因素

阿巴安全环境除了受美、中、俄、巴、印、伊朗影响之外，联合国、欧盟和一些非政府组织在阿富汗的重建与和平进程中，也都发挥了许多积极作用。它对平衡大国关系，软化矛盾冲突，稳定安全局势，有着不可替代的作用和影响。下面笔者拟从联合国、欧盟、上海合作组织、北约、"伊斯坦布尔进程"、"亚信会议"六个方面来阐述。

（一）联合国

联合国是目前世界上最大最著名的由主权国家组成的国际组织。其职责是维持和平、建设和平、预防冲突和人道主义援助。因而推动和协助诸如像伊拉克、阿富汗等这一发生内战的国家建立和平和稳定的政治秩序，更是国际社会赋予联合国的重要职责。

1. 联合国维和行动的方式

联合国作为"第三方"介入到阿富汗等这一类型国家进行维和行动的方式主要可以分为两类。一是提供直接的军事介入，即联合国派出维和部队、观察员和核查团等到内战相关当事国，监督各方停火，震慑可能发生的暴力行为。一般而言，如果联合国维和部队数量众多，武器装备先进，那么该维和部队的驻在国的的震慑作用就会大大提升，相关冲突方内战重启的可能性也由于

[①] Alex Vatanka, "The Afghan Bridge in U. S. -Iranian Ties", Middle East Institute, February18, 2014, http: //www. mei. edu/content/afghan -bridge - us. -iranian - ties.

彼此接触的机会而大大降低①。二是联合国可以通过经济制裁、政治压力等手段向破坏和平进程的一方施加压力。由于联合国具有独特的"国际背景"和众多的"国际资源",可以调动更多的资源来帮助相关当事国结束内战。尽管也曾出现过在联合国介入的状况下,有关当事方推翻原有的承诺而内战重开的例子,但是我们不能因此否定联合国的重要作用。而且,导致内战的当事方可能会遭到国际社会的外交孤立以及经济制裁,这将迫使内战各方不得不仔细考虑违反和平协议的成本。②

2. 联合国在阿富汗和平重建进程中的作用

联合国在推进阿富汗和平重建进程中发挥了核心协调作用。首先,协调国际社会支持阿富汗和平与重建。如2001年塔利班政权倒台后,协助阿富汗的战后民主重建成了联合国的重要职责之一。2001年10月3日,联合国秘书长科菲·安南(Kofi Atta Annan)任命前阿尔及利亚外长普拉西米(Lakhdar Brahimi)为联合国秘书长驻阿富汗特别代表,帮助战后的阿富汗组建新一届政府。③ 政府联合国安理会便于12月20日,通过1401(2002)号决议向阿富汗派遣国际安全援助部队(ISAF④),以协助临时政府维护治安并开展战后恢复与重建工作。在过去的12年里,ISAF一直担当着保护阿富汗的主要角色。2010年1月4日,联合国秘

---

① Lisa Hultman, "United Nations Peacekeeping and Civilian Protection in Civil war," American Journal of Political Science, vol. 57, No. 4, October 2013, pp. 875 – 891.

② Virginia Fortna, "Does Peacekeeping Keep Peace? International Intervention and the Duration of Peace After Civil War," International Studies Quarterly, Vol. 48, No. 2, 2004, pp. 779 – 801.

③ Lakhdar Brahimi, "Appointed Special Representative for Afghanistan," Biographical Note, 5 November 2001, http://www.un.org/News/Press/docs/2001/bio3397.doc.htm.

④ ISAF是International Security Assistance Force即驻阿富汗"国际安全援助部队"的英文缩写,国际安全援助部队是一支兵力庞大、成员广泛且地位特殊的多国联合武装力量。

第二章　影响阿巴安全环境的大国因素

书长潘基文在安理会上表示，为了扭转阿富汗局势，国际社会应制定一个过渡性战略，把重点放在建立阿富汗国家安全部队以及逐步向阿富汗移交安全职责方面，以便为阿富汗提供"更加集中和协调"的支持，并呼吁阿富汗新政府进行政治改革，促进阿富汗人主导的重建和平的政治进程，以便从根本上解决安全局势恶化的难题。还主张联合国与阿富汗政府及其国际合作伙伴进行协商，探讨成立一个专门的民事机构以协调阿富汗的民事工作。

其次，积极推进阿富汗政府与塔利班和谈。为了给和谈扫清道路，2011年6月17日，联合国安理会一致通过了两份区别制裁塔利班和"基地"组织的决议，从而放弃自反恐战争以来捆绑塔利班和"基地"的制裁措施。7月16日，联合国安理会将14名塔利班领导人的名字从黑名单中删除，此举进一步为与塔利班领导层会谈减少了障碍。

第三，进行多次访问和调研。为了阿富汗和巴基斯坦的安全与稳定，联合国秘书长多次访问两国。2002年1月25日，联合国秘书长安南抵达阿富汗首都喀布尔。这是一次具有历史意义的访问，安南是1959年以来第一位访阿富汗的联合国秘书长。安南此行的，旨在目的是鼓励国际社会与阿富汗共同努力，为这个饱受战火蹂躏的国家以及她的人民带来和平与稳定。而联合国秘书长潘基文也几次访问阿富汗和巴基斯坦，并分别与两国领导人以及外国驻阿军队将领举行了会谈，以稳定两国的局势。

为了制定更有效的政策，联合国也经常派代表团前往两国进行深入调研。如2003年10月31日，一个由15名成员组成的联合国安理会代表团，离开美国前往阿富汗。目的是在于评估国际维和部队活动范围的扩大情况，支持阿富汗和平进程，并警告军阀停止颠覆总统卡尔扎伊中央政府的行动。

第四，联合国阿富汗援助团也一直发挥着促使阿富汗人民和平对话、各武装派别全面解除武装、复员和重返社会的作用。

2013年4月至6月间，在阿富汗各地举行了规划的200个重点小组讨论中的100个讨论，有1733名阿富汗人参与，其中有429名妇女。该倡议的第二阶段力求根据参与者的建议制订省一级的和平路线图。同时，援助团继续推动地方对话，以缓解族裔间和部落间的紧张关系，建立社区之间的信任。2014年1月，援助团还举办了一系列研讨会，以促进阿富汗乌里玛在支持和平举行选举方面的作用。

在阿富汗政府与国际社会的努力下，截至2014年8月15日，共有8880人参加了和平与重返社会方案，为社区成员和重返社会者提供了短期就业机会。可以说，和平与重返社会方案取得了很大成就。

（二）欧盟

1. 欧盟对阿富汗的稳定和重建所起的作用

自塔利班政权倒台，欧盟也积极参与阿富汗的重建工作。2001年12月14日，欧盟15个成员国在比利时开会，同意派3000—4000人的部队参与阿富汗的维持和平任务。2002年1月17日欧盟在布鲁塞尔举行的会议上决定在今后五年为阿富汗重建提供25亿欧元的财政援助，其中10亿欧元的援助由欧盟财政承担，15亿欧元则由欧盟按国民生产总值比例及经济实力摊派给各成员国承担。英国、法国和德国抱怨所承担的援助款项太高，要求欧盟重新考虑其参与阿富汗战事的费用支出而降低摊派额度，但未被采纳。鉴此，欧盟决定仍按各成员国的国民生产总值比例和经济实力来摊派援助额度。此外，各成员国还均有派兵参与阿富汗维和部队的义务。作为中立国的奥地利须承担欧盟25亿欧元财政援助计划中2.5%的额度，即6000万欧元，同时还须派遣60名士兵参与欧盟阿富汗维和部队。

2007年5月29日，欧盟理事会在布鲁塞尔宣布，欧盟将于6月中旬向阿富汗派遣约160名警官和法律专家，为阿内政部、各省的警察队伍提供监督、咨询和培训服务，其目的是帮助阿富汗按照国际标准建立自己持续、有效的警务体系。[①] 2009年3月31日，在荷兰海牙参加阿富汗问题国际会议的欧盟负责对外关系和欧洲睦邻政策的委员贝妮塔·费雷罗-瓦尔德纳说，自2002年以来，欧盟已为阿富汗支出16亿欧元。此次欧盟将向阿富汗追加6000万欧元（1欧元约合1.32美元）的援助款，主要用于阿富汗总统选举、阿富汗警察队伍建设和农村发展。2009年9月5日欧盟轮值主席国瑞典外交大臣卡尔·比尔特提出，要加强以政治为主导的欧盟阿富汗战略，使欧盟为阿富汗的稳定和重建发挥更大的作用。

2. 欧盟对巴基斯坦局势所起的作用

欧盟对巴基斯坦的局势也非常关注。2009年6月17日，欧盟和巴基斯坦在布鲁塞尔举行首次首脑会议。在会后发表的联合声明中，双方重申将在联合国框架和双边机制下相互合作，打击恐怖主义，并强调为巴反恐行动提供国际支持的重要性。欧盟委员会主席巴罗佐在会后举行的新闻发布会上宣布，欧盟将向巴基斯坦提供1.24亿欧元援助，其中7200万欧元将用于人道主义目的，以帮助在打击塔利班武装的行动中逃离家园的巴民众，为他们提供食品、饮用水、帐篷和药品等基本物资。巴罗佐说，欧盟将致力于和巴基斯坦一道，帮助巴基斯坦消除贫困，打击极端主义势力，促进国家发展。会前，巴总统扎尔达里表示，与援助相比，巴基斯坦更希望与欧盟扩大贸易往来。此次峰会上，双方承诺共同致力于进一步实现商品和服务贸易自由化，探讨启动双边自由贸易协定谈判的可行性。欧盟表示，将会研究如何扩大巴基斯坦根据欧盟普惠制所享有的特殊待遇。目前，欧盟是巴基斯坦

[①] 新华网，2007年5月29日，http：//news.xinhuanet.com/world/2007—05/29/content_ 6170856. htm。

第一大贸易伙伴，年双边贸易额超过 70 亿欧元[①]。

2010 年 6 月 4 日欧盟与巴基斯坦在布鲁塞尔又举行第二届峰会，双方就未来五年合作计划达成一致，强调在经贸、安全、能源等各领域深化合作。

欧洲理事会常任主席范龙佩、欧盟委员会主席巴罗佐和巴基斯坦总理吉拉尼共同出席会议。根据会后发表的联合声明，双方决定在经济发展、自由贸易、清洁能源以及在反恐和打击极端主义等方面携手合作，并强调在应对气候变化哥本哈根峰会所取得成果的基础上共同推动气候问题谈判。双方还同意在裁军、武器出口、核不扩散等安全问题上加强对话，重申在维护阿富汗局势以及该地区稳定和安全所做的承诺。欧盟欢迎巴基斯坦在打击贩毒等方面所做的努力。范龙佩在会后举行的联合记者招待会上说："欧盟是巴基斯坦最重要的贸易伙伴之一，巴基斯坦的发展对欧盟乃至世界具有直接影响，彼此加强合作符合双方各自利益。"

在经济和社会层面，欧盟表示将继续对巴基斯坦的支持和援助，并把援助金额从目前的每年 5000 万欧元增加到 2011 年至 2013 年每年 7500 万欧元。巴基斯坦对欧盟 2010 年 3 月推出的"司法系统公务员能力建设"项目表示欢迎。该项目旨在帮助巴政府更加有效地进行反恐。

吉拉尼说："我们感谢欧盟在反恐和打击极端主义等方面给予的支持和援助。"他相信通过加强制度建设将有助于在南亚地区实现和平与繁荣。[②]

（三）上海合作组织

上海合作组织（简称上合组织）是中国、俄罗斯、哈萨克斯

[①] 新华网，2009 年 6 月 18 日，http://news.xinhuanet.com/world/2009—06/18/content_ 11558070.htm。
[②] 新华网，2010 年 6 月 5 日，http://news.xinhuanet.com/world/2010—06/05/c_ 12183347.htm。

第二章 影响阿巴安全环境的大国因素

坦、吉尔吉斯斯坦、塔吉克斯坦和乌兹别克斯坦六国组成的一个国际组织。该组织另有五个观察员国：伊朗、巴基斯坦、阿富汗、蒙古和印度。对话伙伴国包括土耳其、斯里兰卡、亚美尼亚、尼泊尔、柬埔寨和阿塞拜疆。上海合作组织一直关注阿富汗的安全局势，其多数成员国或者与阿富汗直接接壤，或者在阿富汗有传统的影响，在推动阿富汗和平进程、稳定地区局势和经济重建方面都发挥了积极的作用。

1. 推动和平进程、维护地区安全

2001年6月，上海合作组织成员国首次国防部长会晤，会后签署的联合公报中对阿富汗问题久拖不决表示关切，认为通过军事手段无助于冲突的解决，坚决支持联合国及中亚有关国家为解决阿富汗问题所做的努力，并呼吁阿富汗各派通过和平谈判实现阿富汗问题的政治解决。2003年5月，《上海合作组织成员国元首宣言》进一步强调了上述立场。2005年8月《上海合作组织成员国元首宣言》明确表示，愿积极参与在阿富汗周边构筑"反毒带"的国际努力，参与制定并实施专门计划，帮助阿富汗稳定局势。2008年8月，上海合作组织成员国元首杜尚别会议上，除要求加强上合组织—阿富汗联络组的工作外，首次提出筹备召开阿富汗问题特别国际会议的倡议。2010年6月，《上海合作组织成员国元首第十次会议宣言》重申了"支持联合国在协调国家社会调解阿富汗局势的努力中发挥主导作用的"立场，明确表示"成员国支持推动由联合国主导并吸收阿富汗人民参与的谈判进程"。2012年上合组织表示将以更加负责的态度和紧密的关系介入阿富汗问题的解决过程。2013年9月，在比什凯克峰会上第一次提出"阿富汗民族和解进程应由阿人主导、阿人所有，以尽快实现国家和平与稳定"。2014年1月22日，上海合作组织地区安全问题莫斯科副外长级磋商会议上，各成员国代表达成了共识：由于国际安全部队在2014

年后逐步从阿富汗撤军,阿富汗局势将会成为上合组织成员国地区安全的重要因素。会议提出,国际社会及相关各国应继续对阿富汗国家安全部队提供国际援助,防止国际安全援助部队撤军后导致阿富汗局势恶化。

2. 积极参与和推动阿富汗社会经济重建

上海合作组织及其成员国都支持对阿富汗人民提供广泛的国际人道主义援助,支持在联合国主导下的阿富汗经济重建,并将在联合国框架内参与阿富汗经济重建项目[①]。比如,2002年,中国政府承诺向阿富汗提供1.5亿美元援助,用于帮助阿富汗政府进行战后重建,免除了阿富汗全部到期的债务,共计960.7万英镑,还为阿方培训各类专业技术人员超过千人。中方还通过军援和人员培训等方式帮助阿富汗建设国民军。俄罗斯也通过各种渠道向阿富汗提供了援助。各成员国均表示,要向阿富汗提供力所能及的援助,并鼓励各自企业积极参与阿富汗战后重建。

总体上来说,现在上合组织各成员国已立场鲜明地做好加大对阿富汗重要民生领域投入装备,并基本一致地认为应优先向农业、教育、卫生等领域提供援助支持,更新和改善国民经济基础设施,帮助阿富汗经济加强自身"造血"功能,实现社会经济良性发展,切实帮助各民族广大民众提高生活水平,逐步铲除极端主义、恐怖主义、毒品走私和跨国有组织犯罪滋生的土壤。

3. 为实现民族和解与国家政治统一提供国际平台

上合组织与有关国家和国际组织加强合作,为促进阿富汗实现民族和解与保障地区安全等关键性问题进行广泛对话和协调立场提供了重要平台。尽管目前上海合作组织是持反对地区宗教极端主义和国际恐怖主义的立场,各成员国国内立法也不能接受包

---

① 新华网,2002年1月7日,http://news.xinhuanet.com/ziliao/2003—05/22/content_ 882097.htm。

第二章 影响阿巴安全环境的大国因素

括塔利班在内的宗教极端主义组织,但各成员国在尊重阿富汗独特政治文化传统、尊重部族和政治力量在国家政治生活中扮演重要角色的态度上已经达成一致,愿意恪守"阿人主导、阿人所有"原则促成阿富汗各派的谈判,欢迎达成民族和解与政治和解的协议,建立一个能够真正意义上代表阿富汗大多数民族、部族和政治派别的联合政府。为此,上海合作组织积极推动阿富汗问题伊斯坦布尔进程部长级会议的调解工作。中国国家主席习近平2013年9月向卡尔扎伊总统表示,中方将承办2014年阿富汗问题伊斯坦布尔进程第四次部长级会议,积极发挥作为上海合作组织成员国的协调作用[①]。同时,除正式成员国以外,巴基斯坦、伊朗、印度等观察员国也凭借各自的优势参加国际社会调解阿富汗实现和平稳定的进程,在切实推动阿富汗政治和解的国际努力中发挥积极作用。

另外,上合组织作为一个整体,它围绕着阿富汗问题形成的多边合作机制也在不断发展。多年来,上合组织相关各方面不仅积极参与阿富汗和平重建进程,而且通过启动地区反恐机制、举行联合反恐军事演习、与阿富汗建立反恐合作伙伴关系以及共同打击"三股势力"、毒品走私与跨国犯罪等实际行动向阿富汗提供支持。此外,上合组织还致力于与其他国家和国际组织进行合作。例如,上合组织六个成员国目前都与美国建立了双边反恐合作机制,同时还积极寻求与联合国、集体安全条约组织等国际组织的合作。因此,上合组织的正式与非正式成员国对阿富汗的支持和援助都影响深远。

不过,由于美国和北约在阿富汗的军事存在,加上地区国家间关系存在的结构性矛盾以及组织本身存在一定的局限,上合组

---

① 中国新闻网,2013年9月27日,http://www.chinanews.com/gn/2013/09—27/5332637.shtml。

织在解决阿富汗问题的方式与与性质上相对温和、低调。虽然这增加了各国进行多边协调与合作的灵活性,但西方撤军后对地区局势增添的变数对上合组织介入解决阿富汗问题的范围与方式提出了更高的要求。鉴于上合组织在目前的国际环境中充满活力,它在阿富汗问题的解决中有望发挥更多潜能。

(四) 北约

北大西洋公约组织 (North Atlantic Treaty Organization),简称北约组织或北约,是美国与西欧、北美主要发达国家为实现防卫协作而建立的一个国际军事集团组织。北约拥有大量核武器和常规部队,是西方的重要军事力量,是美国世界超级大国领导地位的标志。北约的欧洲成员国在盟主美国的推动下介入阿富汗战争及其后来的维和与反恐行动,从而直接影响了阿富汗安全局势的发展。

北约介入阿富汗战争与美国的全球战略有关,美国力图将阿富汗作为北约"全球化"战略实践的试验场,通过巩固阿富汗战争的"胜利"成果来强化北约的凝聚力,从而巩固美国对北约的领导权地位,最终将北约完全改造为服务于其全球战略的工具。当然,美国也需要北约盟国共同分担阿富汗战争后的维和反恐责任。因而,2001年"9·11"事件后,美国就率北约联军发动阿富汗战争,推翻了塔利班政权,给"基地"等恐怖主义组织以沉重的打击。2003年8月11日,在联合国授权下北约部队又开进阿富汗首都,接掌了国际安全援助部队(ISAF)的指挥权,开始在阿富汗执行维和与反恐任务。

北约部队介入初期,有步骤地向阿富汗各地派驻部队,从而逐渐有效地控制了阿富汗绝大部分地区。他们在阿富汗的主要任务是维和,帮助卡尔扎伊政府训练军队和警察,执行民事任务,打击毒品种植和交易,与阿富汗安全部队共同展开军事行动。总体上说,北约部队在阿富汗驻军期间,在执行上述任务方面还是

第二章 影响阿巴安全环境的大国因素

取得了一些成绩。主要体现在以下几个方面：

第一，为阿富汗政府训练了一批有一定战斗力和战斗技能的武装部队。阿富汗国民军组建于 2002 年 5 月，当时兵力非常薄弱，仅为一个营。北约在承担阿富汗国民军训练任务后，北约联军[①]的各国教官以每八周训练一批兵士的速度加紧训练阿富汗新兵。到 2010 年 5 月 19 日，阿富汗国民军人数上升为 119388 人，其中包括 2876 名陆军航空兵。北约联军的目标是到 2013 年建立一支 13 万人的国民军，最终独立负责阿富汗国家安全。联军教官同时还帮助阿富汗政府训练警察，致使阿富汗警察总数在 2012 年已经达到了 14.9 万人，从而大大加强了阿富汗的战斗力。阿富汗安全部队于 2003 年 7 月开始与北约联军共同开展军事行动，但此后却越来越多地承担各种战斗任务，经历了无数次的实战锻炼。

第二，北约联军参与阿富汗重建。这主要是通过积极组建军民一体化组织即省级重建队来实现。当地的省级重建队由军民两届人士组成，主要任务是为各级政府提供安全保护，利用外交手段和经济力量帮助阿富汗安全部队，支持当地政府建立良政，帮助地区重建和发展。重建队的民事成员负责政治、经济、社会与人道主义方面的工作；军事成员则负责辖区安全与稳定工作，并帮助政府组建安全部队，此外还要协助开展一些其他方面工作，特别是在交通、医疗及工程等方面。北约联军共建成的省级重建队约有 30 几个，每个重建队由一个维和国家加以领导，有的重建队成员由某个单一国家的军民两界人士组成，有的则由来自于多国的两界人士组成。他们在阿富汗各地帮助地方政府重建学校、恢复教育；兴建水利、维护灌溉系统工程；兴建和修缮交通和通讯等基础设施；并为当地居民提供医疗救助等，在维和重建工作

---

① 这里的"北约联军"包括在阿富汗执行任务的所有北约成员国部队及非北约成员国的部队。

中发挥了积极的作用。

第三，打击阿富汗毒品生产与交易活动。北约联军在进入阿富汗初期，没有认识到毒品生产和交易的危害性，因而未采取直接的打击行动，直到认识到塔利班死灰复燃的一个重要基础就是从事毒品生产和交易获得的大量资金，才意识到事态的严重性。2008年10月9日，布达佩斯北约国防部长非正式会议授权北约联军与阿富汗安全部队共同行动，捣毁作为塔利班经济来源的鸦片加工厂等设施，这在一定程度上打击了阿富汗毒品生产与交易活动。

(五)"伊斯坦布尔进程"

阿富汗问题"伊斯坦布尔进程"创立于2011年11月，当时美国支持土耳其主持召开阿富汗问题伊斯坦布尔会议，号召地区国家通力合作维稳阿富汗形势，防止恐怖主义对整个地区的安全威胁。会议通过了《阿富汗地区安全合作伊斯坦布尔进程》，因此，"伊斯坦布尔进程"是一个致力于推动阿富汗和其邻国在安全、经济和政治议题上的合作的区域性平台，也是唯一由本地区国家主导的有关阿富汗问题的国际机制。该进程现有阿富汗、中国、俄罗斯、哈萨克斯坦、印度、巴基斯坦、伊朗、土耳其等14个地区成员国。这一进程的确立使得在阿富汗问题上各利益攸关方将更好更直接地展开对话与合作。

"伊斯坦布尔进程"将加强地区安全合作以推动解决阿富汗问题为主旨，支持阿富汗实现国内和解和重新融合，支持联合国在阿富汗问题上发挥协调作用，呼吁各国在援助阿富汗的同时尊重其主权和领土完整，相互之间不干涉内政，睦邻友好与和平相处，并提出打击恐怖主义与毒品走私，防止武器非法跨境流通，建设和发展地区贸易、交通和能源走廊等倡议。

中国是"伊斯坦布尔进程"的支持者和参与方。2014年10月底，在继伊斯坦布尔、喀布尔和阿拉木图之后，北京承办了

第二章 影响阿巴安全环境的大国因素

"伊斯坦布尔进程"第四次外长会议,这是中国第一次举办有关阿富汗问题的重大国际性会议。会议涉及与阿富汗问题相关的众多议题,强调地区国家与国际社会加强共识与合作,推动阿富汗实现持久和平、可持续安全与经济发展。随后发表的《北京宣言》表明各方就阿富汗问题达成了广泛的地区共识。此外,本次会议在帮助推进阿富汗国内实现包容性政治和解、提高阿富汗安全能力建设、扩大阿富汗参与地区贸易和经济联通等方面做出了具体承诺。[①] 这不仅体现了中方对阿富汗负责任的态度,也使中国在这一进程中发挥了建设性的作用。

2015年12月9日,阿富汗问题伊斯坦布尔进程第五次外长会议在伊斯兰堡召开,会上通过了《伊斯兰堡宣言》,各方都做出了一些新的承诺。更重要的是,各方利用这次多边会议进行了密集的双边互动,中方也同很多国家的外长和代表进行了接触。还和巴基斯坦、阿富汗进行了三边会晤,在三边会晤的基础上,又举行了第一次"2+2"四方会谈,巴基斯坦、阿富汗两国领导人和中国、美国一起探讨阿富汗问题。中方希望通过这些密集接触,向国际社会发出三个清晰信号[②]:

第一,我们希望各方都能积极参与阿富汗和平重建进程,帮助阿富汗经济尽快取得发展,人民生活水平得到提高。

第二,我们希望各方都能支持阿富汗国内和解进程,也就是阿富汗政府同塔利班进行和谈。这一和谈已经成功举行了一次,是2015年围绕阿富汗问题最有意义的进展。后来因为各种原因,这一机制停滞下来。这次我们发出明确信号,要尽快重启和谈。希望阿富汗政府坚定同塔利班和谈的大方向,相信巴基斯坦能为

---

① 环球网,2014年11月1日,http://world.huanqiu.com/article/2014—11/5187369.html。

② 中国新闻网,2015年12月10日,http://www.chinanews.com/gn/2015/12—10/7665710.shtml。

此发挥独特作用。中国会继续为此提供帮助,提供便利。美国作为重要一方,也能发挥积极和建设性作用。当然,这些均要建立在尊重阿富汗主权和各方意愿基础上。

第三,我们希望各方一致反对任何形式的恐怖主义,根据国际法参与国际反恐合作,共同维护地区和平与稳定。

(六)"亚信会议"

"亚信会议",全称亚洲相互协作与信任措施会议(Conference on Interaction and Confidence-Building Measures in Asia,简称CICA),是一个由亚洲多国参与的论坛,1992年由哈萨克斯坦发起,1999年正式成立,秘书处设于哈萨克斯坦阿拉木图,截至2015年8月有26个成员国。

"亚信会议"是亚洲国家在安全领域加强合作、增强互信的地区多边论坛,有潜力在阿富汗问题上发挥积极影响。2014年5月,"亚信会议"第四次峰会在上海举行。阿富汗总统卡尔扎伊表示,希望"亚信会议"能促进阿富汗的和平与稳定,卡尔扎伊还对会议提出建设"丝绸之路经济带"的倡议做出积极回应,相信该计划将为阿富汗和中国深化与亚欧各国间的合作、繁荣经济开辟新的广阔空间。体现"亚信会议"成员国共识的《上海宣言》强调:恐怖主义、暴力极端主义和毒品对阿富汗及本地区内外的安全与稳定构成严重威胁;推动阿富汗、地区国家和国际社会之间的密切合作以应对恐怖主义挑战,包括摧毁恐怖分子庇护所、切断恐怖主义资金来源和技术支持、帮助阿富汗打击非法制贩毒品和推广替代种植等。[1] 此外,南盟、经济合作组织、伊斯坦布尔会议组织和集安组织等也在一定程度上尝试对阿富汗问题产生影响。

---

[1] 百度百科,http://baike.baidu.com/link?url = yi-Ij4jSfjZkBM5bur47c UWb-mquBmDtlHE1wRfuxZ4-Vx4F0p86Yx_ Rd1xJtgTaKLZVLC1uq_ wQwvm-47-CUl。

第三节　国际社会稳定阿巴安全环境的路径探索

由于阿巴安全环境受到美、中、俄、巴、印、巴、伊朗等大国因素的影响，所以要想实现阿富汗、巴基斯坦的稳定，各大国必须真诚合作。对此，美国有这样的表述，"美国愿意倾听，当然也愿意应对共同威胁中发挥领导作用，但是也会把世界和其他国家作为伙伴"，[1] 因而美国提出"致力于加强国际组织和集体行动"，与联合国共同筹建一个"阿富汗和巴基斯坦联络小组"，其成员除美国的北约盟国及其合作伙伴外，还将包括俄罗斯、中国、印度、伊朗及中亚、海湾国家[2]才可能实现"阿富巴"新战略。其他大国也有这样的认识，认为只有彼此合作，并通过实际行动才能积极推动阿巴的和平进程。

一、美国实施美阿巴三边合作战略

如前所述，在美国总统奥巴马宣布的"新阿富巴"战略中，其中一个重要内容便是强调地区整体的联动性以及周边主要大国合作的重要性，特别是美阿巴的合作。因而在2009年5月，美、阿、巴三国总统就在华盛顿会晤，三国总统承诺将在推进阿富汗和巴基斯坦的和平、安全、稳定、经济发展方面进行战略合作。需要说明的是，三国合作不仅仅局限于安全领域，经济合作也是其重要内容。而在经济合作中，又以农业和粮食生产为主，这被认为对解决阿巴边界地区的

---

[1] General James Jones, National Security Advisor, "President Obama's Afhanistan-Pakistan (AFPAK) Strategy," March 27, 2009, http//fpc.state.gov/120965.htm.

[2] Rmarks by the President on a new strategy for Afghanistan and Pakistan, Office of the Press Secetary, the White House, WashiontonD. C. March 27, 2009.

社会和安全状况具有基础性意义。另外，2013年5月11日，阿富汗外交部长拉苏尔在首都喀布尔与到访的美国常务副国务卿威廉·伯恩斯举行会谈，双方主要就美阿安全协议相关问题进行了讨论，还就如何加强两国之间持久的合作关系交换了意见。

二、其他各大国之间双边或多边对话和会谈

为了更加真诚地合作，大国之间也进行了多次双边或多边对话和会谈，主要表现在以下几点：

（一）中俄印三方举行阿富汗问题会晤

2013年2月20日，中国、俄罗斯、印度在莫斯科举行中俄印安全事务高级代表阿富汗问题会晤。中国外交部副部长程国平作为戴秉国国务委员的代表，与俄罗斯联邦安全会议秘书帕特鲁舍夫和印度国家安全顾问梅农共同出席。三方就当前及2014年外国军队自阿富汗撤军后，阿及地区局势交换看法。三方一致认为，阿富汗未来局势发展与本地区的安全与稳定密切相关。作为阿富汗的近邻，三方愿与本地区国家和国际社会一道，支持阿富汗和平重建与和解进程，共同致力于维护阿及本地区和平、稳定与发展。

2015年5月28日，外交部部长助理刘建超在新德里出席中国、俄罗斯和印度第二轮阿富汗问题磋商。磋商由印度副国家安全顾问古普塔主持，刘建超和俄罗斯联邦安全会议副秘书卢基扬诺夫出席。

三方重点就阿富汗和本地区局势及三方在阿富汗问题上的合作等交换看法。三方再次一致认为，阿富汗未来局势发展与本地区的安全与稳定密切相关。三方支持阿富汗和平和解与经济重建，愿为此发挥建设性作用，并同意加强在阿富汗问题上的沟通

和协调,有效发挥上海合作组织和"伊斯坦布尔进程"的作用,共同推动阿实现安全、稳定与发展。

(二)中俄巴三方对话

2013年4月3日,中国、俄罗斯、巴基斯坦关于阿富汗问题三方对话在北京举行。中国外交部亚洲司司长罗照辉大使主持对话,俄罗斯总统阿富汗问题特使卡布洛夫大使和巴基斯坦外交部辅秘阿巴斯大使分别率团出席。中国外交部副部长张业遂会见了巴、俄代表团。三方就阿富汗问题、本地区局势及涉阿国际地区合作等交换了看法。三方认为,阿富汗局势发展与本地区安全与稳定密切相关。中俄巴作为阿富汗近邻,三方就阿富汗问题开展对话,有助于三方增进了解、深化信任、加强协调。三方同意,共同致力于维护阿富汗和本地区的和平、稳定与安全,支持"阿人所有,阿人主导"的和解进程。三方还同意支持上海合作组织在阿富汗问题上发挥更大作用,探讨在"伊斯坦布尔进程"框架内加强反恐、禁毒等领域合作。

2013年11月20日,第二轮中俄巴三方对话在伊斯兰堡举行。三方认为,2014年后阿富汗局势对地区和平与稳定有重要影响,重申支持"阿人主导,阿人所有"的包容性和解进程。和平、安全和发展三者缺一不可,国际社会应进一步支持阿富汗发展经济。另外,三方支持阿富汗和巴基斯坦扩大交往,改善关系,强调这对地区局势具有积极影响,并同意加强上海合作组织在阿富汗问题上的作用。

(三)中印举行反恐对话,并首次举行阿富汗问题磋商

《印度斯坦时报》等媒体2013年4月10日报道称,印中两国会在相11日至12日在北京举行新一轮反恐双边对话。此次对话的主题将主要涉及2014年美国从阿富汗撤军后的地区和平与安全问题。此外,双方还会谈及网络安全的问题。据报道,印方代表团由印度外交部助秘(部长助理)萨尔纳率领,于4月10日抵

达北京。两国之间的反恐对话机制始于2002年，每年由两国轮流主办。

印媒认为，该年的会谈比较特殊，一方面中国刚完成领导层交接，在德班金砖峰会上两国领导人进行了会谈并就许多国际问题达成共识；另一方面，今年的会谈恰逢美国及北约部队即将从阿富汗撤军这一历史时刻，所以显得尤为重要和令人期待。《印度斯坦时报》称，印、中、俄、巴等周边利益攸关国家近期就阿富汗问题频繁举行多边及双边会晤。在此次北京反恐会谈之后，近期内印中两国高级官员还有望举行直接对话，就阿富汗问题进一步交换意见，此举显示两国在这一问题上具有共同的利益。①

2013年4月18日，中国和印度在北京举行首次阿富汗问题磋商。中国外交部亚洲司司长罗照辉大使与印度外交部辅秘辛哈大使共同主持。双方一致认为，阿富汗问题攸关本地区安全稳定。作为本地区重要国家，中印就地区形势及阿富汗问题展开磋商，有利于两国协调立场，深化合作，为促进阿富汗问题早日解决发挥建设性作用。双方重申，支持"阿人主导、阿人所有"的和解进程，致力于与本地区国家和国际社会一道，帮助阿早日实现和平、稳定、独立、发展。② 这是中国第一次与印度就阿富汗问题举行这样的对话。中国正努力寻找双方的一致立场以达成一项共同战略，来应对塔利班和"基地"组织可能卷土重来之后变化不定的局势。

（四）中阿巴三方举行对话会

2013年12月9日至10日，中国—阿富汗—巴基斯坦三方对话在喀布尔举行。对话期间，三方就阿富汗及地区局势、三方务实合作等深入交换意见。三方在下面三个问题上达成共识：（1）

① 《南亚简报》，2013年14期，第19页。
② 《南亚简报》，2013年15期，第1页。

第二章 影响阿巴安全环境的大国因素

就维护阿富汗及本地区安全保持合作。中巴双方重申,支持"阿人主导、阿人所有"的和解进程,支持阿富汗高级和平委员会在和解问题上的努力。(2)在反恐、禁毒及人员交往等领域加强合作。阿巴双方欢迎中方于2014年再次邀请阿富汗和巴基斯坦联合议员考察团、联合媒体代表团访华的建议。(3)加强地区合作,支持上海合作组织为维护本地区和平稳定发挥作用。阿巴双方欢迎并高度评价中方承办2014年"伊斯坦布尔进程"第四次外长会。①

2016年1月11日,由巴基斯坦"巴中学会"主办的第三轮中国、巴基斯坦和阿富汗(二轨)三方对话在伊斯兰堡举行。会议以"邻国在阿富汗和平中的作用"为主题,中国驻巴基斯坦大使馆政务参赞赵立坚、巴总理外事顾问阿齐兹、阿富汗全国伊斯兰阵线副主席赛义德·吉拉尼分别代表三方进行了主旨发言,来自中、巴、阿三方的外交人员、专家学者及媒体代表上百人参加了研讨会。赵立坚参赞在发言中指出,自2013年首次中阿巴(二轨)三方对话在北京举行以来,这一机制已成为三方交流合作的重要平台。中方始终坚定支持阿富汗的和平重建,坚定支持阿国内和解进程,希望该机制能够继续为三方增进理解互信,加强协调合作发挥积极作用,希望各位专家学者深入探讨周边国家在新形势下全力推动阿和解进程的有效方法,并提出富有建设性的建议。阿齐兹指出,阿富汗民族和解与反恐议题对巴基斯坦和中国都很重要,因为三国是邻国,实现阿富汗和解对三国经济发展、社会进步与安定繁荣都有益处。巴、阿在历史、文化、地缘等领域都具有深层的联系,巴希望阿和平繁荣,并愿意加强沟通,在巴民族和解问题上发挥积极作用。同时,巴也要发展自

---

① 中国新闻网,2013年12月11日,http://www.chinanews.com/gn/2013/12—11/5608575.shtml。

己,要做好"中巴经济走廊"项目,解决好能源不足和基础设施薄弱的问题。赛义德·吉拉尼指出,阿富汗的反恐努力和民族和解问题是牵涉本地区安全与发展的大问题。自加尼总统上台后,在反恐问题上加强了与巴、中的合作,并在推动民族和解问题上做出了巨大努力。随着加尼总统与谢里夫多次成功互访,阿巴合作已超越了两国范畴。他相信,中国能够在阿和平进程中发挥积极而重要的作用。[①]

(五) 阿富汗问题四方对话四次举行

为推动阿巴和平进程,巴基斯坦、阿富汗、中国、美国关于阿富汗问题的四方机制会议举行了三次,2016 年 1 月 11 日首轮对话在伊斯兰堡举行闭门磋商。

中国外交部阿富汗事务特使邓锡军、美国阿富汗—巴基斯坦特使理查德·奥尔森、巴基斯坦外交事务与国家安全顾问萨尔塔杰·阿齐兹、阿富汗外交部副部长希克马特·卡尔扎伊当天与会。阿齐兹在会谈开幕式致辞时说,本轮对话意义重大,旨在协调阿富汗政府和塔利班之间的和解进程,为阿富汗和平进程指明方向和目标,并为阿富汗政府和塔利班直接对话创造有利条件。他说,各相关方都不应为对话设定前提条件,应以共同的责任感推动阿富汗和平与和解进程。由于此前有关各方同意将对塔利班顽固分子采取行动,阿方对本轮对话寄予很高期待,希望能够促使塔利班停止发动"春季攻势"。塔利班方面尚未对本轮对话做出正式回应。塔利班高级官员此前多次表示,他们不反对政治进程,但还没有决定是否与阿富汗政府对话。中国外交部发言人表示,中方支持"阿人主导、阿人所有"的阿富汗和解进程,愿继续为此发挥建设性作用,在尊重阿富汗主权和各方意愿的前提

---

① 环球网,2006 年 1 月 12 日,http://world.huanqiu.com/hot/2016—01/8360753.html。

下，与各方共同努力，为重启阿富汗国内和谈提供支持和帮助。

2016年1月18日，第二轮对话在阿富汗首都喀布尔举行。阿富汗外交部长萨拉赫丁·拉巴尼当天出席了开幕式并发表致辞称，呼吁塔利班接受阿政府号召，展开和平对话。拉巴尼在致辞中说："我愿重申，早日恢复阿富汗的和平是每位阿富汗公民的要求和愿望，也是更广泛地区实现和平的先决条件。我再一次代表阿富汗政府和人民，呼吁塔利班所有派别加入到和平进程，通过对话解决一切政治分歧。"报道称，各方在本轮对话中继续就阿富汗和平进程路线图进行磋商。拉巴尼表示，一个有效的和平进程路线图不会预设前提条件，但必须要为各方设定严格遵守的红线，以确保和平进程的完整性。①

2016年2月6日，第三轮对话在伊斯兰堡举行，本轮对话中，四方协调组在前两轮对话基础上，探讨了阿富汗政府和塔利班派别双方授权代表早日举行直接和平对话的途径。协调组还通过了路线图，确定了这一进程所需的步骤和举措。

为实现这一目标，协调组各方同意继续共同努力，以确定阿富汗政府和塔利班派别举行直接对话的日期，协调组各方还呼吁所有塔利班派别参加这一和谈。四方协调组同意继续召开定期对话，以确保阿富汗和平与和解进程继续顺利向前推进，四方强调，和解进程的结果应是为阿富汗停止暴力和实现持久和平而达成一项政治解决方案。②

第四轮对话2016年2月23日在喀布尔举行。四方发表声明说，赞同并坚决支持阿富汗政府与塔利班及其他武装组织举行直接对话。四方宣布，阿富汗政府与阿境内的塔利班等组织有望于

---

① 人民网，2016年1月18日，http：//world.people.com.cn/n1/2016/0118/c1002—28064855.html。
② 新华网，2016年2月7日，http：//news.xinhuanet.com/world/2016—02/07/c_1118010834.htm。

该年3月初在巴基斯坦首都伊斯兰堡举行直接对话。阿富汗国家安全顾问哈尼夫·阿特马尔表示,正在进行的阿富汗和平和解努力是反政府武装放弃暴力的最佳选择,阿安全部队将会对发动暴力袭击的武装组织进行打击。他指出,除阿富汗塔利班外,"基地"组织及其他恐怖主义网络也在阿富汗进行叛乱活动,从事针对阿富汗平民暴力袭击活动的外国武装分子不在阿和平与和解进程之内。阿米娜·汗说,在西方军事干预阿富汗并未奏效后,阿富汗目前面临更为严峻的安全形势,阿富汗问题四方机制对话在此背景下应运而生,符合各方利益,也是阿富汗实现和平与和解进程的新希望。有关各方已经展开了密集对话和磋商,能够体现出为促进阿富汗恢复和平的诚意。但恢复和平的道路依然艰难而漫长,各方应当保持耐心,继续为推动阿和平和解进程作出不懈努力。

阿富汗和平进程"四方对话"的举行,表明了相关各方希望尽快在阿富汗及本地区实现和平稳定的良好愿望,是有关方面努力重启阿富汗政府和塔利班和平对话的成果,为阿富汗国内和平进程带来了新的曙光,为实现和平创造了条件。

(六)美阿巴建三方对话机制

2009年2月24—26日,希拉里·克林顿与阿富汗外交部长兰金·达德法尔·斯潘塔、巴基斯坦外交部长沙阿·马哈茂德·库雷希在美国首都华盛顿举行三方会谈。希拉里表示美国愿与阿、巴两国紧密合作,维护地区安全。①

2011年8月2日,三国在巴首都伊斯兰堡举行会谈,就阿富汗民族和解问题进行磋商。阿富汗官员认为,在阿政府与塔利班高层进行和平谈判的过程中,巴基斯坦能够发挥重要作用。巴基

---

① 新华网,2009年2月28日,http://news.xinhuanet.com/world/2009—02/28/content_ 10915025.htm。

第二章 影响阿巴安全环境的大国因素

斯坦外交秘书萨尔曼·巴希尔、阿富汗副外长贾维德·卢丁、美国阿富汗和巴基斯坦问题特使马克·格罗斯曼参加了当天的会谈。在当晚举行的联合新闻发布会上,卢丁表示,阿富汗希望巴基斯坦可以协助促使塔利班领导人坐到谈判桌前,阿富汗的民族和解进程在一定程度上取决于巴基斯坦方面的合作,"阿富汗急切期待巴基斯坦的合作"。美国特使表示,三个国家在反恐问题和阿富汗和解问题上享有共同利益,希望该地区各国为阿富汗提供支持,助其尽早达成民族和解。巴外交秘书表示,巴基斯坦全力支持阿富汗自身主导的和解进程,此次三方会谈富有成效,将进一步推动阿富汗民族和解。[①]

2013年4月23日,三国在布鲁塞尔再次举行会谈,此次三方会谈议题包括阿富汗与巴基斯坦双边关系、阿富汗国内和平进程和阿巴两国近来由边境矛盾引发的紧张局势。[②]

第四节 阿巴安全局势的未来走向

阿巴安全局势的未来走向仍存在不少不确定因素。

一、阿巴安全局势将更趋复杂化和不稳定性

2014年美国从阿富汗撤军已有很长一段时间,现在及可预见未来,阿巴安全形势不会出现明显好转的趋势,存在极大的不确定性。原因如下:

第一,印巴矛盾根深蒂固。印巴之间由于立国理念的不同、

[①] 新华网,2011年8月3日,http://military.china.com/news2/03/11078240/20110803/16684066.htm。

[②] 新华网,2013年4月23日,http://news.xinhuanet.com/world/2013—04/23/c_115510296.htm。

宗教和民族的矛盾及非常敏感的克什米尔问题，导致印巴矛盾在未来很长一段时间不可能有效解决，必然会不间断地发生冲突、甚至恐怖事件。2015年8月28日，巴基斯坦安全部门官员表示，巴基斯坦和印度两国军队当天在双方存在争议的边境地区交火，造成至少9名平民死亡，超过50人受伤，印巴双方互相指责是对方先"无端开火"。在10名丧生者中，有6人在巴基斯坦旁遮普省锡亚尔科特市丧生，另外4人在印控克什米尔地区丧生。印控克什米尔地区的丧生人数比此前的报道多1人。另一方面，印控克什米尔地区的边境安保官员就此次交火指责巴方，称是巴方先无端炮击了印方平民。而类似的矛盾和冲突在未来很长一段时间都会存在甚至激化。

第二，巴基斯坦政治痼疾难解、反恐形势不容乐观。2017年7月28日，巴基斯坦法院取消谢里夫担任总理的资格，并要求其辞职。裁决一小时后，总理府发言人表示谢里夫接受裁决，已离开总理府。另外，连环爆炸袭击事件频频发生，2015年近两年来频频针对基督徒的袭击和暴力事件。2016—2017上半年，恐怖组织和地方分离主义武装团体，制造的针对平民和政府的袭击事件频率高发，让国内安全形势蒙上阴影。目前的新政府仍然面临诸多棘手的问题：如何协调各党派利益问题，如何解决民族分裂势力、暴力恐怖势力和宗教极端势力问题。这导致巴基斯坦内外交困，战略地位大为降低。

巴基斯坦政局不稳最主要的原因在于巴基斯坦政治痼疾难解。这表现在两个方面：一是民选政府与在野党互相拆台。2014年8月，巴基斯坦"正义运动党"和"人民运动党"在首都伊斯兰堡针对谢里夫政府发动了数万人参与的大规模示威游行。2016年4月，又曝出包括谢里夫家族在内的社会名流隐瞒海外资产的丑闻，党派博弈急剧升温。反对党人民党、正义运动党等要求谢里夫接受质询并调查其家族涉案情况，共同抵制议会活动，连续

第二章 影响阿巴安全环境的大国因素

发动抗议游行。正义运动党领导人伊姆兰·汗甚至要求罢免谢里夫，而最后谢里夫不得不辞职。这一切使得巴基斯坦本已脆弱的经济雪上加霜，政局持续动荡，安全局势恶化。目前及未来相当长一段时间新政府如何协调各党派利益、稳定国内政治局势也是一个极大的挑战。

二是政府与军方关系不和。如前所述，巴基斯坦历史上多次发生军事政变。巴基斯坦自诞生以来就面临印度强大压力，确保领土完整及政权生存成为巴基斯坦当局面临的迫切问题。这导致军方在巴基斯坦政治生活中的地位不断强化，在外交、安全等领域拥有举足轻重的话语权，自视为"国家安全的最后守卫者"。再加上巴基斯坦民选政府各部门权力职责不清、执政党和在野党矛盾重重，所有这一切为军方干预政治提供了可能性和现实基础。

2013年6月至2017年7月，巴基斯坦政局之所以不稳定与谢里夫和军方关系不和也有很大关系。2013年6月，谢里夫出任总理，成为巴基斯坦史上第一位三次出任总理的政治家。自2013年6月上台执政至2017年7月，谢里夫与军方的分歧逐渐突显。在外交层面，谢里夫采取一系列措施改善与印度的关系，例如参加印度新总理莫迪的就职典礼，密切两国经贸关系等。军方出于现实主义考虑，在改善印巴关系方面持保留态度。在内政方面，谢里夫主张与巴基斯坦塔利班达成和平协议，进而解决国内安全问题。军方则持相反观点，认为与巴基斯坦塔利班和谈不会有任何结果，坚决主张打击巴基斯坦塔利班。与此同时，谢里夫政府审判前总统穆沙拉夫的做法引起军方强烈不满。巴基斯坦军队历来注重维护陆军参谋长等军方高层的荣誉，认为穆沙拉夫作为前军方领导人被公开审判是对军方极大羞辱，一些将领对谢里夫非常不满。由于历史和现实的因素，谢里夫与军方的不和不可能短时间得到缓解，两方矛盾随时都可能激化。

此外，随着美军2014年从阿富汗撤军，驻阿美军已通过巴基斯坦陆路将一些设备器材转移到南部港口城市卡拉奇。由此引发的连锁反应令巴基斯坦、阿富汗以及邻近地区的紧张局势有所加剧，手握两条美军陆路补给线的巴基斯坦不可避免地会受到波及。这一切导致巴基斯坦未来国内安全局势进一步恶化。

除上述外，国际恐怖势力正进一步由中亚向南亚地区渗透，巴基斯坦可能将未来几年视作巴反恐史上最为困难的时期。

第三，阿富汗局势不确定。目前造成阿富汗不稳定的因素有很多，其主要因素有二：一是毒品生产，这也将成为未来该地区不稳定的最主要原因。美国宣布对阿开战以来，阿富汗罂粟的种植面积急剧增加，2009年，其罂粟产量为6900吨，占全球产量的将近90%。2010年产量为3600吨，2011年产量为5800吨。虽然产量有所减少，但其原有库存数量很大。据说，储备的鸦片达到175万吨，大麻3500吨，足以支持毒品市场需求到2016年。[①] 2012年阿富汗鸦片产量占世界非法鸦片产量的74%（2006年为最高年份，曾达92%），鸦片贸易收入占本国GDP总量的8.2%。[②] 所有其他恐怖主义、极端主义、犯罪问题等因素都与毒品生产及跨国毒品犯罪有关。毒品贸易是"基地"组织和塔利班组织存在与活动的重要经济来源。2014年初，在阿富汗安全部队的一次清缴行动中，在楠格尔哈省摧毁了一个有45名塔利班武装人员盘踞的据点，从中发现四处地下毒品加工作坊。据中亚有关部门计算，经中亚国家走私出去的阿富汗毒品至少占据阿富汗毒品流出量的30%，而被塔吉克斯坦、乌兹别克斯坦等国海关和边防机构成功查获的仅占流出毒品的2%左右。中亚地区是阿富汗

---

① 新华网，2013年1月25日，http://news.xinhuanet.com/world/2013—01/25/c_124254053.htm。

② UNODC. World Drug Report 2012 （2014—03—27）. http://www.undoc>org/documents/data-and-analysis/WDR2012_2012_web_small.pdf.

毒品流向欧洲的重要通道。据阿富汗禁毒部门的估计，种植鸦片的阿富汗农民从毒品贸易中只获微利5%，其余大部分被国际贩毒集团获得。从这个意义上看，毒品经济在阿富汗的存在除了资助恐怖主义、带来社会问题和危害邻国安全外，对国民经济并不能产生根本上的赈济作用。现在的阿富汗政府不能有效解决这一问题。人们担心，一旦驻阿联军大规模撤出，对毒品管道的控制将大为减弱，那么毒品交易将重新扩大规模开张。而且目前阿富汗政府与塔利班对话的前景很不明朗，阿富汗中央政府能够多大程度上实现对阿富汗全境的统治和管理也是未知数。

二是联合政府埋下隐患。随着加尼于2014年9月29日宣誓就任阿富汗总统，阿富汗政权实现了顺利交接，但加尼与"首席行政官"阿卜杜拉签署了权力共享协议，使阿富汗由先前实行的"总统一家独大"的一元政治结构向现在的"总统和'首席行政官'并立"的二元结构转变。在国际社会的积极斡旋下，加尼与阿卜杜拉阵营就政府未来权力如何分配达成了妥协方案。但考虑到阿富汗社会部族政治色彩浓厚、南北两大阵营对立的局面，这种国家权力的分配方案很可能为未来阿富汗政局的稳定埋下隐患。究其原因是联合政府两派之间相互争权。

阿富汗现在可以说是面临双头领导局面。权力共享协议实际上是将阿富汗本就弱势的中央政府权力再度削弱。依据宪法第60、64、71和77条，权力共享协议规定：（1）"首席行政官"有权与总统一同参与双边决策会议；（2）执行行政事务和总统下达的政府事务；（3）执行联合政府改革方案；（4）提出政府机构改革并坚决打击官员腐败；（5）根据总统令使用特定的行政和金融权力；（6）向总统提供有关任命和解雇高级政府官员和其他政府事务的建议和提议等。这几点有一点值得注意的是，"首席行政官"与总统有同等的高级官员任命权，即在关键安全负责人、经济机构和独立部门上的人员选择完全平等。

双方在国家安全委员会的领导层面拥有同等的代表并在成员层面上保持公平。这显然为新政府组阁埋下隐患,加尼与阿卜杜拉为争夺内阁席位明争暗斗。此外,阿富汗将在两年内进行修宪更改政体,加尼与阿卜杜拉关于实行"半总统制"还是"议会内阁制"的摩擦也导致了新一轮的权力争夺战。这些都严重影响了阿富汗的维稳进程。

三是塔利班卷土重来。在北约盟军和阿富汗安全部队的联合打压下,塔利班损失惨重,只能龟缩在阿巴边境的少数省份,势力范围大大缩小,在中西部地区影响也很小。然而,随着"后撤军时代"的到来,塔利班摩拳擦掌,改变其传统作战战略,从路边炸弹袭击和自杀式袭击转变为更具杀伤力的大规模袭击,特别是"春季攻势"[①]宣言之后,塔利班开始有别于以往的正面战场领土争夺战。2014年7月以来,塔利班有目的地集中兵力,在新政府自顾不暇之际,通过袭击以夺取更多地区的有效控制权。阿富汗26个省份中的35个地区面临严重的武装袭击,塔利班的袭击遍布阿富汗全境。如果喀布尔政府不能有效地控制局势,战斗会迅速向全国蔓延。同时,阿富汗塔利班与外国武装分子联系增加,来自巴基斯坦的支持和"伊斯兰国"的渗透推动了塔利班袭击的激进化。塔利班与"基地"组织、巴塔等组织结成了松散的军事联盟,相互支持、支援或联合商讨行动计划。"基地"组织、"哈卡尼"组织与巴塔还不断在阿富汗境内参与并挑起宗教冲突、民族冲突,以破坏阿富汗主导的民族和解进程及西方参与下的国家重建工程。同时,正处于风口浪尖的"伊斯兰国"为了扩大其

---

① 阿富汗塔利班于2015年4月22日宣称,该组织将从4月24日开始发动年度"春季攻势",称会在美军撤离前线的背景下将战火蔓延至全国。袭击的主要目标是外国占领者,特别是他们的永久性军事基地……傀儡政府的官员及军方人员,特别是情报、内政和国防部门的官员。环球网,2015年4月22日,http://world.huanqiu.com/exclusive/2015—04/6258195.html。

第二章　影响阿巴安全环境的大国因素

在南亚地区和阿富汗影响,在白沙瓦难民营以及城市的郊区和阿富汗边境省份派发"伊斯兰国"的宣传小册子。虽然阿富汗内政部发言人称,在伊拉克战斗的阿富汗人只是个人行为,国内支持"伊斯兰国"的民众为数较少,但不可否认,以阿塔为首的一些在巴基斯坦和阿富汗的强硬派组织已宣布了对"伊斯兰国"的认同。阿富汗一位高级官员称,他相信"伊斯兰国"在阿富汗的传播宣传册是真实的,而"伊斯兰国"的旗帜甚至出现在了喀布尔大学之中,"他们试图招募人,与塔利班指挥官建立联系。他们试图通过金钱购买忠诚"。[1] 联合国的数据显示,2015 年,塔利班控制了阿富汗境内 20% 的区域,达到了 2001 年以来的峰值。2015 年 9 月,塔利班夺取了北部城市昆都士,虽然在占领该城市两个多星期之后撤离,但这次短暂占领凸显塔利班势力已经卷土重来。[2] 阿富汗重建行动特别小组（SIGAR）发布的报告称,根据驻阿富汗美军提供的数据,受阿富汗政府"控制或支配"的土地,已从 2016 年 1 月底的 70.5%,减少到 5 月底的 65.6%。这意味着在阿富汗境内约 400 个管辖区当中,政府部队已失去其中 19 个区的控制权。[3] 塔利班目前在阿富汗所控制的土地面积,是自 2001 年塔利班领导层被美军推翻以来最多的。这表明了阿富汗安全部队在打击塔利班武装分子方面所面临的巨大挑战。

另外,2014 年美国从阿富汗战略撤退后,美国对阿富汗采取

---

[1] "Around 3,000 Afghans may be fighting in Syria", Khaama Press, 2014—10—14, http://www.Khaam.com/around-3000-afghans-may-be-fighting-in-syria-8808.

[2]《人民日报》,2016 年 2 月 29 日。

[3] 中新网,2016 年 8 月 1 日, http://news.sina.com.cn/o/2016—08—01/doc-ifxunzmt1981628.shtml。

的政策是有限的接触，美军数量逐渐减少①，只是保护几个关键城市，从执行平叛任务到内部防御，在阿富汗继续"代理战争"。既然美国是采取有限的接触，这一地区安全目前出现了一定程度上的真空，面对阿富汗政治、安全局势的极大不确定性，各大国出于维护自身利益的目的都在阿富汗寻找代理人，从而可能掀起新一轮的争夺战，而且这些国家现在不得不面对北约留下的后遗症，如武器扩散、毒品走私泛滥等。这一切使阿巴安全局势将更趋复杂化和不稳定性。另外频繁的暴力袭击，不仅冲击阿富汗的安全局势，也势必破坏未来的谈判氛围。

二、多方和谈仍是最佳解决方案

面对阿巴未来安全局势的走向，寻求的最佳解决方案仍是多方和谈。阿富汗著名学者、前总统卡尔扎伊的政治顾问达福拉蒂曾表示各方对话和谈是解决阿富汗问题的唯一途径，武力对抗永远不会产生赢家。②

早在2010年，阿富汗政府曾谋求与塔利班和谈，但遭到塔利班拒绝。此后，塔利班曾于2012年1月在卡塔尔首都多哈设立办事处。2013年6月18日，塔利班宣布在卡塔尔首都多哈设立与美国和谈的办公室。塔利班选择在北约撤军的背景下进行和谈，是希望以安全形势为威胁，最大程度地分享权力，同时通过频繁制造暴力袭击事件，打击民众对卡尔扎伊政府的信心。美国则希望通过谈判，使塔利班断绝与"基地"组织的关系，结束在阿富

---

① 2014年5月28日，美国总统奥巴马公布了撤军时间表：2014年之后保留9800名士兵，2015年消减至4900名，2016年消减至仅能维持驻阿大使馆安全的水平。

② 新华网，2009年8月6日，http://news.163.com/09/0806/12/5G1L5GNG000120GU.html。

第二章 影响阿巴安全环境的大国因素

汗的暴力活动，为自己赢得更有保障的撤军环境。不过，因为阿富汗政府与塔利班的分歧以及卡尔扎伊起初的反对态度，原定于2013年6月20日的对话未能如期举行，和谈也陷入僵局。在此情况下，英国首相卡梅伦从2013年6月29日起先后访问了阿富汗和巴基斯坦，希望敦促各方尽力推动多哈谈判的进程，并希望巴基斯坦利用其对塔利班的影响力，劝导塔利班重新回到谈判桌前。

2014年9月，阿富汗总统加尼上任后，多次呼吁在宪法框架内与塔利班展开和谈[1]。考虑到2014年北约军队完全撤出阿富汗，阿富汗因为没有北约军队的保护，可能陷入安全"真空"，如果阿富汗安全部队无法抵挡，塔利班和其他武装组织将卷土重来，阿富汗国内安全局势也会进一步恶化，这是阿富汗人民不希望看到的。因此，阿富汗政府愿意有条件地与塔利班进行和谈，试图为未来阿富汗安全局势奠定基础。2015年5月3日至4日，在美国、巴基斯坦、中国等周边邻国和地区大国的积极推动之下，在卡塔尔政府和国际组织"帕格沃什会议"的促成下，阿富汗民族和解再次破冰。阿富汗政府代表团（20人）与塔利班代表（8人）在卡塔尔举行"初步公开对话"[2]。各方达成一些"共同点"，包括应当允许塔利班在多哈重开办事处；撤销针对塔利班的"黑名单"以推动和解。

当然，虽然各方都着力推动和平进程，但和谈不会一番风顺。主要受以下几个因素的影响。首先，双方为谈判设定的先决条件相距甚远。塔利班提出结束战争的三个条件是：承认塔利班

---

[1] 新华网，2016年1月12日，http://news.xinhuanet.com/world/2016—01/12/c_1117751690.htm。

[2] Mir Abed Joenda. HPC, Taliban and Mediators Set To Meet In Doha, Tolonews, 2015—5—3, http://www.tolonews.com/en/afghanistan/19340-hpc-taliban -and -mediators -set -to -meet-in -doha.

是交战团体，将塔利班从美国和联合国的恐怖主义组织名单中删除；释放所有塔利班在押人员；外国军队从阿富汗撤军。而美国和阿富汗政府为塔利班提出的三个条件为：停火、接受阿富汗现政体、与"基地"组织及其他恐怖组织团体断绝关系。尽管双方都为和谈做过努力，如阿富汗政府释放了部分塔利班囚犯，敦促将部分塔利班分子从联合国制裁名单中删除。塔利班也相应发出过示好的信号——与"基地"组织拉开距离、奥马尔曾指示塔利班成员避免造成平民伤亡等。然而，塔利班一直坚持外国军队全部从阿富汗撤离是实现和谈的首要条件。2014年9月30日，阿富汗新政府与美国、北约签署了《双边安全协定》和《部队地位协定》，允许北约保留扩大了作战任务的驻军。塔利班当天发表声明，谴责了这两项协定，称总统就职时发出的和平与和解信息具有"欺骗性"。因此，当双方没有对实现和谈的条件做出一定的妥协时，和谈只能是空中楼阁。

其次，阿富汗政府内部对"如何定义塔利班等武装反对派的地位"分歧很大，且大多数人仍将塔利班视为"敌人"。2014年10月15日，"首席执行官"阿卜杜拉会见阿富汗国家安全部队和阿富汗国家警察的指挥官们，他呼吁政府应该清楚地定义"朋友"和"敌人"，因为这涉及国家安全政策。使用什么样的术语来描述塔利班一直是一个有争议的问题。前总统卡尔扎伊在其任期的后期一直用"兄弟"来形容塔利班。会上，阿卜杜拉表示，新政府应该采取一定的方法以区分敌友，这将提升国家安全部队的士气。随即，一些分析人士称，加尼总统不应该称武装分子为"政治反对派"，这使得武装分子合法化。这些分析人士曾批评过前任总统卡尔扎伊称塔利班为"兄弟"的言论。

第三，塔利班分裂加剧，反对和谈的人数增加，特别是2015年7月29日爆出的"塔利班最高领袖奥马尔逝世，毛拉·阿赫塔尔·穆罕默德·曼苏尔（Mullah Akhtar Mohammad Mansour）继

第二章　影响阿巴安全环境的大国因素

任"的消息更为和谈蒙上了阴影。曼苏尔曾表示，武装行为将继续，"我们的目标和口号是实现伊斯兰和伊斯兰体系，我们的'圣战'将继续下去直到完成这一目标"。① 这一言论暗示其并不会"全心全意"地支持和谈。

第四，阿富汗国内对和谈存有分歧。尽管民调显示，高达81%的阿富汗民众在接受采访时表示支持政府与塔利班进行和谈，但是由于塔利班当政时期所采取的极端政策和一直以来的暴力行径，还是引发大量非普什图族特别是北方少数民族人民的担忧，甚至在阿富汗政府中掌握阿富汗政府大部分行政资源的前"北方联盟"，担心塔利班进入政府后会损及自身地位与权益。公开反对和谈。

第五，一些地区国家对阿富汗和解的态度有所保留。印度虽然支持阿富汗政府提出的政治和解进程，但由于在美国发动阿富汗战争中选择支持北方联盟，站在了塔利班的对立面，所以不希望看到塔利班加入这一进程，更不希望看到它在将来的联合政府中占据一席之地。此外，为了保证自身在阿富汗的地位和优势，印度也不希望看到巴基斯坦参与阿富汗问题的和平进程而同印度争利。但是巴基斯坦的态度则截然相反，巴基斯坦希望塔利班参与这一进程。由于巴基斯坦普什图族占多数且与阿富汗的普什图族保持着密切友好的关系，对阿富汗政治和解进程的支持，可以使与巴基斯坦友好的阿富汗普什图族在将来的政权中享有更大的权力。而塔利班在阿富汗政府中享有更大的权力不仅可以促进阿巴关系的改善，进而削弱印度在阿富汗的影响还力可以有效地避免印阿联合对巴形成东西夹击的战略威胁。此外，近年来伊朗在

---

① "Taliban New Leader Appeals for Unity in Ranks", Outlook Afghanistan, 2015—8—3, http://www.outlook afghanistan.net/national_detail.php?post_id=12741.

政治、经济、宗教、教育、文化等方面加大了对阿富汗政府的支持和援助,并且由于美阿矛盾的突出和加剧,反倒有利于把阿富汗推向伊朗一边,使得伊朗抓住机遇与阿合作,其在阿的影响力也逐渐上升。为此,美国开始主动寻求同伊朗方面的接触,希望伊朗能够在阿富汗的重建过程中发挥重要作用。但是美伊两国之间由于核问题,双方长期处于一种紧张和对峙关系中,无法在阿富汗问题上进行真正意义上的合作。还有俄罗斯虽然一直以自身行动支持阿富汗的和平重建,但是在阿富汗的和平重建中,俄罗斯强调联合国应发挥主导作用,还支持上合组织同阿富汗巩固和发展关系,反对成立新的涉阿地区合作机制。由此可见,多国由于各自的利益纠葛,在对阿富汗政治和解进程的推动上都有所保留,难以采取实质性行动。

第六,双方能否实现和谈还受到国内外局势的挑战。如美国与阿富汗政府签订了搁置已久的《双边安全协定》显然引起了塔利班的不满,为和谈平添了不确定的因素。

虽说如此,但笔者还是认为,从目前的情况来看,多方和谈仍是阿富汗和解进程的最佳方案。原因如下:其一,美国的支持。由于美国已经意识到仅依靠军事手段无法赢得阿富汗战争的胜利,必须在加大打击恐怖主义的同时,支持阿富汗政府的民族和解计划。美国前任阿富汗和巴基斯坦事务特使霍尔布鲁克曾说过:阿富汗战争不能像第二次世界大战那样在军舰上结束,也不能像波黑战争在美国的俄亥俄州代顿那样终结,阿富汗战争应通过政治途径达成协议。[①] 其中说服塔利班放下武器,回归社会是阿富汗成功的一个关键因素。其二,从政治和解的双方来看,既有争取塔利班和谈的可能性,也有阿富汗的积极支持。塔利班方

---

① 新华网,2010 年 6 月 7 日,http://news.xinhuanet.com/mil/2010—06/07/content_ 13632380. htm。

第二章　影响阿巴安全环境的大国因素

面可能有和谈意愿基于两点：一是阿富汗国家安全部队的数量和作战能力明显提高以及美军无人机袭击和特种部队作战手段繁多，频率上升，削弱了塔利班的嚣张气焰。2012年4月18日，阿富汗国防发言人阿兹米称，阿富汗国民军兵力已达19.5万，警察12.5万。它们参与驻阿联军军事行动的频率和能力都得到很大提高。[①] 这大大降低了塔利班再次夺权的可能性。二是美国和阿富汗签署了《战略伙伴关系框架文件》，该文件给予了美军在2014年后继续驻扎在阿富汗的权力，从而使塔利班幻想美军彻底撤出阿富汗的希望破灭，对美军的持续长期存在心存畏惧。而阿富汗政府为防止美军撤离后，喀布尔政权的垮台，积极支持政治和解进程，不仅成立了"和平高级委员会"来推进实施"和解和再融入"计划，还召开了"大支尔格会议"，通过了为期十年的《战略伙伴关系协议》并明确表示支持政府以"新思维"同塔利班对话。其三，从地区国家角度看，巴基斯坦一直视印度为主要威胁，担心美军撤出后印度扩大其在阿富汗的战略影响。为防止在阿富汗政治和解过程中被边缘化，巴基斯坦也很支持阿富汗的政治和解进程。巴基斯坦总理不仅宣布成立"联合和平委员会"，专门负责与阿富汗塔利班势力进行和谈，还呼吁它们加入阿富汗和平进程的谈判之中，以掀开阿富汗历史的新篇章。此外，推动阿富汗的政治和解也是国际社会的共识，一个安全和稳定的阿富汗是整个中亚地区和国际社会的福祉。

不可否认和谈会遇到阻碍，但和谈纵有千难万险，地区各有关国家及阿富汗政府各派之间应本着合作共赢的原则来解决阿富汗问题，如果和解不能取得实质性进展，阿富汗局势发展将蕴含巨大风险，一旦阿富汗爆发内战乃至分裂，地区有关国家——尤

---

① 胡仕胜：《阿富汗重建：地区性挑战与责任》，《现代国际关系》，2012年第6期，第9页。

其是阿富汗周边处于社会、政治，甚至经济转型期的高危国家将成为重灾区。目前的主要问题在于阿政府和塔利班之间缺乏信任。多哈和谈如能启动成功，将对阿富汗的和平进程发挥积极作用。对于阿富汗政治体制，也可以通过和谈借鉴瑞士的模式组成松散的联邦政府。尽管阿富汗永远不会变成瑞士，但瑞士松散联邦的模式，或许是阿富汗政治解决的一条出路，即让那些四分五裂的部族享有充分自治权，并共同组成一个联邦国家。

第三章

阿尤布·汗时期美巴关系演变及影响

阿尤布·汗（Mohammad Ayub Khan）是巴基斯坦第一位军人总统，从1957年10月27日担任总统到1969年3月25日去职，阿尤布·汗对巴基斯坦进行了十年零三个月的统治，在其统治期间美巴关系经历了两个阶段：1958—1965年是一个降温的过程，由牢固的军事同盟到逐渐逆转，1965年第二次印巴战争美国对其实施军事禁运并将调停印巴争端的责任推给苏联使双边关系降到最低点，其后一直到1969年则是一个缓慢回升的过程，但并没有达到50年代中后期的水平。为什么美巴关系会发生这样的变化呢？这种变化又给未来的美巴关系带来什么影响呢？下面笔者将对此做一简要分析。

第一节 1958—1965年美巴关系降温的原因

1947年，巴基斯坦自治领成立。此时美国对巴基斯坦不太重视。分治之初的巴基斯坦奉行不结盟政策，与美国保持一定距离。进入50年代，美国产生了将巴基斯坦纳入遏制体制的想法。而巴基斯坦则希望借助美国来对抗印度。美巴在军事结盟问题上一拍即合。1953年，美国决定向巴基斯坦提供军事援助，从而将其纳入自己主导的军事联盟体系。1954年，美国同巴基斯坦建立了军事同盟关系，两国关系逐渐升温。1958年10月，阿尤布·汗在美国默许下上台，美巴关系继续加强，两国于1959年签订了《双边（军事）合作协定》，进一步加深了双边关系。随着国际形势的改变，美巴两国的战略利益出现了难以弥合的冲突，双边关系开始倒退，1965年降到了最低点，美巴关系之所以逆转，笔者认为主要有以下原因：

一、美国在越南介入的加深

随着国际形势的变化，美国在越南介入的加深是美巴关系降温的大背景。进入20世纪60年代，随着美国在越南介入的加深，美国对中国和苏联的遏制的重心也转到了东南亚。美国对地区反共条约的热情也在减退。因此，美国敦促巴基斯坦同印度和解来共同遏制共产主义，而对巴基斯坦的支持相应降低。这使得巴基斯坦不能再依靠美国保护自己，只能同邻国中国和苏联改善关系，而这又与美国的遏制共产主义的战略目标发生抵触，两国关系降温在所难免。

二、美巴两国战略利益大相径庭

利益差异是两国关系倒退的根本原因。美巴战略利益的差异并未阻碍两国的接近，但却播下了以后关系降温的种子。美巴结盟的基础是在特定的世界局势下，双方战略利益的交汇。随着国际形势的改变，两国战略利益发生冲突，双边关系因之倒退。这种倒退的实质，其实是美国遏制政策追求的反共目标与巴基斯坦的国家安全利益发生了严重冲突。时任美国国务卿的迪安·腊斯克一针见血地指出了这个问题，并表达了美国的不满："我们坚

第三章　阿尤布·汗时期美巴关系演变及影响

持认为中央条约组织和东南亚条约组织从一开始就是反共的联盟。但是巴基斯坦人总是把它们当作抵御印度的再保险，并努力以这种方式曲解他们。"[1] 基辛格无疑也注意到了这个问题，并做了较为客观的评论："我们只是将巴基斯坦当作反对共产主义侵略的潜在军事盟友，而不了解绝大多数巴基斯坦人认为印度才是他们安全的真正威胁。"[2] 美国主导成立东南亚条约组织和中央条约组织主要是想遏制国际共产主义的扩张。巴基斯坦出于抗衡印度的考虑加入了这两个组织，但是却没有收到预期的效果。巴基斯坦坚持，区域防御联盟应该担负起抵抗一切类型侵略的任务，不论这种威胁来自何方。这种看法并不恰恰投合巴格达条约和东南亚条约组织中大国伙伴的心意，这些大国对印度的一直违抗安理会关于克什米尔决议所带来的危害是估计不足的[3]。巴基斯坦所有努力的唯一结果是，东南亚条约组织发表了一个宣言，承认"杜兰线"是巴基斯坦和阿富汗之间的国际边界线。美国对遏制战略的重视和巴极端恶劣的安全环境决定了双方利益难以协调。当两国中任何一方为了自身利益调整政策，并损害到另一方利益的时候，另一方也会调整政策来保卫自己利益，而这反过来会刺激对方再次调整政策来保卫其利益，双边关系则会因这种恶性循环而不断降温。其实，两国的行为都是基于各自战略利益做出的理性选择，但双方的战略利益相差太远，美巴关系因之逐渐降温。

---

[1] *Foreign Relations of United States*（*FRUS*），1964—1968，Vol. 25，South Asia，Document. 326.

[2] Henry Kissinger，*White House Years*，little，Brown & Company，Boston，1979，p. 845.

[3] ［巴］I. H. 库雷希：《巴基斯坦简史》，第四卷，四川人民出版社，1976年版，第425页。

三、印度因素

印度是美巴关系恶化的一个直接原因。尽管巴基斯坦在1954年就已经成为美国的盟国，但印度仍然是美国追求的目标。印度拥有远远超过巴基斯坦的政治、经济和军事资源。美国一直都想拉拢印度加入西方阵营，而印度和苏联的接近使得美国更加重视印度，并向其提供了大量经济援助，这导致美巴关系逐渐降温。按照列宁主义的观点（帝国主义最虚弱的地方就是它的殖民地），一些人认为冷战最重要的战场就在印度[①]。从杜鲁门开始的几届美国政府都认为亚洲最大的对抗将会发生在印度和中国之间。而且，美国很看重印度在不结盟运动中的影响力。美国试图在巴基斯坦和印度之间建立一种战略和道义的均衡，也就是说，为了安全利益和巴基斯坦继续军事同盟关系，而为了道义，也就是民主制度的示范效应，应该对印度提供经济援助。但是，美国不能够忽视印巴两国彼此之间的对立，除非印巴关系可以实现正常化，否则美印关系的发展必然会影响到美巴关系。艾森豪威尔政府时期结成的军事联盟在美国引起了争论，在野的民主党以此为例攻击政府过分强调军事方面的考虑。印度成了美国自由派的特殊"宠儿"。他们从印度实行民主制度的决心中看到了结成理念伙伴的基础[②]。因此从20世纪50年代中后期开始，美国开始修改政策，向印度提供大量经济援助，招致了巴基斯坦的不满。美国对印度态度的好转表明美国的南亚政策有了重要的转变，而过去被认为是不道德的中立主义，现在却被公认为可以接受的政治哲

---

① [美]斯蒂芬·科亨：《孔雀与大象——解读印度大战略》，新华出版社，2002年版，第294页。

② Henry Kissinger, *White House Years*, little, Brown & Company, Boston, 1979, p. 846.

学,这引起了巴基斯坦的深思,如果中立主义有利于争取各方面的支持,那么同美国结盟的价值就值得怀疑了。但是,问题还不止如此,美国准备把印度建成亚洲的"民主堡垒",对巴基斯坦来说无疑是个很大的打击。因为印度领导人曾公开宣称:他们的军事准备主要就是针对巴基斯坦的。但是恰恰在这点上,美国并没有真正理解并且消除巴基斯坦的担心。如果美国认为印度在亚洲承担了主要的反共责任,那么巴基斯坦参加区域反共联盟显然就对自己的国家安全没有什么帮助了。1958年4月29日,巴基斯坦财政部长赛义德·阿姆贾德·阿里向美国助理国务卿威廉·M.朗特里抱怨,美国对印度提供经济援助使得印度得以将大量资金转移去购买军火,从后者为美国政策进行的辩解中可以看出美国支持印度的背后有着强烈的反华动机,并不会因为印巴两国关系的任何改变而发生变化:"即使印巴两国关系甚好,印度亦要实施其业已着手进行的军事计划;为了反击中国可能对它构成的威胁,印度将建立一支可观的军事组织。"[1] 1962年为美国拉拢印度提供了一个天赐良机,但美国在印度的进展却伤害了正在降温的美巴关系。在1965年的第二次印巴战争中,美国对印度和巴基斯坦均实行军事禁运。巴基斯坦对美国失去了信心。巴基斯坦认为,身为美国盟国的自己得到的待遇居然和中立主义的印度一样,那冒着得罪中国和苏联的风险缔结的军事联盟的价值体现在什么地方呢?如果美国不能够保护巴基斯坦,那巴基斯坦只好寻求自助,探索同中苏两国改善关系。基辛格的一段深刻分析可以很好地概括美国对待印巴两国前后迥异的态度:"有一个时期,我们的行动就好像认为新兴国家在政治上之所以重要仅仅是由于它们在冷战中是潜在的军事盟国。谋求中立受到我们官方谴责。

---

[1] [巴]阿尔塔夫·高哈:《阿尤布·汗——巴基斯坦首位军人统治者》,世界知识出版社,2002年版,第81页。

我们用了很大的力量来吸引新兴国家参加安全条约。在不多几年中，这种政策又被恰好相反的政策所代替。我们不但不谴责中立主义，反而几乎高捧中立主义。我们非但不企图订立安全条约，而且我们的所作所为可能使盟国，至少是北大西洋地区以外的盟国，怀疑同美国密切结合是不是明智的。"①

四、苏联和中国的因素

这是美巴关系降温的另一个直接原因。苏联出于对巴基斯坦倒向美国的强烈不满，开始承认印度对克什米尔拥有主权，并支持阿富汗提出的普什图尼斯坦问题。1960年3月，阿苏联合公报在谈到"普什图尼斯坦"问题时，主张"运用自决的原则解决上述问题"②。而且，由于巴基斯坦境内有美国军事基地，巴基斯坦和苏联的关系更加紧张。苏联极为关注设在白沙瓦城郊的十分先进的通信基地，美国随时可以从这里派遣高空侦察机对苏联领土进行侦察。随着世界力量平衡的逐步变化，巴基斯坦这种亲美政策的危险逐渐呈现出来。苏联成为一个核大国，并且在太空竞赛中居于领先地位。1956年的苏伊士危机中，苏联人在中东使用武力的威胁是强大而有效的。这证明了处理世界事务的最后发言权并不总是在西方联盟一边③。苏联为了对抗美巴结盟开始拉拢印度，从而对巴基斯坦的国家安全带来直接威胁。巴基斯坦的空军基地为U-2飞机有价值的情报任务提供了便利，也使巴成了美

---

① [美]亨利·基辛格：《选择的必要：美国外交政策的前景》，世界知识出版社，1962年版，第340—341页。
② 云南历史研究所：《巴基斯坦》，1980年版，第126页。
③ [巴]I. H. 库雷希：《巴基斯坦简史》（第四卷），四川人民出版社，1976年版，第449页。

国对苏联领空侵犯的共犯[①]。在冷战进入高潮之际,阿尤布·汗明白,同苏联的关系没有多少回旋的余地。1960年发生的U-2飞机事件导致巴开始严肃考虑苏联的感受,并主动与苏联改善关系。当美巴关系于1962年趋于紧张时,阿尤布·汗更加担忧巴基斯坦让美国利用其基地进行对苏联进行侦察会带来风险。1965年3月,阿尤布·汗对苏联进行了国事访问。他同苏联领导人的会晤为两国关系带来了根本的变化。阿尤布·汗让苏方明白了美国的通信基地租约在1969年到期后不会再延期,巴基斯坦能够成为苏联可依靠的友好邻国,此举为巴苏关系正常化打下了基础,并开辟了两国经济和军事合作的可能性。苏联则允诺向巴提供实质性的军事援助,给予经济合作和对重大项目进行大笔投资的承诺。美国对阿尤布·汗在苏联的谈判十分恼火,约翰逊总统立即取消了阿尤布·汗对美国的正式访问。其实美国没有认识到,既然他们对区域防务条约已经丧失了兴趣,那么设在巴基斯坦的基地也就没有什么意义了。1959年11月,阿尤布·汗向中国建议为了消除以后可能发生的任何误解和争议,应该界定两国边界。阿尤布·汗的这一做法使得美国大为震惊。1962年后,巴基斯坦抓住机会同中国改善关系。阿尤布·汗努力将这种对等关系维持在可以容忍的范围之内。但是对于美国来说,巴基斯坦已经越过了美国可以容忍的极限。阿尤布·汗却不准备让步,坚持认为,若是美国指望巴基斯坦做出有悖于中国和苏联利益的事情,巴方不得不拒绝,因为这是违反其利益的。

---

① Robert J. McMahon, *The cold war on the periphery: the United States, India, and Pakistan*, 1947—1965, Columbia University Press, New York, 1994, p. 268.

五、与美国的政党政治有关

美巴关系的降温与美国的政党政治也有一定关系。一般说来，共和党籍的总统比较注重现实的国家安全利益，其外交政策体现了浓重的现实主义政治哲学思想，因而比较注重与战略位置优越的巴基斯坦发展稳定的安全合作关系。在艾森豪威尔任内，美巴关系获得较好的发展。而民主党籍的总统则相对注重民主、人权等价值观念，其外交政策渗透着深厚的理想主义政治哲学思想，因而比较看重奉行"自由民主"制度的印度，希望通过印度这个"民主橱窗"在亚洲示范"自由民主"的价值观念，相应地对实行威权统治的巴基斯坦就不那么重视。在杜鲁门、肯尼迪和约翰逊任内，美巴关系发展都不是很顺利。

第二节 1966—1969年美巴关系回暖的原因

1966—1969年，美巴关系开始缓慢回暖，1967年4月，美国恢复了对巴基斯坦和印度有限度的军援，向它们提供非杀伤性装备和各种装备的零部件，并补充它们在训练中损失掉的武器装备，1968年，美国和巴基斯坦签订了一系列经援协定，两国关系开始出现改善的迹象。与此同时，美国也开始恢复向巴基斯坦提供经济援助，虽然美巴关系有所回升，但并未达到20世纪50年代中后期的高度。而美巴关系出现适度的回升则主要有以下三点原因：

一、美巴存在着比较重要的共同安全利益

共同的安全利益是美国和巴基斯坦关系得以回升的根本原

因。美巴都不希望双边关系过于冷淡。美国明白巴基斯坦对于维持中东和南亚地区的稳定具有举足轻重的作用,同时过于冷落巴基斯坦既会将其彻底推向中国,也不利于自己使用设在白沙瓦附近的情报收集设施。而巴基斯坦也不想与美国过于疏远,因为与美国维持良好的关系有利于获得其急需的发展援助和军事援助[1]。

二、各方势力的积极游说

来自美国国务院、国防部和国会的"巴基斯坦游说团"以及国会的院外援巴集团的积极游说不但减缓了关系的倒退,而且也是促成两国关系回升的直接原因。国务院、国防部和国会的高层人物深知设在巴基斯坦北部白沙瓦附近的巴达贝尔空军基地的重要意义。1960年5月9日,弗朗西斯·加里·鲍尔斯乘着飞越苏联国境的U-2型飞机,就是从白沙瓦机场起飞的[2]。他们希望美巴关系保持友好,以便美国继续使用巴基斯坦的这个基地。虽然弗朗西斯·加里·鲍尔斯在1960年的飞行导致了以巴基斯坦为基地的U-2型飞机飞越苏联领空的终止。但是美国继续维持了其设在白沙瓦的代价高昂的电子监听设备[3]。1962年后,美国准备对印度提供军事援助,来自国务院、国防部和国会的"巴基斯坦游说团"对决策层施加了持续的压力。他们试图把美国对印度的军事援助限制在一定水平上,以免导致巴基斯坦出于报复而终止美国对巴达贝尔空军基地的使用。他们得到了国务卿腊斯克和国

---

[1] Robert J. McMahon, *The cold war on the periphery: the United States, India, and Pakistan*, 1947—1965, Columbia University Press, New York, 1994, p. 320.

[2] [美]切斯特·鲍尔斯:《鲍尔斯回忆录》,上海人民出版社,1974年版,第254页。

[3] Selig S. Harrison, *The Widening Gulf: Asian Nationalism and American Policy*, The Free Press, New York, 1978, p. 270.

防部长麦克拉马纳的支持,最终也说服了肯尼迪总统答应仅向印度提供适度的军事援助。国会中的亲巴议员也不愿放弃巴基斯坦这个盟友。密苏里州民主党参议员斯图亚特·赛明顿认为向印度提供军事援助不合逻辑,原因之一是印度的主要领导人不断地用军事进攻威胁美国在"自由世界"最坚定和忠诚的朋友(指巴基斯坦,此注为笔者所加)①。

三、美巴领导人良好的私人关系和美巴两国相似的民族性格

这是两国关系回升的间接原因。美巴两国领导人之间一般都建立了比较良好的私人关系。阿尤布·汗与肯尼迪夫妇和约翰逊都有着良好的私人关系。1962年10月25日,阿尤布·汗在结束了和肯尼迪总统在新港的会谈后,前往肯尼迪总统位于弗吉尼亚州中塞克斯郡的农场,和杰奎琳·肯尼迪一起骑马。而杰奎琳·肯尼迪骑的那匹阿拉伯良种马就是阿尤布·汗上次访美时送给她的②。由此可见,阿尤布·汗和肯尼迪夫妇的关系十分亲密。而阿尤布·汗和约翰逊总统的关系则更为密切。1961年5月,时任副总统的约翰逊访问巴基斯坦,对阿尤布·汗留下了非常良好的印象。当几个月后,阿尤布·汗对美国进行国事访问的时候,约翰逊对阿尤布·汗的招待十分周到。他为阿尤布·汗在他得克萨斯的农场举办了一场丰盛的烤肉会。他还亲自充当导游,陪阿尤布·汗访问了旧金山、奥斯丁和得克萨斯中部的山村。据很多人讲,这两个

---

① Robert J. McMahon, *The cold war on the periphery: the United States, India, and Pakistan*, 1947—1965, Columbia University Press, New York, 1994, p. 285.

② Robert J. McMahon, *The cold war on the periphery: the United States, India, and Pakistan*, 1947—1965, Columbia University Press, New York, 1994, p. 208 - 209.

第三章 阿尤布·汗时期美巴关系演变及影响

人相处得很好。据约翰逊的一个助手描述,这位副总统将精力充沛的阿尤布·汗视为"勿庸置疑的男子汉中的男子汉"——这是约翰逊对人最高的赞扬。林登·B.约翰逊在1961年10月致信给阿尤布·汗提及:"我很少对一个男人留下如此深的印象。我觉得你对我农场的访问比今年发生的任何事情都更加令我开心。"① 这种领导人之间良好的私交使得美巴两国之间的沟通管道十分畅通,彼此都清楚对方的底线,主观上也更愿意体会对方的难处,双方因此得以维持一个若即若离的关系。而且,美巴两国在一定程度上具有相似的民族性格。一些西方观察家相信,巴基斯坦与西方结盟是其与后者天然亲近的结果。他们认为,占巴基斯坦人口绝对多数的穆斯林拥有许多积极品质,如敬畏上帝、帮助朋友和随时准备战斗,更为单纯直率一些。② 美国国务卿约翰·福斯特·杜勒斯在1953年6月1日的广播演说中也表现出了类似观点:"巴基斯坦是最大的伊斯兰教国家,它在伊斯兰世界占有重要地位。巴基斯坦人民强烈的宗教信仰和尚武精神使他们成为抵抗共产主义的可靠堡垒。"③ 1958年4月30日,杜勒斯向阿尤布·汗表示,美国对巴基斯坦的忠诚和友好,就某种程度而言,同美国与印度的关系是截然不同的。美国与印度的关系是基于理智的,同美国与巴基斯坦的关系相比,后者更发自内心。从杜勒斯的一贯言行来看,他的这个表述是比较贴近实际的。美国和巴基斯坦之所以能够发展出这种发自内心的关系,很大程度上就是因

---

① Robert J. McMahon, *The cold war on the periphery: the United States, India, and Pakistan*, 1947—1965, Columbia University Press, New York, 1994, pp. 305 - 306.

② Henry Kissinger, *White House Years*, little, Brown & Company, Boston, 1979, p. 845.

③ [美]杜勒斯:《杜勒斯言论选辑》,世界知识出版社,1959年版,第58页。

为两国的民族性格具有一定的相似性。

可以看出，美巴关系的降温有其深层原因。然而，两国有着重要（对巴基斯坦来说更重要）的共同安全利益，因此必须有一定程度的合作①。这使得两国关系得以回升。美巴关系有一个基本盘面，即两国期望值达到合理后双边关系的水平。当两国关系降到了基本盘面以下时（比如第二次印巴战争后），两国能够改善关系使之恢复到基本盘面。美巴存在一个理解对方诉求的过程，这可以使美巴将期望值降到合理程度，而这对彼此都是比较有利的。巴基斯坦应该明白，美国不可能不理会印度的感受，全力支持巴基斯坦。而美国也不要期望巴基斯坦会不顾后果地对抗中国和苏联。

第三节 对未来美巴关系发展造成的影响

阿尤布·汗执政时期在美巴关系中是一个承上启下的关键阶段。它延续了两国在20世纪50年代中后期的良好关系，留给70年代一个相对冷淡的关系，并对以后的美巴关系产生了深远的影响：

一、美巴制定彼此的外交政策更加谨慎

谨慎的外交政策使得美国和巴基斯坦对彼此的战略利益都有了清楚的了解，不再怀有不切实际的幻想，在制定有关两国关系的外交决定也会比较审慎。美国不再想当然地认为巴基斯坦与自

---

① See Stephen P Cohen, *Partners or Friends? U. S. -Pakistan Security Relations Revisited*, in Noor. A. Husain and Leo E. Rose, eds, *Pakistan-U. S. Relations——Social, Political, and Economic Factors*, Institute of East Asian Studies, University of California, Berkeley, 1988, p. 19.

己一样对遏制共产主义怀有浓厚的兴趣；而巴基斯坦也不再对美国这个盟友的承诺寄予过高的期望，避免将自身生死攸关的国家安全押到美国是否会遵守承诺上面。美巴两国对彼此的评估都趋于务实，这使得双边关系的发展虽然更为缓慢，但却更加坚实。

二、巴基斯坦研制核武器

这段时期的美巴关系变迁使得巴基斯坦认识到美国不可靠，这间接导致了巴基斯坦研制核武器，而核武器问题从1975年至今一直都在影响美巴关系。巴基斯坦发展核武器有许多原因，其中最根本的原因就是巴基斯坦感觉自己在与印度的对垒中处于不利的地位，受到了印度严重的威胁。因此，巴基斯坦的核计划从一开始就是用来弥补常规军力的劣势，回应印度的安全威胁。1965年的第二次印巴战争对巴基斯坦的核武器发展是一个重要转折点。这次战争显示巴基斯坦的常规力量不足，而美国对巴基斯坦和印度实施的武器禁运进一步加剧了印巴常规力量的失衡。因为印度可以毫无阻碍地从苏联获得大量武器，而主要依靠美国武器的巴基斯坦则陷入了十分困难的境地。巴基斯坦对与美国结盟失去信心，认识到生死关头谁也不能相信，保卫国家安全只能靠自己，而拥有核武器就能彻底扭转其弱势地位。因为，巴基斯坦一旦拥有核武器，印度就不能对其为所欲为。巴基斯坦一位重量级外交官对此进行了精辟的阐述："一个国家的安全必须依靠自己的军事能力，以使敌人不敢使用武力，或者更为理想的是，使敌人打消真正部署这种武力的念头。很明显，在这种思考下，规模较小的巴基斯坦永远也不能指望通过建立纯粹的常规军力来吓阻一个更大的邻国。因此，唯有核能力能够给巴基斯坦提供可能的平衡器。在巴基斯坦的经济和战略安全考虑中，核问题占据了首要的位置。容我大胆说一句，巴基斯坦别无选择，只能发展自己的核能力,而核能力比其他任何因素都更能够满足巴基斯坦从1947年以来就始终追求的经济和战略安全的需求。"① 巴基斯坦空军元帅阿斯加尔·汗也指出:"指巴基斯坦必须依靠自己的资源保护其重要利益。"② 时任巴基斯坦外长,后来担任总理的阿里·布托如下的表述显示了巴基斯坦立足自身维护国家安全的坚强决心:"即使吃草根,我们也要制造原子弹。"阿尤布·汗无疑也怀有类似的想法。1963年12月20日,阿尤布·汗在接见美国参谋长联席会议主席马克斯韦尔·泰勒将军的时候指出,对于巴基斯坦来说,保证自身具有抵抗来自印度侵犯的能力是天经地义的事情。泰勒指出,要获得这种能力,巴基斯坦自身是力不能及的。但是阿尤布·汗仍然坚持,为了捍卫边疆,巴基斯坦必须具有这种能力,而不是让美国背上从远方来援助巴基斯坦的包袱,而且在巴基斯坦急需这种援助的时候,世界形势的发展有可能不允许美国履行这一承诺。阿尤布·汗这种立足于自己,不依赖他人的国防思想最终使得巴基斯坦于20世纪60年代中期开始启动核计划。1965年,巴第一座研究用核反应堆开始运行,巴基斯坦的核武计划正式走上轨道③。1998年,印度在拉贾斯坦邦的博克兰地区进行核试验后,美国对巴基斯坦软硬兼施,希望它不要进行核试验。但是巴基斯坦吸取了过去美巴关系的教训,对美国的承诺不抱幻想,坚持在俾路支斯坦省的查盖地区进行了六次核试验,为其部署核武器铺平了道路,并最终保证了国家安全。

---

① Sajjad Hyder, *Foreign Policy of Pakistan——Reflections of An Ambassador*, Progressive Publishers, Lahore, 1987, pp. 82 – 85.

② *Pakistan Times*, 10 November 1968. See Asghar Khan's article, in Rajendra Kumar Jain, *US-South Asian Relations*: 1947—1982, vol. 2, Humanities Press, Atlantic Highlands, 1983, p. 307.

③ 关于巴核选择的详细论述请参见陈继东:《印巴核对抗及其双边关系的发展态势》,载《国际观察》,2002年第3期,第39—40页。

第三章 阿尤布·汗时期美巴关系演变及影响

总之,探讨阿尤布·汗执政时期美巴关系演变的原因及影响,对于更好地理解2001年反恐战争开始后的美巴关系无疑很有帮助。历史往往惊人地相似,虽然出于反恐战争的考虑,美国修补了与巴基斯坦已经比较冷淡的关系,并把巴基斯坦列入主要非北约盟国,但是美国和巴基斯坦的战略利益只是暂时协调一致,两国的战略利益其实并不相同,双方存在着诸多难以解决的结构性矛盾。美国的战略利益在于摧毁"基地"组织和塔利班政权,清除伊斯兰极端势力,保障美国的国土安全。而巴基斯坦则将抵抗印度,保卫国家安全,争取克什米尔问题以有利于自己的方式解决视作核心利益,同时也希望保证阿富汗维持一个亲巴政权以稳定西部边界,让自己可以集中精力抗衡印度。但由于反恐战争大势所趋,巴基斯坦被迫和美国进行利益协调,转而捍卫巴基斯坦核心的安全利益。但是,即便巴基斯坦做出了这么大的牺牲,美巴两国的战略利益仍然差距甚远。一旦反恐战争取得决定性成果,美国的战略利益得以基本实现的时候,美国会重新考虑对巴基斯坦的政策。可以预料,在不远的将来,美巴关系会出现某种程度的调整,但不管两国关系如何变化,双方的国家战略利益依然是左右双方关系的决定性因素。

第四章

20 世纪 60 年代以来印度
跨国移民问题探究

当今的时代常常被称为"移民的时代"。目前全球国际移民约有 2 亿,世界人口中大约 3% 生活在非出生国。印度的跨国移民是国际移民的重要组成部分。其对印度国内政治、经济、文化乃至全球政治、经济、文化的影响力正在上升,因而关于印度跨国移民问题正逐渐成为一个全球性的热门话题,受到了国际社会的重视。然而中国学术界目前对此方面的研究还很少。由于受篇幅和能力所限,本书着重从印度跨国移民形成原因及影响等方面对 20 世纪 60 年代以来印度跨国移民问题做一粗浅的探讨。

第一节 20 世纪 60 年代以来印度跨国移民简况

在具体探讨 20 世纪 60 年代以来印度跨国移民简况之前,有必要对移民、印度跨国移民这两个概念做出相应的解释。关于移民这一概念,目前学术界比较一致的社会学解释是:个人或群体跨越象征性或政治性的边界,进入到新的居住区域和政治共同体的永久迁移运动[1]。它一般包括移居者移民、工作移民、技术移

---

[1] Gordon Marshall, *A Dictionary of Sociology*, NewYork: Oxford University Press, 1994, p. 415.

民，此外，根据联合国国际劳工组织对移民的分类，还包括非法移民。作为国际移民重要组成部分的印度跨国移民，印度官方或权威机构给予的定义是：从目前属于印度的领土内移民到外国的印度人及其后裔。① 它一般分为两种：即印度裔外国人（People of Indian Origin，简称 PIO）和海外印度侨民（Non-Resident Indian，简称 NRI），分别指拥有外国国籍的印度血统的人和拥有印度国籍但侨居国外的印度人。目前全球印度移民人数众多，分布甚广。据印度官方的统计数字，现在有 2500 多万印度人散居国外，几乎全世界各国都有印度人或印度人的后裔。甚至在有些国家，如毛里求斯、斐济、特立尼达等，印度移民及其后裔已经成了主体民族或最大的族群。目前，在印度学术界，海外印度人被认为是世界上第三大海外移民群体，仅次于分布在全世界的英国人的后裔和海外华人群体。② 从国际迁移的角度看，这一规模庞大的海外印度人群体中，有一部分属于直接的国际迁移者，而其余的绝大部分则是国际迁移者的后裔，即印裔。今日有如此庞大的印裔群体与历史上的印度跨国移民是分不开的。

根据印度学者的研究，印度人移民海外的历史已经有一个半世纪，而在 19 世纪 30 年代以前印度人没有大规模移民海外的行动。③ 在这一个半世纪中大致经历了四个不同的发展历史阶段。前三次大规模的移民高潮分别发生在 19 世纪 30—40 年代、20 世纪初期、1923 年之后的十余年，这三次都是由英国、法国和荷兰等欧洲帝国主义国家（特别是英国）的殖民统治者组织的结果，因为他们在海外有大量的殖民地，当地的劳动力难以满足其对劳动力的需求，而本国的很多公民不愿意干那些脏活、累活，再加

---

① 印度外交部的官方网站：http//www. Indiandiaspora. nic. in/。
② S. K. Mandal, *Home Coming*, Chronicle, Mar, 2003.
③ 印度外交部的官方网站：http//www. Indiandiaspora. nic. in/。

上本国公民移民海外的成本又相对较高，因而需要大量廉价的劳动力，印度人就成了各殖民统治者心中最理想的人物。许多印度人因而被贩卖到各殖民地以满足对劳动力的需要。

而第四次移民高潮出现在20世纪60年代之后，无人组织，完全是自发行为。这期间的目的地比较分散，但以欧美发达国家（如美国、加拿大、西欧）、南亚和海湾国家为主。这批人大致包括两部分：一部分是前往海湾国家从事体力劳动的劳工，目前他们在海湾的劳工中占有相当大的比例。这些人及其后代目前虽然很多没有获得海湾国家的国籍，经济状况和经济地位也比当地人差，但却是当地劳动力市场不可缺少的一部分，为当地经济的发展做出了很大的贡献，而且他们的收入较之印度国内的普通老百姓也高出很多。另一部分包括前往西欧和北美求学、定居、工作、投资的高科技人才或实业家，目前他们绝大多数都获得移驻国所在国的国籍，其在移驻国的经济地位一般较高，政治影响力也在逐渐提升，并且对母国印度进行大量的汇款与投资，为母国利益积极奔走，因而他们最受印度政府的青睐和欢迎。

综观印度跨国移民的历史长河，不同历史时期的移民均与国内、国际的社会、政治、经济等因素息息相关。下面我们来总体分析一下印度跨国移民形成的缘由。

第二节　印度跨国移民形成的缘由

在影响印度人进行跨国移民的所有因素里，有四种因素是最重要的，主要表现如下：

一、印度自身因素发展的结果

印度之所以有如此众多的跨国移民和其本身国内的经济因

素、历史文化因素有很大关系。其中，国内经济因素是决定印度人才去留的根本因素。这不仅仅是因为宏观经济不景气，更主要的是印度本国为人才提供发挥才能的国内空间（包括制度设计、经济环境、发展机遇等）过于狭窄，甚至违背了基本的人才成长规律。这具体表现在以下几方面：

第一，管理体制严重滞后。在20世纪90年代自由化改革之前，印度的管理体制比较落后，盛行金字塔管理模式①，各级政府的等级制和官僚作风更为严重。自由化改革使这种僵硬模式有所改变，但与知识经济所需求的扁平化管理模式②还相差甚远。

第二，学生所接受的"国际化"教育更适用于西方而不适用于国内。在印度国内，学生所接受的高等教育与西方国家的标准基本相符，高层次人才的培养与印度"市场"对他们的要求之间非常不协调，倒是具备外迁的各种条件，如语言、技术、学历以及对学生的认可等。正如印度学者所指出的："我们培养科学家、工程师、医生和其他专业人员的高等教育体制不是植根于我们自己的文化土壤之中，而是嫁接在外来文化之上的。这种体制培养出来的人才必然同我们的主要培养目标相脱离，同大量需要解决的实际问题相脱离。"③ 如今，在印度国内，外包行业仅吸引7%—8%的工程类毕业生，却使整个教育系统都改变了方向，以

---

① 金字塔式的管理组织模式一般是指在法约尔的组织理论基础上建立起来的一种组织结构，具有森严的等级结构和规章制度。在这种理论基础上建立的组织模式会呈现出底端较大，随着等级的上升，人员数量随之下降，呈金字塔状。

② 扁平化管理模式是相对于等级式管理构架的一种管理模式。从管理学的角度讲，管理里面有管理的层次的概念，也就是组织结构中，比如从董事长、总经理，一直到最底层的管理人员有几个层级，管理的层级越少，管理模式越扁平化，但没有统一的标准说有几个层级才叫扁平化管理模式，一般都是讲现在的组织结构比原来的扁平，也就是管理的层级越来越少。

③ S. K. 乔杜拉：《人才流失及其逆转》，哈尔滨船舶工程学院出版社，1992年版，第38页。

满足美国电脑产业的需要。

第三,印度国内农业的长期发展缓慢与人口恶性膨胀所造成的巨大就业压力。联合国难民署高级官员古特雷斯(António Guterres),称:"今天的冲突可能是起源于政治因素,但是探究更深层的原因可以看到贫困、政府管理不善、气候变化导致对稀缺资源竞争的加剧等因素都发挥了作用。最近的食物和燃油短缺已经对贫困人口和无产者,包括难民和国内流离失所者,产生了立竿见影的巨大影响。急剧的物价上涨导致了很多地区的动荡和冲突,很有可能导致更多的人离乡背井。"[1] 自20世纪初期以来,而印度经济活动人口中从事农业的始终占70%左右。迄今没有出现明显的下降趋势,这在世界上是少见的,究其原因很重要的就是人口增长过快,人口增长过快的因素有很多,其中主要原因在于印度独立后60余年以来,国内农业生产虽然有了一定程度的发展,但总体上仍比较缓慢,生产率水平不高,农业结构长期得不到改善,小农经济仍占很大比重,它直接刺激着农民的生育愿望,从而使农村的劳动力超过了工业发展对劳动力的需求,致使农业部门的剩余劳动力无法向其他经济部门转移。由于劳动力的大量过剩,结果造成严重的失业问题,1951—1980年间官方统计的失业人数就猛增46倍,此外还有更多的人经常处于半失业状态。目前,过去二三十年生育高峰期出生的儿童已经或即将大批进入劳动力市场。问题看来还要进一步趋于严重化。它直接导致了环境急剧恶化,并同时引发资源争夺战,为了生存和更好地发展,大量人口外迁,进而引发一系列的社会矛盾,如出现大量难民和非法移民。

第四,移民网络发挥的功效。由于印度与中东之间有长期性

---

[1] 联合国难民署网站:http://www.unher.org.cn/show.asp?id=19,2008年11月13日。

劳务合作关系，加之政府的大力支持与规范管理，特有的"移民中东"文化节在印度部分地区形成，移民网络相对健全和稳定。

移民网络可以通过提供具体的就业信息，从而减少信息成本，通过为移民提供各种在迁入国的有益人脉从而降低心理成本，并通过提供直接的求职帮助减少失业风险。迁民网络的形成有助于在印度和中东之间形成稳定的劳务合作关系，从而带动印度劳务输出工作的开展，甚至在印度部分地区形成特有的"海湾情节"。长期的劳务输出关系使印度（包括印巴分治前）与中东各国之间形成完整的移民网络，包括中介结构的信息提供、印方国内政府机构和国外使领馆的保护、印度国内的专门性培训、文化上的相通性（尤其是印度穆斯林与中东）、前后移民间的信息传递、移民文化（尤其在喀拉拉邦、旁遮普邦和泰米尔纳杜邦）的形成等等。据印度学者的统计分析显示，在向中东移民的印度劳工中，移民网络发挥的重要作用竟高达95%。这种作用具体表现在移民来源的相对集中和持续，以旁遮普邦和泰米尔邦为例，迁往黎巴嫩的旁遮普劳工主要来自于该邦的 Jalandhar（26.9%）、Kapurthala（18.9%）和 Hoshiapur（17.9%）三地，而来自于泰米尔纳杜邦的黎劳工则主要来自于 Sivaganga（42.3%）、Ramanathpuram（16.9%）和 Thanjavur（13.4%）三地[①]。其中，来自泰米尔纳杜邦 Sivaganga 地区的在黎印度劳工占到了该邦在黎劳工总数的近一半。从而使移民网络与移民文化高度融为一体。这种移民网络对文化层次低，甚至是文盲的印度劳工而言，具有特殊的保障作用。

第五，深刻的宗教文化因素。从宗教文化角度看，印度国内人口中大约有1.5亿左右为穆斯林教徒，大批穆斯林与中东各国

---

① K. P. kannan, k. S. Hari : *Kerala's Gulfconnection Emigration Remittances and their Macraveconomic Impact* 1972—2000, 2002.

有着文化上的相通性，加之印度穆斯林劳工一般都能使用简单的英语，从而使劳务输出的困难要小得多，最典型的就是喀拉拉邦。据估计，这个邦1981年有2500万人口，大约就有100万人离开喀拉拉前往中东海湾国家[①]，约占印度前往海湾国家移民大约一半。作为穆斯林人口较多的国家，印度显然在向中东输出劳务方面有一定的优势。

二、主要移民国家入境政策的调整

从第二次世界大战末期开始，各主要移民国家的带种族主义倾向的入境政策就开始逐渐废除。如加拿大渥太华1962年1月提出的《移民调节法》以及美国1965年10月1日的《移民与民族事务法案》，有效地为非欧洲族裔的入境者进入加拿大和美国的打开了方便之门。澳大利亚于1973年放弃了"白色澳大利亚"的政策，而新西兰则于1978年也放宽了政策。于是，印度人开始大规模地向这些地区移民，特别是美国。据统计，早在1971年，已经有6000名科学家和9000名医生迁出印度，其中80%左右迁往美国，从而构成了第一代在美印度裔技术移民。到1980年左右，有高达41%的印度裔移民被归类为"管理者、专业人士、决策者"，比美国白人（24%）和其他亚裔族群比例都要高。[②] 美国移民局1990年的统计数字显示，生活在美国的成年印度人中58%是大学毕业生，规模迅速上升。到21世纪之交，整个美国印度裔人口增加了106%，总数达到了170万人。其中受过高等教育、拥有学士学位以上水平高达58.1%。其中还有30%的人拥有

---

① Isaac in Zacharah and Rajan, 1997, p. 271.
② Harry H. L Ritano, Roger Daniels: *Asian Americans*, Westport Conn Greenwood Press, 1977, p. 77.

硕士或博士学位。①

此外，在加拿大、澳大利亚、英国等讲英语的国家，印度裔技术移民数量非常可观。2004—2005 年度，迁往加拿大和澳大利亚的印度裔技术移民分别高达两国技术移民配额的 11% 和 13%，而且工厂技术移民分别占印度裔技术移民的 37% 和 34%。

三、海湾国家经济的快速发展

海湾国家经济发展是推动印度向其移民的强大动力。自 1973 年石油价格上涨，西方陷入危机，全世界向欧洲的劳力移民（尽管不是所有移民）大幅度减少。可上述情况却推动了印度向外输出劳力移民。中东那些货币充足的石油生产国在基本建设和家政服务等方面急需劳力。这首先由埃及、约旦或也门那些国家提供。但随着此种需求的增长，便要求更远地方的劳力。于是大批印度人，尤其是喀拉拉邦的穆斯林抓住这一机遇，使印度在中东的劳务人员规模迅速扩大，最多时达到年均 18.8 万人，其中到沙特的劳务人员最多。仅 2001 年就有 23.3 万印度劳工前往海湾国家，遍布当地建筑、服务等各行业。与迁往定居社会的移民不同，劳力移民是短期的。合同到期后便大批返回故里，尽管许多人又依新合同再度出国，但仍然无法入海湾国家的国籍。不像技术移民那样可以申请所在国的永久居住权。因此，在海湾地区与印度之间形成了一个劳务人员流动网络。虽然印度劳工在海湾受到身份限制，却已成规模，成为中东各国印度人的主体。

---

① Joe R. Feagin, *Clairence Booher Feagin Kacial and Ethnic Relations*, Seventh Edition Printice Hall, 2003, p. 315.

第三节 印度跨国移民带来的影响

印度的跨国移民不仅对印度而且对移居国的经济、政治、文化、社会生活乃至国际关系都产生了重要的影响，这种影响是双重的，既有积极的，又有消极的。从正面的影响来看，它对于促进印度与世界各民族间的相互了解，加强彼此之间对话与合作，维持双方的和平与稳定，具有十分重要的意义，具体表现如下：

一、印度跨国移民的积极影响

（一）对印度经济的影响

这包括两个方面，主要表现如下：

第一，大量海外汇款促进了印度经济的发展。一般来说，在评估移民对经济的影响时，汇款总是占据首位。海外印度人每年平均140亿美元的汇款是印度最大的外汇来源[①]。世界银行提供的数据显示，全世界的移民每年以正式途径寄回原籍国的侨汇达800亿—1000亿美元，而海外印度人的侨汇总额就占1/7。2007年更是高达270亿美元，居世界侨汇收入国首位。1990—2007年这18年间的年平均增长率达15.35%。有经济学家指出，移民汇款是发展中国家最可靠和来源最广泛的一种金融支持，是一种有效的新型海外援助。无疑，印裔移民为印度近年的经济快速增长做出了巨大的贡献。

第二，海外印度人还帮组印度建立起世界第一流的IT产业，并对印度进行大量投资，从而给印度带来了可观的发展资金。据统计，自1991—2000年，海外印度人对印度投资的协议金额为

[①] S. K. Mandal *Home ciming*, chronide, Mar, 2003.

953.42 亿卢比，实际利用金额 865.57 亿卢比，实际利用额占投资总额的比重达 90.79%。[①] 2000 年以后，印度加大吸引海外印度人回国投资的力度，据印度工商部门统计，从 2000 年 4 月到 2008 年 9 月，印度共获得海外印度人投资 33.82 亿美元，占印度收入外国直接投资总数（FDI）的 4.42%。海外印度人给印度带来的发展资金不仅体现在直接投资上，还体现在利用自己在本国的影响力加大本国对印度的投资力度。如毛里求斯是一个印度人口占比例相当大的国家（约 60.35%），该国对印度的直接投资数量非常大。据统计，从 2006 年 4 月到 2008 年 9 月，毛里求斯共对印度投资 326.49 亿，占印度收入 FDI 的 44%，是对印度投资最多的国家。[②]

（二）对印度政治和外交的影响

随着海外技术移民在发达国家数量的激增和在经济上的崛起，在发达国家的选举政治体系之下，其政治和外交影响力也迅速增长。在美国目前也已经有人当选为议员和市长。还有，他们敢于并善于明确地表达母国印度的政治主张和利益诉求，甚至公开地为母国利益奔走呼告，而较少地顾忌所在国政府对母国的猜忌，如 1998 年印度核试验之后，面对美国的经济制裁，在美印裔技术移民为说服美国政府放弃对印制裁而进行多方面的活动。他们还通过整合自身在美的组织机构，增强自身的集体力量。从而在政治及外交方面协力发声。另外，印裔还开始在北美和澳大利亚组织日益强大的院外活动集团，游说国会议员，力争对他们自己和他们的母国印度有利的决策。上述组织在美国的南亚政策和印美关系中展现出强大的影响力。众所周知，冷战期间，美国对

---

① 海外印度人高级委员会，Report of High Level Committee on Indian Diaspora, p. 424。

② Fact sheet on Foreign Direct Investment (FDI) 2008, p. 6.

南亚地区的政策一向是"重巴轻印",印度曾多次抱怨在美国战略的"雷达"上,根本找不到印度的影子。但是,最近十几年,美印关系出现了质的变化,美印关系不断改善升温的背后,离不开印裔美国社团这只"无形的手"。美国政府领导人频频访问印度及增加印度软件人才签证名额等一系列事件中都可以看见美国印度裔移民活跃的身影。

(三) 对印度传统社会文化的影响

印度移民海外不仅对印度的经济与政治有重要影响,对印度传统社会文化的发展也有重要的影响。因为从印度向海湾国家输出的劳力主要是男性。在印度传统社会里,妇女被束缚于家庭,而20世纪60年代后,大量家庭中的男人长期外出,这就破天荒地把女人们被推到这样的位置上:必须当家作主,决定是否雇人干农活及处理钱财。不仅为了在当地使用,而且为了同海外的丈夫通信,她们还必需学会读和写,男人不在家为留守故乡的家庭主妇,尤其是穆斯林妇女提高了家庭地位和社会地位,使其能逐步改变男尊女卑的传统观念,对于提高国民素质、增进平等观念有深刻的社会文化影响。特别是印度政府不鼓励女性作为普通家政服务员工等进行劳务输出,从而形成印度喀拉拉邦、旁遮普邦和泰米尔纳杜邦的很多农村家庭男主外(国、家)、女主内(国、家)的特殊家庭模式,从而直接冲击传统的男女等级观念和就业观念。[1] 这对印度农村的改革起到了重要的推动和引导作用。同时移民回国不仅带回了商品和现金,而且带回了新观念和待人接物的新方式,从而促进了印度社会的发展。

(四) 对移驻国的影响

印度跨国移民对移驻国的影响主要表现在三个方面:第一,

---

[1] K. C. Zachariah, P. R. Gopinathan Nair, S. Irudaya Rajan : Return Emigrants in Kerala Rehabition Problems and Develpoment Potential Center for Development Studies Indian, Working Paper, 2001, p. 319.

促进了移驻国国家人口的增长。据澳洲广播电台报道，澳大利亚人口普查结果显示，大批移民是澳大利亚人口增长的重要因素，澳大利亚的人口正以 20 年来最快的速度增长，并将突破 2100 万。莫纳什大学人口专家比勒尔说，越来越多来自中国和印度的移民加快了澳大利亚的人口增长。

第二，增加了人力资源，弥补了移驻国劳动力的不足或充实了移驻国人不愿意干的劳动工作岗位。中东海湾生产石油国在富裕之后，有很多活当地人不愿意干，而印度在中东的移民主体都是短期的劳务移民，多数从事一些琐碎的家务劳动或钻井平台等处从事技术含量低的体力劳动，从而充实了这一地区的劳动力市场，为中东各生产石油国的经济发展做出了巨大贡献。

第三，促进了移驻国经济的发展。许多迁入者具有较高的生产知识和技能，既"解决了相应的专业人员短缺的困难，又节省了培养该类专业人员的投资，因而促进了移驻国经济社会发展的作用"[1]。如印度经济改革优先发展领域是信息产业、生物技术等高科技产业，而印度迁往美国的 IT 人才达 25 万以上，占美国从事 IT 产业人才的 1/3，[2] 这极大地促进了美国经济和社会的发展。

二、印度跨国移民的负面影响

（一）引发了印度的人才安全问题

国家和地区间经济与社会发展的不平衡，从来就是移民的强大动力。因此，对致力于经济和社会发展的印度而言，如何维持

---

[1] 李宏规：《国际人口迁移与国家政策》，载《南方人口》，1997 年 3 期。

[2] Desai Mihir A, Devesh Kapur, John Mchale: *The Fiscal Impact of High Skilled Emigration Flows of Indians to the U·S* the Weatherhead Center for Internation Affairs, Harvard University, January 2003.

本国发展所需要的人力资本就是面临的一个突出问题。对于印度而言，由于历史原因、国内社会经济条件与发达国家相比存在较大的差距，人才的外向流向存在较大的"推力"和"拉力"，使得其人才的流失构成关乎社会与经济发展动力的人才安全问题。大量的高技术专业人才流向英、美、澳等发达国家，使印度的人才资源出现"空心化"。大量专业技术人才的流失事实上也形成了印度对发达国家变相的技术转让，而这种"转让"使印度在国际竞争中相对处于劣势。例如，居住在美国的100万印度移民，只占印度人口的0.1%，但其生产的价值却相当于印度国家收入的10%[1]。而且高级人才创造的价值是其国家对他投入的教育经费的数十倍。有统计认为，一名印度医生流往美国，印度要损失33万卢比，美国得益517.5万卢比；一名科学家流往美国，印度损失17.2万卢比，美国则获益187.5万卢比。[2] 另外外流人员还带走了巨额资金，因而从长远看对印度的综合国力发展构成挑战，形成人才安全问题。

（二）非法移民影响社会安全

印度跨国人口流动影响国家社会安全主要表现在非法移民问题上。按照联合国经合组织所下的定义，所谓非法移民是指"其旅行、到达、逗留、就业违背国际协议或国家法律"。[3] 现在印度跨国移民中有一部分是属于非法移民。

印度非法移民虽然有可能成为输入国劳动力的有益补充，为当地的经济建设做出贡献，但是非法移民的负面影响也非常明显。一般来说，主要体现在以下几个方面：首先，非法移民造成

---

[1] 李术峰、张景勇：《警惕"智力断代"——人才流失数据解读》，新华网2006年3月12日电。

[2] 兰英：《警惕发展中国家的人才流失》，载《北京观察》，2003年1期，第60—61页。

[3] 《什么是非法移民》，载《人民日报》，2002年9月3日。

了印度很多地区和邦的年轻劳动力大量流失，如果人口迁移的数量在当地人口总量中所占的比例过高，就势必导致当地劳动力的匮乏，使得移出地的家庭和社会结构也发生重大变化，村庄和城镇的经济发展也将因人口外流而陷于瘫痪。其次，由于非法移民时常与犯罪活动纠缠在一起，从而给印度和输入国的社会治安都带来了层出不穷的隐患。这不仅严重损害了印度的国家形象，而且还会衍生许多犯罪问题、教育问题、腐败问题等社会问题。另外有些国际恐怖主义活动、跨国有组织犯罪、毒品走私、伪造货币和洗钱犯罪等都与印度非法移民有直接或间接的关联，这严重影响了国家的社会稳定。第三，非法移民大量涌入占用了输入国有限的资源，容易引发种族之间的矛盾，从而破坏输入国正常的社会经济秩序。为组织和打击非法移民，输入国要耗费大量资源。

（三）对移驻国政治生态造成的影响

印度跨国移民不可避免地对国际政治生活产生影响。国际移民具有两重性，它既是政治行为的主体，又是政治行为的客体。它既是政治行为的参与者，又是政治行为的所指对象。对国际社会而言，"后冷战时期"印度跨国人口迁移对国际安全的挑战尤为显著地表现在国际移民与国家或地区政治安全的关系上。20世纪90年代以来，一些西方发达国家经济呈低速增长，有些甚至出现负增长，失业率上升，而印度移民特别是非法移民和难民向这些地区不断涌入使得输入地的人民非常不满，认为这些移民抢走了他们的工作，并且使社会犯罪率不断上升，国家福利预算也变得紧张起来，在此背景下，一些国家如法、德、丹、奥、意、比等国的极右翼政党利用民众对移民问题的恐惧，大肆宣扬种族主义和排外主义，而一些选民也希望通过支持极右翼政党来阻止外来移民涌入，确保自己的社会地位和富裕的生活水平，因而引发了某些移民接受国的排外事件，从而影响了两国之间正常的友好交往。而很多极右翼政党通过选举相继进入国家的各级议会，还有些同传统右翼组成联合政府，这都很大地改变了某些地区的政治格局。

图书在版编目（CIP）数据

南亚问题研究/管银凤著．—北京：时事出版社，2018.2
ISBN 978-7-5195-0157-0

Ⅰ.①南… Ⅱ.①管… Ⅲ.①南亚—研究 Ⅳ.①D735

中国版本图书馆 CIP 数据核字（2017）第 317709 号

出 版 发 行：时事出版社
地　　　　址：北京市海淀区万寿寺甲 2 号
邮　　　　编：100081
发 行 热 线：(010) 88547590　88547591
读 者 服 务 部：(010) 88547595
传　　　　真：(010) 88547592
电 子 邮 箱：shishichubanshe@sina.com
网　　　　址：www.shishishe.com
印　　　　刷：北京朝阳印刷厂有限责任公司

开本：787×1092　1/16　印张：15.25　字数：236 千字
2018 年 2 月第 1 版　2018 年 2 月第 1 次印刷
定价：95.00 元
（如有印装质量问题，请与本社发行部联系调换）